아니마칸지의

일본어 한자혁명

2

후루룩외국어 x 시대에듀

종합교육그룹 ㈜시대고시기획·시대교육의 외국어 브랜드로 최상의 교재와 강의, 학습법, 강사진을 황금비율로 배합하여 학습자의 아웃풋 향상을 서포트하는 콘텐츠를 소개합니다.

아니마칸지의

일본어 한자혁명

2

후루룩외국어 x 시대에듀

머리말

약 10년간의 연구 성과와 노하우로 혁명과도 같은 한자 학습법을 제시해 드립니다.

여러분, 그거 아시나요? 일본인들도 한자를 외우기 어려워한다는 사실을요. 영어 문장을 읽기 위해선 26개의 알파벳만 외우면 됩니다. 한글도 14개의 자음과 10개의 모음만 외우면 글을 읽고 쓸 수 있죠. 하지만 일본어는 다릅니다. 약 92개의 히라가나와 가타카나, 그리고 문부과학성에서 지정한 초, 중, 고 상용한자 2136자를 외워야만 교과서와 신문을 읽을 수 있게 됩니다.

일본어는 알파벳이 2000개가 넘는 언어라 할 수 있습니다. 심지어 이게 끝이 아닙니다. 대학생이 되면 3000개가 넘는 한자를 외워야만 하죠. 때문에 일본의 학생들은 고등학교를 졸업할 때까지 한자를 외웁니다. 한국으로 비유하자면, 초등 1~3학년 때 하는 받아쓰기 시험을 고등학교 졸업 때까지 하는 셈이죠.

아니마칸지는 한자학의 거장이자 일본의 노벨상이라고 할 수 있는 일본 문화 훈장 수상자인 시라카와 시즈카(白川静) 박사의 연구물과 함께 갑골문자를 기반으로 한 독자적인 해설 체계를 만드는 데 성공했습니다. 이는 한자가 탄생한 이래 최초로 모든 한자를 통일된 부수 체계로 정리한 것으로, 부수 하나만 외워도 그 부수를 사용하는 수십 개의 한자를 아주 쉽고 재밌게 외울 수 있는 궁극의 한자 풀이법입니다.

한자의 기원, 갑골문자는 엄연히 상형문자입니다. 때문에 기존의 언어 체계로 한자를 해설하려고 하면 당연히 그것은 어색해질 수밖에 없게 됩니다. 특히나 JLPT N3~N1 수준의 어려운 한자로 갈수록 그 해설은 작위적인 것이 될 가능성이 높죠.

하지만 한자가 왜 태어났는지, 당대의 사람들이 왜 이런 모양으로 문자를 만들었는지, 한중일의 역사와 민속 문화를 바탕으로 그 유래를 유추해 가면 모든 것이 자연스럽게 연결되기 시작합니다. 단순히 어렵고 딱딱한 문자를 반복적으로 외우는 것이 아닌, 마치 하나의 거대한 옛이야기를 보는 듯한 시선으로 바뀌게 되죠. 왜냐하면 마치 이집트의 상형문자에도 당대 사람들의 생활 모습이 모두 담겨 있는 것처럼요.

아니마칸지는 약 10년 동안 6000자가 넘는 한자를 모두 수작업으로 비교하며, 고증에 충실하고도 통일된 해설 체계를 만들기 위해 노력했습니다. 말 그대로 수만 가지가 넘는 모든 경우의 수를 고려하여 가장 핵심적인 한자라 할 수 있는 상용한자 2136자의 그림 해설본을 만들었습니다. 그러한 혁신성으로 저희는 일본 특허청의 특허 출원이 아닌 '특허 등록'을 받게 되었고, 2021년 국내에선 유은혜 교육부 장관 및 부총리님의 우수기업 인증도 받게 되었습니다.

저 또한 처음에 한자를 외울 때 많은 고통을 겪었습니다. 그래서 저는 대학교 1학년 때부터 지금까지, 거의 10년이 넘는 시간을 한자 연구에만 쏟아부었습니다. 교수님들의 도움을 받아 갑골문부터 사학까지, 심지어 한중일의 무속 신앙까지 전부 참고하며 한자의 기원을 파헤치기 시작했죠. 그 결과물이 바로, 지금 눈앞에서 보고 계시는 바로 이 책입니다.

더 이상 손 아픈 깜지는 그만합시다. 아니마칸지가 들려주는 한자 스토리와 그림을 통해 한자를 눈으로 보고, 이야기로 기억해 보세요. 한자는 더 이상 어렵고 생소한 존재가 아닌, 일상의 즐거움이자 삶의 지혜로 바뀔 것입니다. 부디 여러분들의 한자 공부 시간이 고통과 지루함이 아닌, 재미와 감동으로 가득 차 있길 바랍니다.

아니마칸지 한자연구소 소장

손양의 드림

아니마칸지의 <일본어 한자혁명>이 특별한 이유

아니마칸지는?

아니마칸지는 국내 최초로 모든 한자를 그림으로 해설하고, 통일된 부수 체계로 정리하는데 성공한 한자 전문 연구 조직입니다. '아니마칸지'는 '영혼, 숨결'을 뜻하는 라틴어의 'Anima'와 일본어로 '한자'를 의미하는 단어 '漢字(kanji)'의 합성어로 '한자에 숨결을 불어넣다'라는 뜻을 담고 있습니다. 본 연구소의 손양의 대표는 갑골문자, 소전, 동양사학, 민속학 등 오랜 시간 연구를 통해 고증에 충실한 해설문과 2300점이 넘는 일러스트를 직접 그리며 한자 학습에 대한 즐거움과 해결책을 제시합니다. 더 자세한 내용은 아니마칸지 공식 홈페이지와 전용 앱을 통해 확인해 보세요.

안드로이드 IOS

▸ 아니마칸지 상용한자 유료 학습 앱
공식 홈페이지 : www.animakanji.com

국내 최초! 일본에서 특허 받은 스토리식 한자 학습법

한자의 원리와 그 안에 담긴 스토리를 무시한 채 그저 암기를 강요하거나, 잘못된 고증으로 엉터리 해설을 제시하고 있는 국내 일본어 한자 학습서의 한계를 보완하고자 아니마칸지는 그동안의 연구 노하우를 바탕으로 한자의 어원을 직관적인 스토리로 풀어내어 이해를 돕는 학습법을 고안, 이는 국내 최초로 일본에서 특허 인증(일본 특허 번호: 제7356489호)을 받는 데 성공했습니다.

그림으로 한자를 접하면 한자가 기억에 오래 남습니다.

본 도서의 모든 한자에는 읽기만 해도 머릿속에 각인되는 이야기 형태의 한자 풀이와 아니마칸지의 그림 부수 체계가 반영된 일러스트가 수록되어 있어 한자를 아주 쉽고 재밌게, 빠르게 익힐 수 있습니다. 한자를 머리로만 암기하는 시대는 이제 끝났습니다. 눈으로 보고, 이야기로 기억하는 진짜 한자 학습서를 경험해 보세요.

일본 중·고등학교 상용한자 1110자 + 추가자, 총 1125자 수록!

본 도서는 일본 중학 레벨 이상의 상용한자 1110자를 모두 다루고 있으며, 상용한자 외에 중고급 한자 학습(JLPT N2 이상)에 꼭 필요한 한자를 추가 수록했습니다. JLPT N1, JPT 800점 이상, EJU 350점 이상을 목표로 하시는 분들께 강력 추천합니다.

1004 脅 위협할 협
JLPT N1 | 중, 고등 | 부수 肉月
힘센(力) 사람들이 어떤 약자의 몸(肉)을 때리며 협박함.
음독 きょう　脅威 きょうい 위협　脅迫 きょうはく 협박　恐喝·脅喝 きょうかつ 공갈
훈독 おどかす　脅かす おどかす (타) 위협하다, 협박하다
おどす　脅す おどす ＝おどかす
おびやかす　脅かす おびやかす (타) 위협하다

1005 脇 겨드랑이 협
JLPT N1 | 중, 고등
힘센 세 남성(力)이 팔짱을 끼고 누군… 부위(肉), 겨드랑이를 말함.
훈독 わき　脇 わき 겨드랑이

1006 架 시렁 가
JLPT N1 | 중, 고등
감독의 지시(口)로 절벽 사이에 나무(…
음독 か　架空 かくう 1. 가공, 공중에 걸침 2. …
훈독 かかる　架かる かかる (자) (다리·철도 등이…
かける　架ける かける (타) 걸쳐 놓다, 가설하…

438 일본어 한자혁명 2

0522 証 증거 증
JLPT N1 | 초등 5학년 | 부수 言
과거 전쟁터에 나가서 입은 상처를 보여주며 정직(正)한 자신의 말(言)을 믿으라 함.
음독 しょう　証明 しょうめい 증명　証拠 しょうこ 증거　保証 ほしょう 보증
証言 しょうげん 증언　実証 じっしょう 실증　証書 しょうしょ 증서
예외 しるし　印·標·証 しるし 증표, 기호, 상징
あかし　証 あかし 증거, 증명

0523 症 증세 증
JLPT N1 | 중, 고등 | 부수 疒
과거 병사 시절 전쟁터에 나갔다가(正) 입은 상처가 은퇴 후에도 계속 아픔(疒).
음독 しょう　症状 しょうじょう 증상　重症 じゅうしょう 중증　炎症 えんしょう 염증
症候群 しょうこうぐん 증후군

0524 綻 터질 탄
JLPT N1 | 중, 고등 | 부수 糸
중요한 계약을 확정(定) 시키기 위해 선물로 비싼 비단 옷을 들고 갔는 데, 옷의 실밥(糸)이 다 터져 있어 매우 곤란해 하고 있는 사람의 모습.
음독 たん　破綻 はたん 파탄
훈독 ほころびる　綻びる ほころびる (자) 1. 실밥이 풀리다 2. 꽃봉오리가 벌어지다 3. 굳은 표정이 풀리다

定 정할 정
중요한 계약을 결정짓기 위해 거래하기로 한 사람의 집(宀)으로 선물을 들고 찾아감(疋).

疋 짝 필
선물로 비단을 들고 어딘 가에 찾아감(止). 비단 한 필(疋).

제3장 JLPT N1 레벨 필수 한자(3) 229자 237

학습 준비하기

본격적인 학습에 앞서 이번 장에서 학습하게 될 내용을 한눈에 확인할 수 있는 페이지입니다. 상단에는 한자의 레벨에 어느 정도인지 JLPT(일본어능력시험) 기준으로 나타내었으며, 하단에는 각 한자들이 어떤 주제로 묶여 있는지 확인할 수 있도록 테마 리스트를 실었습니다.

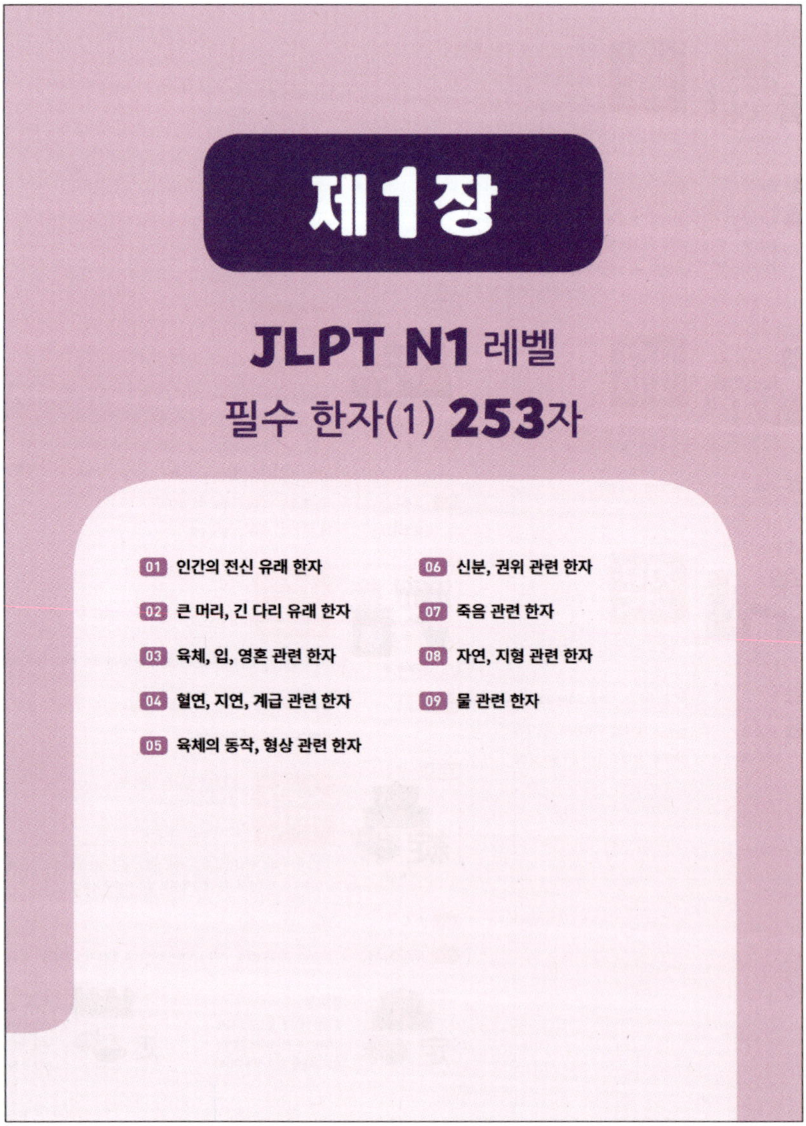

제1장

JLPT N1 레벨

필수 한자(1) 253자

01 인간의 전신 유래 한자
02 큰 머리, 긴 다리 유래 한자
03 육체, 입, 영혼 관련 한자
04 혈연, 지연, 계급 관련 한자
05 육체의 동작, 형상 관련 한자
06 신분, 권위 관련 한자
07 죽음 관련 한자
08 자연, 지형 관련 한자
09 물 관련 한자

한자 학습하기

한자 번호
각 한자에 번호(001~1125)를 달았습니다. 순서대로 학습하셔도 좋고, 필요한 한자부터 보셔도 됩니다.

한자 획순
한자를 어떤 순으로 쓰는지 알 수 있도록 숫자로 획순을 표기했습니다.

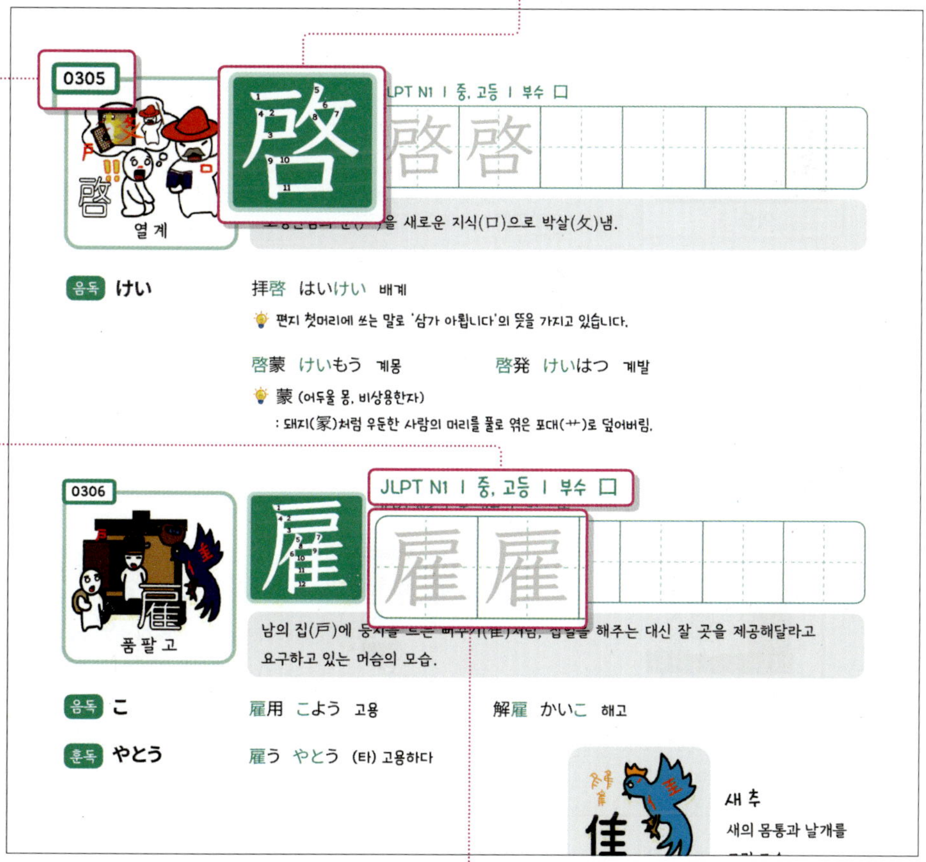

0305

啓

열 계

JLPT N1 | 중, 고등 | 부수 口

을 새로운 지식(口)으로 박살(攵)냄.

음독 けい

拝啓 はいけい 배계

편지 첫머리에 쓰는 말로 '삼가 아룁니다'의 뜻을 가지고 있습니다.

啓蒙 けいもう 계몽　　啓発 けいはつ 계발

蒙 (어두울 몽, 비상용한자)

: 돼지(豕)처럼 우둔한 사람의 머리를 풀로 엮은 포대(艹)로 덮어버림.

0306

雇

품팔 고

JLPT N1 | 중, 고등 | 부수 口

남의 집(戸)에 둥지를 트는 ... 해주는 대신 잘 곳을 제공해달라고 요구하고 있는 머슴의 모습.

음독 こ

雇用 こよう 고용　　解雇 かいこ 해고

훈독 やとう

雇う やとう (타) 고용하다

새 추

새의 몸통과 날개를

난이도/부수
한자 레벨을 JLPT, 일본 중 · 고등학교 기준으로 나타냈으며, 가장 우측에는 부수를 실었습니다.

쓰기 연습
획순을 참고해 가며 한자를 직접 써 볼 수 있습니다.

구성 & 활용법

한자 학습하기

한자 그림
아니마칸지만의 부수 체계가 반영된 한자 일러스트를 보면서 한자에 대한 이미지를 그려 보세요.

스토리식 어원풀이
일본 특허 인증을 받은 스토리 기반 어원 풀이를 읽어 보고 한자의 원리를 학습해 보세요.

이슬 로

露

JLPT N1 | 중, 고등 | 부수 雨

露 露

비(雨) 내린 다음 날 길가로(足) 나가면(各) 식물에 고여 있는 작은 물방울들을 말함.

숨겨져 있던 은밀한 무언가가 드러남.

음독	ろ	露出 ろしゅつ 노출　暴露·曝露 ばくろ 폭로　露骨 ろこつ 노골
		露店 ろてん 노점
	ろう	披露 ひろう 피로, 공표함, 선보임
훈독	つゆ	露 つゆ 이슬

재미있는 한자 이야기!

길 로

성문이 열리자 각자(各) 갈 길을 가는(足) 사람들의 모습.

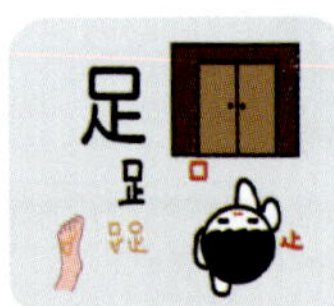

발 족

입구(口)나 출구를 향해 발걸음을 옮기는(止) 사람의 모습. 인력의 수를 뜻하기도 함.

각각 각

각각 모두 다른 뜻(口)을 가진 사람들이 어딘가로 뛰쳐 나가고 있는(夊) 모습.

음, 훈독/어휘
각 한자의 음독과 훈독과 함께 어휘를 학습해 보세요.

재미있는 한자 이야기
한자 학습에 도움이 되는 꿀팁과 배경지식 등을 확인해 보세요.

실력 체크하기

각 주제별 학습을 마치고 나면 한자 실력을 스스로 체크해 볼 수 있도록 확인문제를 수록했습니다. 일본어 학습에서 특히 중요한 한자 표기와 읽는 법을 꼼꼼히 체크하여 각종 일본어 시험에 완벽히 대비할 수 있습니다. 정답은 페이지 가장 맨 하단에 표기되어 있습니다.

UPGRADE!

07

확인문제

한자표기 다음 단어의 한자 표기로 적당한 것을 고르세요.

01	ふうとう	① 封筒	② 肘筒	③ 附筒
02	しんとう	① 侵透	② 浸秀	③ 浸透
03	ふはい	① 府敗	② 附敗	③ 腐敗
04	だとう	① 妥当	② 采当	③ 彩当
05	しきさい	① 色彩	② 色妥	③ 色采

한자읽기 다음 한자의 읽는 법을 고르고 빈칸에 뜻을 적으세요.

06	隠居	① ぎんきょ	② いんきょ	③ おんきょ	
07	縁側	① えんがわ	② ねんがわ	③ おんがわ	
08	侵入	① ちんにゅう	② しんにゅう	③ いんにゅう	
09	逮捕	① だいほ	② たいほ	③ ていほ	
10	寝台	① しんだい	② ちんだい	③ ひんだい	

정답 01 ① 봉투 02 ③ 침투 03 ③ 부패 04 ① 타당 05 ① 색채 06 ② 은거 07 ① 툇마루 08 ② 침입 09 ② 체포 10 ① 침대

구성 & 활용법

학습 효과 2배로 올리는 부가 콘텐츠

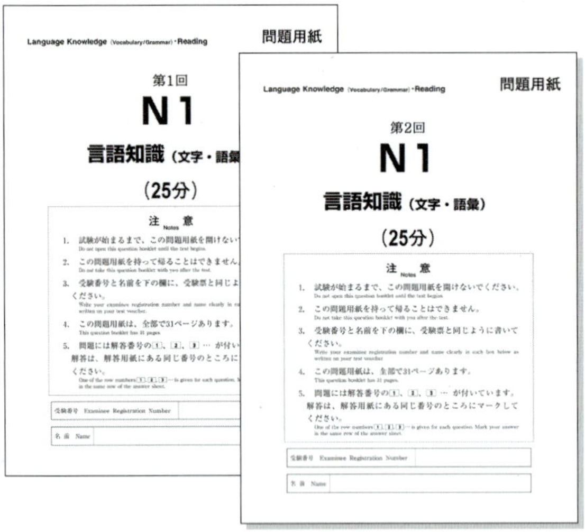

일본어 능력 향상의 지표가 되는 일본어 능력시험(JLPT) N1 '언어지식(문자어휘)' 영역 모의테스트 2회분을 제공하고 있습니다. 본서 학습 후 실력 체크에 활용해 보세요.

좌측의 QR코드를 스캔하거나 www.sdedu.co.kr에 접속하여 다운로드

학습 준비하기

표제어에 등장하는 용어 해설	JLPT N5~N1	일본어능력시험(JLPT) 급수 표시
	중 · 고등	일본 중고등학교 필수 학습 한자 표시 *상용한자 외 상급 수준의 한자는 '상급한자'로 별도 표시함
	부수	표제어의 부수
어휘에 등장하는 용어 해설	음독	한자를 음으로 읽는 것
	훈독	일본 고유어로 한자를 의미로 읽는 것
	(자)	자동사에 해당하는 어휘
	(타)	타동사에 해당하는 어휘
	참고어휘	JLPT 급수에 해당하지 않은 어휘 혹은 참고로 인용한 어휘
	예외	불규칙하게 읽히는 어휘 가운데 중요도가 높은 것

이 책의 목차

제1장 | JLPT N1 레벨 필수 한자(1) 253자

학습완료 시 체크 ☑

제2장 | JLPT N1 레벨 필수 한자(2) 236자

학습완료 시 체크 ☑

이 책의 목차

제3장 | JLPT N1 레벨 필수 한자(3) 229자

학습완료 시 체크 ☑

제4장 | JLPT N1 레벨 필수 한자(4) 407자

학습완료 시 체크 ☑

제1장에서 배우는 JLPT N1 레벨 고급 한자 253자는 신문 사설, 소설, 에세이, 논문 등 고급 문장에서 자주 등장하는 핵심 글자들입니다. 이 한자들을 익히면 단어 수준을 넘어 문장의 맥락과 구조를 깊이 있게 이해할 수 있으며, 글의 배경과 논리, 필자의 의도까지 읽어내는 독해력을 갖추게 됩니다.

제 1 장

JLPT N1 레벨
필수 한자(1) 253자

01

인간의 전신 유래 한자(30자)

0001

기특할 기

奇

JLPT N1 | 중, 고등 | 부수 大

성난 말 위에서도 균형을 잘 유지하는 기묘한 사람의 모습.

음독 き

奇妙 きみょう 기묘
奇数 きすう 기수, 홀수
好奇心 こうきしん 호기심
奇跡 きせき 기적
奇麗 きれい 예쁨, 깨끗함

0002

말탈 기

騎

JLPT N1 | 중, 고등 | 부수 馬

타던 말(馬)에서 다른 말로 갈아타고 있는 뛰어난 기수(奇)의 모습.

음독 き

騎士 きし 기사
騎馬 きば 기마
騎兵 きへい 기병

0003

의자 의

椅

JLPT N1 | 중, 고등 | 부수 木

말에서 내려오려는 주인(奇)을 위해 나무 의자(木)를 가져오고 있는 하인의 모습.

음독 い

椅子 いす 의자
車椅子 くるまいす 휠체어

0004

갑 기

埼

상급한자 | 4학년 | 부수 土

육지(土)에 상륙하려는 적 해군을 견제(奇)하기 좋은 지형인 갑(곶)을 나타냄. 바다로 튀어나와 있는 지형을 말함. 현재 일본에서 이 한자는 주로 지명으로 활용되고 있음.

훈독 さい

埼玉　さいたま　사이타마 (관동지방에 위치한 현)

도쿄도 근처에 있는 큰 현 중 하나입니다.

0005

험할 기

崎

상급한자 | 4학년 | 부수 山

바다에 산(山)처럼 튀어나와 있는, 말을 타고 가다가(奇) 절벽 아래로 떨어질 위험이 있는 갑(곶)을 말함.

훈독 さき

長崎　ながさき　나가사키 (규슈 서북부에 위치한 현)

0006

일 태

汰

JLPT N1 | 중, 고등 | 부수 氵

길가에 있는 위험한 통나무(太)를 물(氵)에 던져 없앰. 또는 물결처럼 소식이 퍼져 나감.

음독 さた

沙汰　さた　소식, 기별

無沙汰　ぶさた　소식이 없음, 격조함

た

淘汰　とうた　도태

재미있는 한자 이야기

클 태

발에 걸리면 넘어질 정도의 굵은 통나무를 말함.

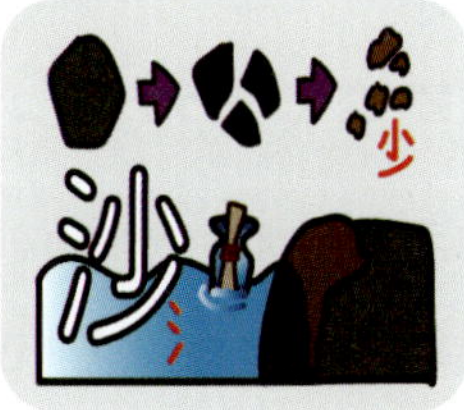

모래 사

물결(氵)에 밀려나온 작은 것(少)들을 말함.

0007

실을 타

駄

JLPT N1 | 중, 고등 | 부수 馬

駄 駄

무거운 짐(太)을 너무 많이 실었더니 말(馬)이 움직이지 못하고 있는 모습.

음독 だ

駄目 だめ 소용없음

無駄 むだ 쓸데없음, 헛됨

駄作 ださく 졸작

無駄遣い むだづかい 낭비함, 돈 등을 보람없이 씀

💡 작가가 인정받고 싶은 욕심에, 절제 없이 자신의 표현하고 싶은 걸 다 담아 이도 저도 아닌 졸작이 됨.

0008

도울 부

扶

JLPT N1 | 중, 고등 | 부수 手扌

扶 扶

늙은 아버지(夫)를 도와주기 위해 손(扌)을 내밀음.

음독 ふ

扶養 ふよう 부양

扶助 ふじょ 부조 (돈이나 물건 등을 보내어 도와줌)

재방변 수

손 수(手)의 축약형.

지아비 부

비녀를 한 성인 남성의 모습.
옛날 동양에선 성인식을 치른
남성은 비녀를 꼽고 다니곤 했음.

0009

바꿀 체

替

JLPT N3 | 중, 고등 | 부수 曰

替 替

밤새 경계 근무를 서던 남자 군인(夫)이 날이 밝자 동료(夫)와 자리를 교체함. 서로 고생을 많이 했다면서 격려(曰)함. 낡은 것을 새로운 것으로 바꿈.

음독 たい

交替·交代 こうたい 교체, 교대

代替 だいたい 대체

훈독 かえる

替える かえる (타) 바꾸다, 교환하다, 갈다

かわる

替わる かわる (자) 대신하다

0010

잠길 잠

潜

JLPT N1 | 중, 고등 | 부수 氵

潜 潜

보초병들이 근무교체(替)를 하고 있을 때 잠수(氵)해서 몰래 국경을 넘고 있는 간첩의 모습.

음독 **せん**

潜水 せんすい 잠수　　潜入 せんにゅう 잠입　　潜在 せんざい 잠재

훈독 **ひそむ**

潜む ひそむ (자) 숨다, 숨어 있다, 잠재해 있다

もぐる

潜る もぐる (자) 잠수하다, 숨어들다, 잠입하다

물 수

물의 흐름을 나타낸 모습.

가로 왈

이빨이 보일 정도로 뭔가를
열심히 말하고 있는 사람의 모습.

0011

도울 찬

賛

JLPT N2 | 초등 5학년 | 부수 貝

賛 賛

밤새 보초를 서느라 고생하고 있는 병사(夫)들에게 더 많은 돈(貝)을 줌.

음독 **さん**

賛成 さんせい 찬성　　賛美 さんび 찬미　　協賛 きょうさん 협찬

賛否 さんぴ 찬부, 찬반

조개 패

조개를 그린 모습. 고대 사회엔 조개를 화폐로 썼기에 재물이라는
의미를 가짐. 특히 마노 조개는 보석처럼 광택이 있고 구하기 힘들었음.

0012

시내 계

渓

JLPT N1 | 중, 고등 | 부수 氵

성인 남성(夫)이 돌을 옮겨(爫) 시내(氵)를 만들고 있는 모습.

음독 けい　　渓谷　けいこく　계곡

0013

닭 계

鶏

JLPT N1 | 중, 고등 | 부수 鳥

맛이 좋아 아버지(夫)들이 주로 잡아(爫) 요리하는 새(鳥)인 닭을 말함.

음독 けい　　養鶏　ようけい　양계 (닭을 기름)

훈독 にわとり　　鶏　にわとり　닭

손톱 조

손의 끝 부분인 손톱을 나타냄.

0014

낄 협

挟

JLPT N1 | 중, 고등 | 부수 手扌

동료를 옆에 끼고(夹) 협공을(扌) 가하는 병사들의 모습.

음독 きょう　　挟撃　きょうげき　협격, 협공

훈독 はさまる　　挟まる　はさまる　(자) 틈에 끼이다

はさむ　　挟む　はさむ　(타) 끼다, 끼우다

낄 협

양 팔에 뭔가를 끼고 있는 사람의 모습.

0015

좁을 협

狭

JLPT N1 | 중, 고등 | 부수 犬犭

狭 狭

개(犭)만 간신히 지나갈 수 있을 정도로 아주 좁음. 벽 사이에 낌(夹).

음독 **きょう**

狭義 きょうぎ 협의

훈독 **せばまる**

狭まる せばまる (자) 좁아지다

せばめる

狭める せばめる (타) 좁히다

せまい

狭い せまい 좁다

큰 개 견

개뿐만 아니라
네발짐승 전반을 말함.

0016

뺨 협

頬

JLPT N1 | 중, 고등 | 부수 頁

頬 頬

좁은 곳(夹)을 지날 때, 얼굴 살(頁)이 뭉개지는 부위인 뺨(頬)을 나타냄.

음독 **きょう**

頬骨 きょうこつ 협골, 광대뼈 참고어휘

훈독 **ほお**

頬 ほお 볼, 뺨

머리 혈

머리, 눈, 팔 다리 전반을
뜻했으나 현재는 머리를
지칭함.

0017

골짜기 협

峡

JLPT N1 | 중, 고등 | 부수 山

峡 峡

매우 좁은(夹) 산골짜기(山)를 나타낸 모습.

음독 **きょう**

海峡 かいきょう 해협　　峡谷 きょうこく 협곡

0018

기름질 옥

沃

상급한자 | 고등 이상 | 부수 氵

沃 沃

아이(夭)의 얼굴에 땀(氵)이 번지르르하게 묻어 있는 모습.

음독 **よく**

肥沃 ひよく 비옥　　沃土 よくど 옥토　　沃地 よくち 기름진 땅

어릴 요

천진난만하게 웃으며 놀고 있는 어린아이의 모습.

0019

더할 첨

添

JLPT N1 | 중, 고등 | 부수 氵

添 添

막 뛰어놀고 있는 아이(沃)가 걱정되어 이것저것 챙겨주려는 어머니의 마음(心)을 나타냄.

음독 **てん**

添付 てんぷ 첨부　　添加 てんか 첨가　　添削 てんさく 첨삭

훈독 **そう**

添う そう (자) 따르다, (기대나 목적에) 부응하다

そえる

添える そえる (타) 첨부하다, 더하다

0020

요사할 요

妖

상급한자 | 고등 이상 | 부수 女

妖 妖

아이(夭)를 납치해가려는 구미호(女)의 모습.

음독 **よう**

妖怪 ようかい 요괴　　妖精 ようせい 요정　　妖艶 ようえん 요염

훈독 **あやしい**

妖しい あやしい 요염하다, 매혹적이다

0021

은혜 은

恩

JLPT N2 | 초등 6학년 | 부수 心 忄

과거 인연(因)을 생각해서 은혜(心)를 베풂.

음독 おん

恩 おん 은혜　　恩人 おんじん 은인　　恩恵 おんけい 은혜

0022

혼인 인

姻

JLPT N1 | 중, 고등 | 부수 女

돗자리 위에서 인연(因)을 쌓는 연인들의 모습. 남자가 여자(女)에게 결혼을 제안함.

음독 いん

婚姻 こんいん 혼인　　婚姻届 こんいんとどけ 혼인신고

0023

목구멍 인

咽

JLPT N1 | 중, 고등 | 부수 口

돗자리(口) 위에서 도시락을 먹으며 대화를(口) 나누고 있는 어른(大)들의 모습. 공기와 음식이 넘어가는 부위인 인두(咽頭)를 말함.

음독 いん

咽喉 いんこう 인후, 목구멍　　咽頭 いんとう 인두

耳鼻咽喉科 じびいんこうか 이비인후과

인할 인

돗자리(口)를 깔고 대화를 나누며 인연을 쌓고 있는 어른(大)들의 모습.

목구멍 후

몰려오는 적들을 화살(矢)로 무찌르라고 성벽(コ) 위에서 목청껏 외치고(口) 있는 제후(亻)의 모습.

0024

부를 환

喚

JLPT N1 | 중, 고등 | 부수 口

화덕(奐)에서 잠깐 몸을 좀 녹이라고 말하자(口) 사람들이 환성을 지르며 오고 있는 모습.

음독 かん

喚声 かんせい 환성
叫喚 きょうかん 규환, 큰 소리로 부르짖음
召喚 しょうかん (법률) 소환
喚問 かんもん 소환하여 질문함

빛날 환

추운 날 화덕(冖)에 불(⺈)을 피워 몸(大)을
녹이고 있는 사람들(儿)의 모습.

0025

바꿀 환

換

JLPT N1 | 중, 고등 | 부수 手扌

추운 날 화덕(奐) 앞에서 물건을 교환(扌)하는 상인들의 모습. 동일한 가치를 가진 것을 서로 교환함. 물건이나 사람의 위치가 변함.

음독 かん

交換 こうかん 교환
換気 かんき 환기
転換 てんかん 전환
換算 かんさん 환산

훈독 かえる

換える かえる (타) 바꾸다, 교환하다
乗り換える のりかえる (자) (버스 등을) 갈아타다

かわる

換わる かわる (자) 바뀌다, 교환되다

0026

시원할 상

爽

JLPT N1 | 중, 고등 | 부수 大

爽 爽

시원한 바람에 옷자락이 살랑살랑 흔들리고 있는 모습.

음독 **そう**　　爽快　そうかい　상쾌

훈독 **さわやか**　　爽やか　さわやか　상쾌한 모양

0027

오랑캐 만

蛮

JLPT N1 | 중, 고등 | 부수 虫

蛮 蛮

정복당한 야만국의 왕이 종주국의 왕(亦) 앞에서 무릎을 꿇고 있는 모습(虫).

음독 **ばん**　　野蛮　やばん　야만　　蛮行　ばんこう　만행　　蛮勇　ばんゆう　만용, 무모한 용기

또 역

지위가 높은 사람이
겨드랑이를 벌린 채
앉아있는 모습.

벌레 충

벌레를 그린 모습. 또는
애벌레처럼 몸을 웅크리고
있는 사람의 모습.

0028

사모할 련

恋

JLPT N2 | 중, 고등 | 부수 心 忄

恋 恋

아무리 힘을 가진 사람(亦)이라 해도 사람을 그리워 하는 마음(心)은 똑같음.

음독 **れん**　　失恋　しつれん　실연　　恋愛　れんあい　연애　　恋慕　れんぼ　연모

훈독 **こい**　　恋　こい　사랑, 연애　　恋人　こいびと　연인　　初恋　はつこい　첫사랑

こいしい　　恋しい　こいしい　그립다

こう　　恋う　こう　(타) 그리워하다, 연모하다, 사랑하다

0029

물굽이 만

湾

JLPT N2 | 중, 고등 | 부수 氵

湾 湾

아름다운 해안(氵)과 굽이치는(弓) 강을 보며 휴식을 즐기고 있는 권력자(亦)의 모습.

음독 わん

湾 わん 만

台湾 たいわん 타이완, 대만

활 궁

활을 그린 모습.
또는 활처럼 휘어있는
무언가를 나타냄.

0030

발자취 적

跡

JLPT N2 | 중, 고등 | 부수 足

跡 跡

자리를 떠나도(足) 냄새(亦)가 남아있음.

음독 せき

人跡 じんせき 인적　追跡 ついせき 추적　遺跡 いせき 유적

奇跡 きせき 기적　足跡 そくせき 족적

훈독 あと

跡 あと 자국, 자취, 흔적　足跡 あしあと 발자취, 발자국

跡継ぎ あとつぎ 집안의 대를 이음

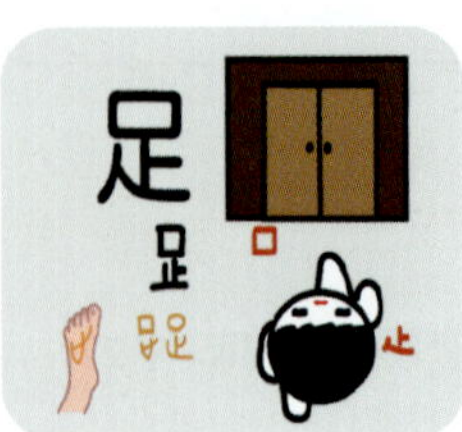

발 족

입구(口)나 출구를 향해
발걸음을 옮기는(止)
사람의 모습. 인력의
수를 뜻하기도 함.

그칠 지

목적지에 도착해 발걸음을
멈춤. 원래는 나아가다는
뜻이었으나 현재는
멈추다로 사용됨.

UPGRADE!

01

확인문제

한자표기 **다음 단어의 한자 표기로 적당한 것을 고르세요.**

01 いす ① 椅子 ② 騎子 ③ 崎子

02 せんすい ① 替水 ② 潜水 ③ 潜永

03 さんせい ① 賛成 ② 潜成 ③ 賛城

04 てんぷ ① 妖付 ② 沃付 ③ 添付

05 だめ ① 駄目 ② 汰目 ③ 堕目

한자읽기 **다음 한자의 읽는 법을 고르고 빈칸에 뜻을 적으세요.**

06 恋愛 ① えんあい ② れんあい ③ ねんあい [ ]

07 交換 ① こうかん ② ごうかん ③ こうがん [ ]

08 恋しい ① ひさしい ② ひとしい ③ こいしい [ ]

09 失恋 ① しつれん ② しつえん ③ じつれん [ ]

10 追跡 ① すいせき ② ついさき ③ ついせき [ ]

정 답 01 ① 의자 02 ② 잠수 03 ① 찬성 04 ③ 첨부 05 ① 소용없음 06 ② 연애 07 ① 교환 08 ③ 그립다 09 ① 실연 10 ③ 추적

02
큰 머리, 긴 다리 유래 한자(27자)

0031

등뼈 려

呂

JLPT N1 | 중, 고등 | 부수 口

돈이 많은 여씨 아저씨가 콧노래를 부르며 목욕을 즐기는 모습. 등뼈가 다 보임.

음독 ろ

風呂 ふろ 목욕, 욕조

0032

집 궁

宮

JLPT N3 | 초등 3학년 | 부수 宀

개인 전용 목욕탕(呂)이 있을 정도로 아주 부유한 집(宀)인 궁전을 말함. 물이 귀했던 먼 옛날, 전용 목욕탕에서의 개인 목욕은 왕이나 귀족이 아니면 하기 어려운 행위였음.

음독 きゅう

宮殿 きゅうでん 궁전　　宮邸 きゅうてい 궁정, 왕궁

ぐう

神宮 じんぐう 신궁 (천황과 관련된 신을 모시는 신사)

く

宮内庁 くないちょう 궁내청 (일본 왕실에 관한 사무를 담당하는 관청) 참고어휘

훈독 みや

宮 みや 왕의 거처, 신사

0033

짝 려

侶

상급한자 | 고등 이상 | 부수 人亻

侶 侶

함께 목욕(呂)하는 사이. 그럴 만큼 가까운 사람(人)인 반려를 말함.

음독 **りょ** 　 伴侶 はんりょ 반려 　 僧侶 そうりょ 승려

0034

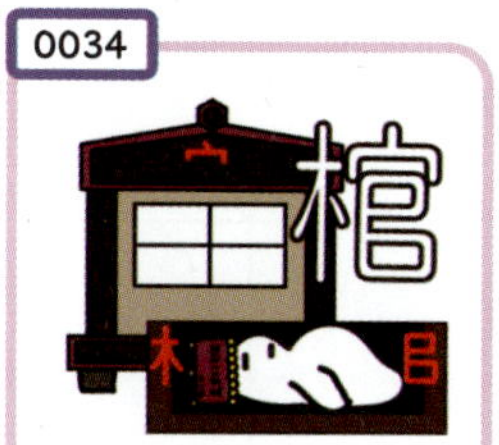

널 관

棺

JLPT N1 | 중, 고등 | 부수 木

棺 棺

죽은 뒤 나무(木)로 만든 관에 안치된 관료(官)의 모습. 고대 사회에서 장례식을 크게 치를 수 있는 사람은 그렇게 많지 않았음.

음독 **かん** 　 棺おけ かんおけ 관, 관짝 　 예외 棺 ひつぎ 관

0035

빌 주

呪

상급한자 | 고등 이상 | 부수 口

呪 呪

사당에서 가장 권위 있는 주술사(兄)가 주문을 외우고 있는(口) 모습.

음독 **じゅ** 　 呪術 じゅじゅつ 주술 　 呪文 じゅもん 주문

훈독 **のろう** 　 呪う のろう (타) 저주하다, 원망하다

재미있는 한자 이야기

벼슬 관

관청(宀)에서 근무하고 있는 벼슬아치(㠯)의 모습.

형 형

어떤 집단에서 발언권(口)이 가장 높은 사람(人)을 말함.

0036

이길 극

克

JLPT N1 | 중, 고등 | 부수 儿

막강한 적을 무찌르고(十) 함성을 지르고 있는 권위자(兄)의 모습.

음독 こく

克服 こくふく 극복

克明 こくめい 극명, 정확하고 꼼꼼함

相克 そうこく 상극 (서로가 서로를 이기려는 갈등 상태)

0037

벗을 탈

脱

JLPT N1 | 중, 고등 | 부수 肉 月

전투를 끝마친 영웅이 호탕하게 웃으며(兑) 갑옷을 벗어던짐. 몸(肉)이 드러남.

음독 だつ

脱落 だつらく 탈락

脱毛 だつもう 탈모

脱出 だっしゅつ 탈출

훈독 ぬぐ

脱ぐ ぬぐ (타) 벗다

ぬげる

脱げる ぬげる (자) 벗겨지다

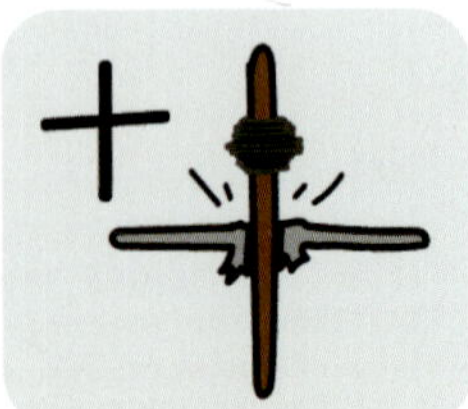

열 십

일의 자리를 초월한 십을 표기한 모습. 또는 뭔가를 찌름.

기쁠 태

호탕하게 웃고 있는 영웅호걸의 모습.

육달월변 육

달 월(月), 고기 육(肉), 배 주(舟)가 부수로 올 때는 달 월(月)의 형태를 가지게 됩니다.

0038

상황 황

況

JLPT N2 | 중, 고등 | 부수 氵

況 況

가장 권위있고 학식이 뛰어난 사람(兄)이 강가(氵)를 살피며 사람이 살만한지 확인함.

음독 **きょう**

状況 じょうきょう 상황　不況 ふきょう 불황　好況 こうきょう 호황
実況 じっきょう 실황　現況 げんきょう 현황　盛況 せいきょう 성황

0039

날카로울 예

鋭

JLPT N2 | 중, 고등 | 부수 金

鋭 鋭

명검(金)을 만들었다고 호탕하게 웃으며 대장장이를 칭찬하는 영웅(兌)의 모습.

음독 **えい**

精鋭 せいえい 정예　鋭敏 えいびん 예민　鋭利 えいり 예리

훈독 **するどい**

鋭い するどい 날카롭다, 예리하다

0040

기쁠 열

悦

JLPT N1 | 중, 고등 | 부수 心 忄

悦 悦

껄껄껄 좋아하며(心) 매우 기뻐하는 영웅(兌)의 모습.

음독 **えつ**

喜悦 きえつ 희열　愉悦 ゆえつ 유열 (유쾌하게 생각하고 기뻐함)

0041

검열할 열

閲

JLPT N1 | 중, 고등 | 부수 門

문틈(門) 사이로 요주의 인물들이(兌) 어떤 대화를 하고 있는지 엿듣고 있는 모습.

음독 えつ

閲覧 えつらん 열람　　検閲 けんえつ 검열　　校閲 こうえつ 교열

0042

기릴 포

褒

JLPT N1 | 중, 고등 | 부수 衣衤

현자(亻)가 갓 태어난 아이(呆)를 옷(衣)으로 감싸, 지붕(亠)에 닿을 듯이 높이 들어올리며 칭찬을 늘어놓고 있는 모습.

음독 ほう

褒美 ほうび 포상, 상금　　褒章 ほうしょう 훈장, 표창

훈독 ほめる

褒める ほめる (타) 칭찬하다　　褒め ほめ 칭찬

지킬 보

머리 큰 아이(呆)를 품에 안아 정성껏 돌보고 있는 부모(亻)의 모습.

0043

마칠 료

了

JLPT N3 | 중, 고등 | 부수 亅

출산을 끝마침. 세상 밖으로 나온 갓난아이의 모습.

음독 りょう

完了 かんりょう 완료　　終了 しゅうりょう 종료　　修了 しゅうりょう 수료

魅了 みりょう 매료　　了解 りょうかい 잘 이해함

了承 りょうしょう 이해하고 받아들임, 허락함, 승락함

0044

큰소리 칠 화

呉

상급한자 ㅣ 중, 고등 ㅣ 부수 口

呉 呉

목소리가 큰 대장부의 모습. 중국 오나라의 어원이 된 항구 도시 오군(呉郡) 일대 사람들은 목청이 크기로 유명했음.

음독 **ご**

呉 ご 중국의 오나라 참고어휘 呉服 ごふく 포목, 비단 옷감 참고어휘

0045

즐거워할 오

娯

JLPT N1 ㅣ 중, 고등 ㅣ 부수 口

娯 娯

연회를 연 장수들이(呉) 아름다운 무희(女)들을 보며 환호성을 지르고 있는 모습.

음독 **ご**

娯楽 ごらく 오락

0046

꾸짖을 질

叱

상급한자 ㅣ 고등 이상 ㅣ 부수 口

叱 叱

부모가 막무가내로 떼쓰며(匕) 소리치는 아이를 꾸짖고 있는(口) 모습.

음독 **しつ**

叱責 しっせき 질책

훈독 **しかる**

叱る しかる (타) 꾸짖다, 야단치다

비수 비

숟가락을 향해 손을 뻗는 아이의 모습(匕).
아이에겐 숟가락도 비수가 될 수 있으니 조심해야 함.
옛 숟가락은 표면 처리가 안 좋았음.

0047

가둘 수

囚

JLPT N1 | 중, 고등 | 부수 囗

감옥(囗) 안에 사람(人)을 가둠.

음독 しゅう

囚人 しゅうじん 수인, 죄수　　囚衣 しゅうい 수의, 죄수복

0048

완고할 완

頑

JLPT N1 | 중, 고등 | 부수 頁

왕의 정책에 끝까지 반대하는, 머리(頁)를 절대 숙이지 않는 가장 권력이 센 신하(元)의 모습.

음독 がん

頑固 がんこ 완고함　　頑丈 がんじょう 튼튼하고 야무짐, 옹골참

頑張る がんばる (자) 힘내다, 분발하다, 버티다　　頑強 がんきょう 완강함

0049

희롱할 완

玩

JLPT N1 | 중, 고등 | 부수 玉 王

권력이 약한 왕(王)을 희롱하는 신하(元)들의 모습.

음독 がん

玩具 がんぐ 완구　　愛玩 あいがん 애완　　예외 玩具 おもちゃ 장난감

으뜸 원
어떤 무리 안에서 가장 오래되고 으뜸가는 사람을 나타냄.

임금 왕
양날 도끼는 왕(王)의 권력을, 외날 도끼는 신하(士)의 권력을 상징했음.

0050

갓 관

冠

JLPT N1 | 중, 고등 | 부수 冖

冠冠

좋은 집(冖)에 사는 원로(元)의 머리에 관을 씌워(寸) 주고 있는 시종의 모습.

음독 **かん** 冠 かん 관, 왕관 王冠 おうかん 왕관 衣冠 いかん 격식을 갖춘 복장

훈독 **かんむり** 冠 かんむり 관, 왕관

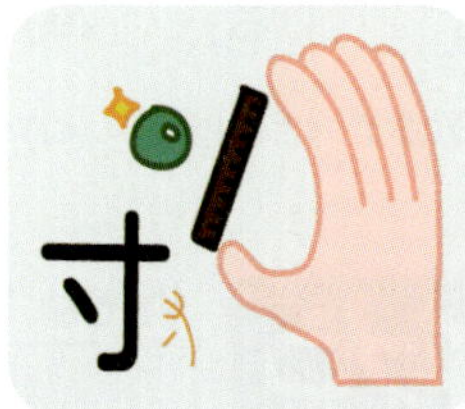

마디 촌

뭔가에 손을 뻗는 모습.
또는 어떤 일을 착수하기 위해
물건의 치수를 손으로 재봄.

0051

나아갈 취

就

JLPT N3 | 초등 6학년 | 부수 尢 尣

就就

능력이 뛰어난 인재가(尤) 수도의(京) 핵심 기관에 취직한 모습.

음독 **しゅう** 就職 しゅうしょく 취직 就任 しゅうにん 취임 就業 しゅうぎょう 취업

じゅ 成就 じょうじゅ 성취

훈독 **つく** 就く つく (타) (지위에) 오르다, 취임하다

つける 就ける つける (타) (자리에) 앉히다, (어떤 일을) 하게 하다

서울 경

언덕 위에 지어진 왕과
귀족이 사는 궁궐을
나타냄.

더욱 우

팔다리가 긴 아름답고
능력이 뛰어난 사람을 나타냄.
귀신을 의미할 때가 있기도 함.

0052

찰 축

蹴

JLPT N1 | 중, 고등 | 부수 足

무능한 인재의 항변을 일축하고 궐 밖으로 내쫓음(足). 능력이 뛰어난 인재를 새로 취직(就)시킴.

음독 **しゅう**

一蹴 いっしゅう 일축　　蹴球 しゅうきゅう 축구

훈독 **ける**

蹴る ける (타) (발로) 차다, 일축하다　　蹴り けり 차기, 킥

蹴飛ばす けとばす (타) 걷어차다, 날려 보내다

0053

상고할 계

稽

상급한자 | 고등 이상 | 부수 禾

굶주리고 있는 아이(匕)와 백성(日)들의 수를 헤아려 민첩하게 식량(禾)을 가져오는 우수한 인재의 모습. 깊게 생각하는 사람의 행동이나 말, 뼈있는 농담을 말하기도 함.

음독 **けい**

稽古 けいこ (전통 예능, 스포츠, 악기 등의) 연습, 훈련

滑稽 こっけい 우스꽝스러움, 익살스러움

0054

베개 침

枕

JLPT N1 | 중, 고등 | 부수 木

날씨 좋은 날 목침(木)을 가지고 지붕 위로 올라가(冘) 낮잠을 자려는 사람의 모습.

훈독 **まくら**

枕 まくら 베개　　氷枕 こおりまくら 얼음 베개

膝枕 ひざまくら 무릎베개　　抱き枕 だきまくら 안고 자는 베개

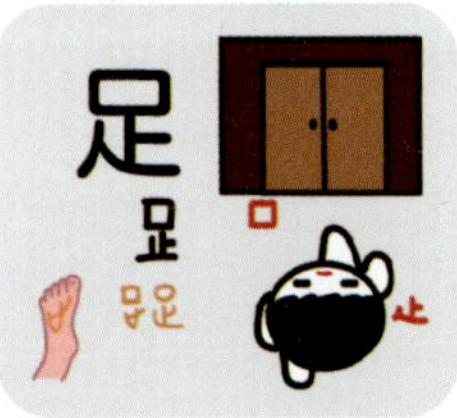

발 족

입구(口)나 출구를 향해 발걸음을 옮기는(止) 사람의 모습.

망설일 유

일하라는 잔소리를 피해 지붕(冖) 위에 숨을까 말까 망설이는 사람(人)의 모습.

0055

잠길 침

沈

JLPT N2 | 중, 고등 | 부수 氵

沈 沈

홍수(氵)가 나 황급하게 지붕(冖) 위로 올라가는 사람(人)의 모습.

음독 ちん

沈黙 ちんもく 침묵　　沈没 ちんぼつ 침몰　　沈殿 ちんでん 침전

훈독 しずむ

沈む しずむ (자) 가라앉다, (해나 달이) 지다

しずめる

沈める しずめる (타) 가라앉히다, 자세를 낮추다

0056

겨룰 항

抗

JLPT N1 | 중, 고등 | 부수 手 扌

抗 抗

나무 위에 올라가(亢) 마지막까지 무기를 휘두르며 저항함(扌).

음독 こう

抵抗 ていこう 저항　　反抗 はんこう 반항　　対抗 たいこう 대항

抗議 こうぎ 항의　　抗争 こうそう 항쟁　　抗菌 こうきん 항균

0057

구덩이 갱

坑

JLPT N1 | 중, 고등 | 부수 土

坑 坑

구덩이(土) 밖으로 올라가려는(亢) 사람의 모습.

음독 こう

炭坑 たんこう 탄광　　坑道 こうどう 갱도, 광산 내부 통로

높을 항

자신의 키 보다 높은 곳으로
올라가는 사람의 모습.

UPGRADE! 02

확인문제

한자표기 다음 단어의 한자 표기로 적당한 것을 고르세요.

01 ふろ　① 風宮　② 風呂　③ 風侶

02 がんこ　① 頑固　② 玩固　③ 冠固

03 こくめい　① 克名　② 呪明　③ 克明

04 だつらく　① 況落　② 呪楽　③ 脱落

05 じょうきょう　① 状克　② 状鋭　③ 状況

한자읽기 다음 한자의 읽는 법을 고르고 빈칸에 뜻을 적으세요.

06 閲覧　① えつなん　② えいらん　③ えつらん　[　　]

07 褒美　① ほうぎ　② ほうび　③ ほうひ　[　　]

08 完了　① かんりょう　② かんりょ　③ がんりょう　[　　]

09 娯楽　① こらく　② おらく　③ ごらく　[　　]

10 就職　① じゅうしょく　② しゅうしょく　③ しゅしょく　[　　]

정답 01 ② 목욕, 욕조　02 ① 완고함　03 ③ 극명　04 ③ 탈락　05 ③ 상황　06 ③ 열람　07 ② 포상, 칭찬　08 ① 완료　09 ③ 오락　10 ② 취직

03

육체, 입, 영혼 관련 한자(36자)

0058

불땔 취

炊

JLPT N1 | 중, 고등 | 부수 火 灬

입김을 불어가며(欠) 불(火)을 피우고 있는 사람의 모습.

음독 すい

炊事 すいじ 취사　　自炊 じすい 자취　　雑炊 ぞうすい 죽 요리

훈독 たく

炊く たく (타) (쌀 등을 끓여) 밥을 짓다

0059

속일 기

欺

JLPT N1 | 중, 고등 | 부수 欠

바둑(其)을 두다가 속임수에 당한 사람이 탄식(欠)을 내지르고 있는 모습.

음독 ぎ

詐欺 さぎ 사기　　欺瞞 ぎまん 기만

훈독 あざむく

欺く あざむく (타) 속이다, 기만하다

재미있는 한자 이야기

하품 흠

사람이 하품하자 피곤했던 영혼이 바깥 공기를 쐬고 오는 모습. 결핍(欠乏)된 상태. 크게 호흡하거나 입김을 불어넣음.

그 기

바둑판과 바둑알 바구니인 키를 그린 모습.
"아마도 그 수는..."

その를 한자로 쓰면 其가 됩니다.

예) 其手があったんだ! 그 수가 있었구나!

0060

불 취

吹

JLPT N3 | 중, 고등 | 부수 口

吹 吹

피리를 입에(口) 물고 바람을 힘껏 불어 넣고 있는(欠) 사람의 모습.

음독 すい　　吹奏　すいそう　취주

훈독 ふく　　吹く　ふく　(자) 바람이 불다 (타) 입으로 불다　　**예외** 吹雪　ふぶき　눈보라

0061

연할 연

軟

JLPT N2 | 중, 고등 | 부수 車

軟 軟

입김만 불어도(欠) 잘 굴러가는 부드러운 마차(車)의 모습.

음독 なん　　柔軟　じゅうなん　유연　　軟弱　なんじゃく　연약함

훈독 やわらか　　柔らか·軟らか　やわらか　부드러운 모양, 폭신한 모양

やわらかい　　柔らかい·軟らかい　やわらかい　부드럽다, 말랑하다, 푹신하다

0062

칠 구

欧

JLPT N2 | 중, 고등 | 부수 欠

欧 欧

서방에서 온 침입자들을 무찌르기 위해 병사들에게 명령(欠)을 내리고 있는 왕의 모습. 중요 구역(区)을 방어함. 옛 사람들은 유럽(Europa)를 구라파(欧羅巴)라고 부르곤 했음.

음독 おう　　欧米　おうべい　구미, 유럽과 미국　　西欧　せいおう　서구

구역 구

성 내 어떤 구역(区)을 표시한 모습.

0063

항목 관

款

JLPT N1 | 중, 고등 | 부수 欠

款 款

궁에 새로 들어온 사관(士)이 교관의 지시에 따라 망루(示)에 걸려 있는 약관(款)을 큰 목소리로 읊고 있는 모습(欠).

음독 かん

約款 やっかん 약관　　定款 ていかん (법인 회사 등의) 정관

款待 かんたい 관대, 환대

0064

모양 자

姿

JLPT N1 | 중, 고등 | 부수 女

姿 姿

엄청나게 아름다운 여성(女)의 자태(姿)를 보며 탄성(次)을 내지르고 있는 사람의 모습.

음독 し

姿勢 しせい 자세　　容姿 ようし 용모와 자태, 외모

훈독 すがた

姿 すがた 모양, 모습, 상태

재미있는 한자 이야기

선비 사

왕의 힘은 양날도끼(王)로,
신하들의 힘은 외날 도끼(士)로
비유되었음. 학사, 무사

보일 시

망루(示) 위에서 지시를 내림.
또는 신의 제단을 나타냈음.

버금 차

자기 차례가 오자 침(冫)을
튀겨가며 아주 큰 목소리(欠)로
대답하는 신입의 모습.

0065

마음대로 자

恣

상용한자 | 고등 이상 | 부수 心 忄

마음(心) 내키는 대로 소리를 지르며(次) 주변에 민폐를 끼치는 사람의 모습.

음독 し

恣意 しい 자의 　恣行 しこう 자행 　恣意的 しいてき 자의적

0066

가시나무 자

茨

상급한자 | 4학년 | 부수 艸 艹

가시(艹)에 찔려 비명(次)을 지르는 사람의 모습.

훈독 いばら

茨 いばら 가시나무, 식물의 가시 　茨の道 いばらのみち 가시밭길

茨城県 いばらきけん 이바라키 현 (지명)

초두머리 초

풀 또는 꽃을 나타냄.

0067

물을 자

諮

JLPT N1 | 중, 고등 | 부수 言

귀가 잘 안 들리는 늙은 현자에게 큰 목소리(欠, 口)로 도움을 구하고(言) 있는 어떤 관리의 모습.

음독 し

諮問 しもん 자문 　諮問機関 しもんきかん 자문기관

훈독 はかる

諮る はかる (타) 상의하다, 자문하다

0068

훔칠 도

盗

JLPT N2 | 중, 고등 | 부수 皿

盗 盗

밥그릇(皿)을 훔쳐 가자 돌려(次) 달라고 소리치는 사람의 모습.

음독 とう 強盗 ごうとう 강도 盗難 とうなん 도난 盗用 とうよう 도용

훈독 ぬすむ 盗む ぬすむ (타) 훔치다

0069

마를 고

枯

JLPT N1 | 중, 고등 | 부수 木

枯 枯

시들어 있는 늙은(古) 나무(木)의 모습.

음독 こ 枯木 こぼく 고목 枯渇 こかつ 고갈

훈독 からす 枯らす からす (타) 말리다, 시들게 하다

かれる 枯れる かれる (자) 마르다, 시들다

그릇 명

비싼 그릇을 그린 모습.
현대 일본에선 접시 쪽에
가까운 의미로 쓰임.

옛 고

10년도(十) 더 된 시절의
이야기를 늘어놓고(口)
있는 노인의 모습.

0070

귀신 귀

鬼

JLPT N1 | 중, 고등 | 부수 鬼

영혼을 빼어 가려는 도깨비 또는 귀신을 나타냄.

음독 **き**　　鬼才 きさい 귀재, 천재　　鬼神 きしん 귀신

훈독 **おに**　　鬼 おに 도깨비, 귀신

0071

덩어리 괴

塊

JLPT N1 | 중, 고등 | 부수 土

도깨비(鬼)가 무척 좋아하는, 혹은 인간을 도깨비로 만드는 엄청나게 귀한 흙덩이인(土) 금괴를 뜻함.

음독 **かい**　　金塊 きんかい 금괴　　団塊 だんかい 단괴, 베이비붐 등의 밀집된 무리

훈독 **かたまり**　　塊 かたまり 덩어리, 뭉치

0072

넋 혼

魂

JLPT N1 | 중, 고등 | 부수 鬼

죽어서 구름(云) 위로 승천하고 있는 귀신의(鬼) 모습.

음독 **こん**　　魂胆 こんたん 속셈, 꿍꿍이속　　霊魂 れいこん 영혼

훈독 **たましい**　　魂 たましい 영혼, 정신

운 운

구름을 보며 점을 침.

추상적인 말을 운운함.

0073

매혹할 매

JLPT N1 | 중, 고등 | 부수 鬼

魅 魅

귀신(鬼)이 미성숙(未)한 아이를 납치하려고 달콤한 말로 매혹하고 있는 모습.

음독 み

魅力 みりょく 매력　　魅惑 みわく 매혹

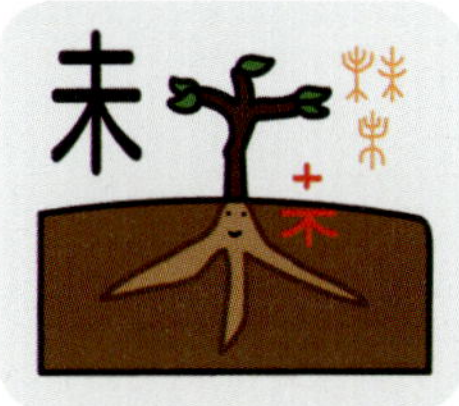

아닐 미

나무(木)의 줄기(一)가 뿌리보다 작음. 아직 미성숙함.

0074

추할 추

JLPT N1 | 중, 고등 | 부수 酉

醜 醜

술(酉)을 너무 많이 마셔 완전 귀신(鬼) 꼴이 된 사람의 모습.

음독 しゅう

醜悪 しゅうあく 추악　　醜態 しゅうたい 추태, 망가진 꼴

훈독 みにくい

醜い みにくい 추하다, 보기 흉하다

닭 유, 술독 유

술독에서 새어 나온 술을 마시다 기절해버린 닭의 모습. 술, 십이지의 닭.

0075

가혹할 가

苛

상급한자 | 고등 이상 | 부수 艸 艹

풀독이(艹) 잔뜩 오른 노예가 쉬고 가자고 하소연을(可) 해도 듣지 않는 주인의 모습.

음독	か	苛酷	かこく	가혹
훈독	いら	苛立つ	いらだつ	초조해하다
		苛苛	いらいら	안달복달 하는 모양
	いじめる	苛める·虐める	いじめる	(타) 괴롭히다, 혹독하게 다루다
	さいなむ	苛む	さいなむ	(타) 들볶다, 꾸짖다 참고어휘

0076

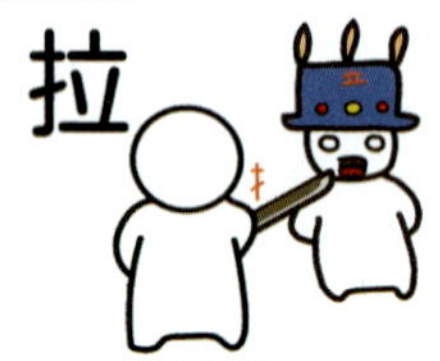

끌 랍

拉

상급한자 | 고등 이상 | 부수 手 扌

지위가 높은 사람(立)을 칼(扌)로 위협해 납치(拉)함.

음독 ら

拉致 らち 납치　　拉致犯 らちはん 납치범

0077

모실 배

陪

JLPT N1 | 중, 고등 | 부수 阜 阝

언덕 위(阝)에 매우 고귀한 사람이 나타나자 만세를 외치는 사람들(咅)의 모습.

음독 ばい

陪審員 ばいしんいん 배심원　　陪席 ばいせき 배석, 귀빈 등의 자리에 동석함

언덕 부

암벽, 또는 언덕 위에서 나부끼고 있는 깃발을 그린 모습.

침 부

침을 튀겨가며 뭐라뭐라 말하는 사람의 모습.

0078

북돋울 배

培

JLPT N1 | 중, 고등 | 부수 土

학자가 준 비료(土)와 농법(咅)으로 농사를 지으니 풍작이 됨.

음독 **ばい**　栽培 さいばい 재배　培養 ばいよう 배양

훈독 **つちかう**　培う つちかう (타) 기르다, 양성하다, 키우다

0079

쪼갤 부

剖

JLPT N1 | 중, 고등 | 부수 刀 刂

사인을 알기 위해 시신을 해부(刂)해 보라고 지시를 내리는 상급자(咅)의 모습.

음독 **ぼう**　解剖 かいぼう 해부　剖検 ぼうけん 부검

0080

물어줄 배

賠

JLPT N1 | 중, 고등 | 부수 貝

어떤 사람의 물건을 부숴 버려 물건값(貝)을 배상하고 있는 사람(咅)의 모습.

음독 **ばい**　賠償 ばいしょう 배상　賠償金 ばいしょうきん 배상금

칼 도

칼을 그린 모습.

조개 패

조개를 그린 모습. 고대 사회엔 조개를 화폐로 썼기에 재물이라는 의미를 가짐. 특히 마노 조개는 보석처럼 광택이 있고 구하기 힘들었음.

0081

넓을 보

普

JLPT N3 | 중, 고등 | 부수 日

모든 사람(並)들에게 따뜻한 햇살(日)이 두루두루 미치고 있는 모습.

음독 **ふ**

普及 ふきゅう 보급　　普通 ふつう 보통

普段 ふだん 평소, 평상시　　普遍 ふへん 보편

0082

족보 보

譜

JLPT N1 | 중, 고등 | 부수 言

자신의 가문 중 매우 유명했던 사람들을 입(言)으로 늘어놓고(普) 있는 모습. 조상님의 이름을 늘어놓은 종이인 족보를 나타냄.

음독 **ふ**

楽譜 がくふ 악보　　画譜 がふ 화보　　系譜 けいふ 계보, 족보

0083

짤 직

織

JLPT N2 | 초등 5학년 | 부수 糸

병사(戈)들을 줄(糸) 지어 세우면서 조직을 편성(音)하고 있는 지휘관의 모습.

음독 **しき**

組織 そしき 조직　　組織的 そしきてき 조직적

しょく

紡織 ぼうしょく 방직　　染織 せんしょく 염직, 염색과 직조

훈독 **おる**

織る おる (타) (옷감 등을) 짜다

소리 음

앞에 서서(立)
뭐라뭐라 말하고(曰)
있는 사람의 모습.

창 과

낫처럼 생긴 창인
'과'를 나타냄.

0084

알 식

識

JLPT N2 | 초등 5학년 | 부수 言

병사(戈)들에게 작전에 필요한 지식(言)을 전파(音)하고 있는 지휘관의 모습.

음독 しき

意識 いしき 의식
常識 じょうしき 상식
知識 ちしき 지식
標識 ひょうしき 표식
認識 にんしき 인식
良識 りょうしき 양식
識別 しきべつ 식별
見識 けんしき 견식
非常識 ひじょうしき 비상식
無意識 むいしき 무의식

0085

거울 경

鏡

JLPT N2 | 초등 4학년 | 부수 金

인계와 신계와의 통로인 청동거울(金)을 앞에 두고 복을 빌고(音) 있는 제사장(人)의 모습.

음독 きょう

顕微鏡 けんびきょう 현미경
望遠鏡 ぼうえんきょう 망원경

훈독 かがみ

鏡 かがみ 거울

0086

생각할 억

憶

JLPT N1 | 중, 고등 | 부수 心 忄

거침없이 의견을 주고 받았던 옛 시절을 떠올리며(意) 회포(忄)를 풀고 있는 사람들의 모습.

음독 おく

記憶 きおく 기억
追憶 ついおく 추억

뜻 의

가슴(心) 속에 품고 있는 말(音)을 그대로 드러냄.

0087

가슴 억

臆

상급한자 | 고등 이상 | 부수 肉 月

臆 臆

가슴(月) 속 깊은 곳에 있는 마음의 소리(意)를 말함. 또는 마음을 깊이 숨김.

음독 **おく**

臆中 おくちゅう 마음 속　　臆病 おくびょう 겁이 많음　　臆測 おくそく 억측

0088

재상 재

宰

JLPT N1 | 중, 고등 | 부수 宀

宰 宰

궁궐(宀) 내에서 왕에게 가장 신랄한 첨언(辛)을 하는 최고의 신하인 재상(宰)을 나타냄.

음독 **さい**

宰相 さいしょう 재상, 수상, 국무총리　　主宰 しゅさい 주재, 행사 등을 주관하는 사람

0089

피할 피

避

JLPT N1 | 중, 고등 | 부수 辵 辶

避 避

고문을 당하고 있는 포로(辟)를 보고 전력으로 도망감(辶).

음독 **ひ**

避難 ひなん 피난　　回避 かいひ 회피　　避暑 ひしょ 피서

훈독 **さける**

避ける さける (타) 피하다, 삼가다, 조심하다

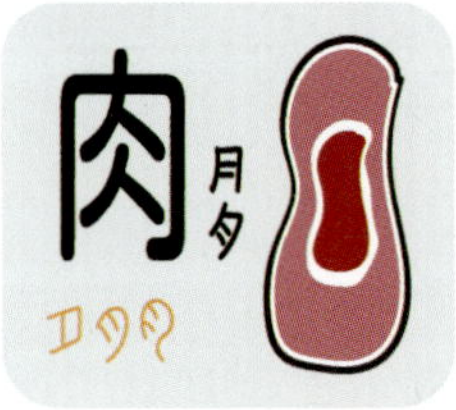

고기 육

고기 또는 신체 부위.

매울 신

원래는 끌로 노예의 등에 표식을 새긴다는 뜻이었으나, 혀를 찌르는 듯한 감각으로 의미가 변함.

웅크려 앉을 시

주검처럼 몸을 약간 숙인 채 앉아 있는 사람의 모습.

0090

버릇 벽

癖

JLPT N1 | 중, 고등 | 부수 疒

포로(辟) 생활 때 고문을 당하며 생겼던 후유증과 버릇(疒)이 자유인이 되어서도 나타남.

음독 へき　　病癖 びょうへき 병벽, 나쁜 버릇　　潔癖 けっぺき 결벽

훈독 くせ　　癖 くせ 버릇, 습관

0091

구슬 벽

璧

JLPT N1 | 중, 고등 | 부수 玉 王

왕의 보석(玉)인 '벽(璧)'을 훔쳐간 도둑을 잡아 어디다가 숨겼냐고 물으며 고문함(辟).

음독 へき　　双璧 そうへき 쌍벽　　完璧 かんぺき 완벽

병들어 기댈 녁

집 벽(广)에 구멍이 뚫려
찬바람이 슝슝 들어와(冫)
온 몸이 춥고 떨림.

피할 피

고문(辛)당하고 있는
아군을 보고 겁먹어 도망침.

구슬 옥

아주 귀한 보석인
옥(玉)을 그린 모습.

0092

막을 장

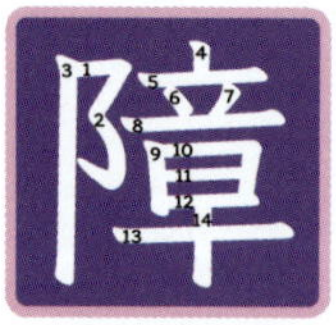

JLPT N2 | 초등 6학년 | 부수 阜 阝

障 障

국가의 운명을 좌우하는 중요한 서신(章)을 전달해야하는 데, 삼엄한 경계(阝)에 막혀 그러지 못함.

음독 **しょう**

故障　こしょう　고장　　障壁　しょうへき　장벽　　障害　しょうがい　장애, 장해

保障　ほしょう　보장　　支障　ししょう　지장, 차질　　障子　しょうじ　장지, 미닫이문

훈독 **さわる**

障る　さわる　(자) 방해가 되다, 지장을 주다, 해롭다

0093

드러날 창

JLPT N1 | 중, 고등 | 부수 彡

彰 彰

훌륭한 공을 세운 사람을 기리기 위해 표창장(章)에 아주 화려한 무늬(彡)를 새기고 있는 사람의 모습.

음독 **しょう**

表彰　ひょうしょう　표창　　顕彰　けんしょう　공로를 기리며 표창함

끌 장

목판에 매우 뾰족한 끌로(辛) 문장을 새기고 있는 사람의 모습.

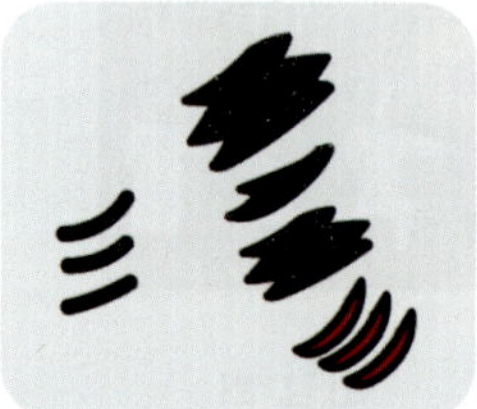

터럭 삼

털 또는 자국을 나타냄.

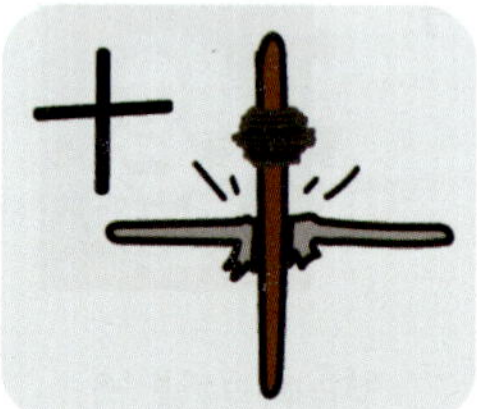

열 십

일의 자리를 초월한 십을 표기한 모습. 또는 뭔가를 찌름. 초월하다. 찌르다.

UPGRADE!

03

확인문제

한자표기 **다음 단어의 한자 표기로 적당한 것을 고르세요.**

01	すいじ	① 欺事	② 炊事	③ 吹事
02	しせい	① 吹勢	② 姿勢	③ 款勢
03	ごうとう	① 強盗	② 強姿	③ 強諮
04	みりょく	① 魅力	② 魂力	③ 鬼力
05	ふだん	① 譜段	② 普暇	③ 普段

한자읽기 **다음 한자의 읽는 법을 고르고 빈칸에 뜻을 적으세요.**

06	解剖	① かいぼう	② かいほう	③ がいほう	
07	普通	① ぶつう	② ほつう	③ ふつう	
08	組織	① そしき	② ぞしき	③ そうしき	
09	意識	① いしょく	② いしき	③ ぎしき	
10	記憶	① ぎおく	② きおく	③ きあく	

정 답 01 ② 취사 02 ② 자세 03 ① 강도 04 ① 매력 05 ③ 평소 06 ① 해부 07 ③ 보통 08 ① 조직 09 ② 의식 10 ② 기억

04 혈연, 지연, 계급 관련 한자(23자)

0094

손자 손

JLPT N2 | 초등 4학년 | 부수 子

가문의 대(系)를 이어 나가는 자식(子)를 말함.

음독 そん　　子孫 しそん 자손

훈독 まご　　孫 まご 손자　　孫娘 まごむすめ 손녀

0095

구멍 공

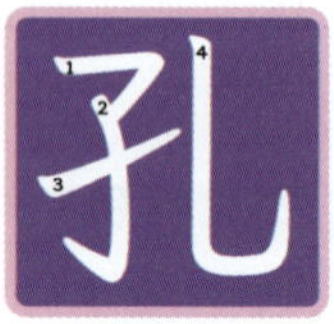

JLPT N1 | 중, 고등 | 부수 子

어머니의 품 속에 숨어(乚) 옷틈 사이로 젖을 빨고 있는 아이(子)의 모습. 현재는 공자(孔子)의 성으로 주로 쓰임.

음독 こう　　瞳孔 どうこう 동공　　気孔 きこう 기공, 숨구멍

재미있는 한자 이야기

이어맬 계

줄이나 물건 등을 막대에 매달음. 뭔가를 이어나감.

숨을 은

마치 숨어있는 것처럼 몸을 쭈그림.

0096

사나울 맹

猛

JLPT N1 | 중, 고등 | 부수 犬 犭

사냥 도중 물(皿)을 마시며 쉬고 있는 용맹한 왕자(子)와 사냥개(犭)를 나타낸 모습.

음독 **もう**

猛烈 もうれつ 맹렬　　猛獣 もうじゅう 맹수　　勇猛 ゆうもう 용맹

큰 개 견

네 발 짐승이
서 있는 모습.

그릇 명

비싼 그릇을 그린 모습.
현대 일본에선 접시 쪽에
가까운 의미로 쓰임.

맏 맹

사냥 도중 물(皿)을 마시며
쉬고 있는 맏이(子)의 모습.
능력이 좋고 용맹함.

0097

노할 발

勃

상급한자 | 고등 이상 | 부수 力

혈기왕성(力)한 어린 생명(孛)을 나타낸 모습.

음독 **ぼつ**

勃発 ぼっぱつ 발발, 갑자기 터짐　　勃然 ぼつぜん 발연, 벌컥 성을 냄

살별 패, 안색 변할 발

혜성이 떨어진 자리에서
새로운 생명이 피어남.
어린 새싹이 피어 오름.

0098

업신여길 모

侮

JLPT N1 | 중, 고등 | 부수 人亻

타인의 어머니(每)를 욕하는 굉장히 무례한 사람(亻)의 모습.

음독	**ぶ**	侮辱 ぶじょく 모욕　　侮蔑 ぶべつ 모멸
훈독	**あなどる**	侮る あなどる (타) 깔보다, 얕보다

0099

뉘우칠 회

悔

JLPT N1 | 중, 고등 | 부수 心忄

돌아가신 어머니(每)를 생각하며 '더 잘해줄 걸'이라고 후회(心)하고 있는 사람의 모습.

음독	**かい**	後悔 こうかい 후회　　悔恨 かいこん 회한
훈독	**くいる**	悔いる くいる (타) 후회하다, 뉘우치다
	くやしい	悔しい くやしい 분하다, 억울하다
	くやむ	悔やむ くやむ 후회하다, 애도하다

매양 매

집에 오면 매일 반겨주는 아내나 어머니를 그린 모습. 결혼한 여성은 머리에 비녀를 꽂았음.

0100

매화 매

梅

JLPT N1 | 중, 고등 | 부수 木

어떤 시련이 있어도 옆을 지켜주는 어머니(每)처럼, 추운 겨울에도 꿋꿋이 버텨 꽃을 피워내는 매화나무(木)를 나타냄.

음독	**ばい**	梅雨 ばいう 장마　　塩梅 あんばい 음식의 맛, 간
		💡 매실이 익을 때 쯤 내리는 비　　💡 소금(塩 : 소금 염)과 매실 장아찌로 간을 맞추곤 했음.
훈독	**うめ**	梅 うめ 매화나무, 또는 매실

0101

민첩할 민

JLPT N1 | 중, 고등 | 부수 攵 支

어떤 충격(攵)으로부터 아이를 보호하기 위해 민첩하게 움직이고 있는 어머니(毎)의 모습.

음독 **びん**

敏感 びんかん 민감　過敏 かびん 과민　機敏 きびん 기민

鋭敏 えいびん 예민

0102

번성할 번

JLPT N1 | 중, 고등 | 부수 糸

기민하게 누에고치 실(糸)을 뽑아 값비싼 비단을 만들고 있는(攵) 주부(毎)의 모습.

음독 **はん**

繁栄 はんえい 번영　繁盛 はんじょう 번성　繁殖 はんしょく 번식

繁雑 はんざつ 번잡　頻繁 ひんぱん 빈번　繁華街 はんかがい 번화가

칠 복

뭔가를 휘두르고 있는 사람의 모습.

실 사

실패와 실을 그린 모습.

0103

쏠 사

射

JLPT N1 | 초등 6학년 | 부수 寸

활 시위를 몸(身)까지 당겨(寸) 화살을 쏘는 사람의 모습.

음독 しゃ

注射 ちゅうしゃ 주사　　発射 はっしゃ 발사　　反射 はんしゃ 반사

放射 ほうしゃ 방사　　射撃 しゃげき 사격　　放射能 ほうしゃのう 방사능

훈독 いる

射る いる (타) (활을) 쏘다, (쏘아서) 맞히다

0104

사례할 사

謝

JLPT N3 | 초등 5학년 | 부수 言

활을 열심히 쏴(射) 승리에 공헌한 병사에게 미안한 마음을 가지고 감사를 표(言)하는 지휘관의 모습.

음독 しゃ

感謝 かんしゃ 감사　　謝罪 しゃざい 사죄　　謝絶 しゃぜつ 사절

月謝 げっしゃ 매달 지불하는 수업료

훈독 あやまる

謝る あやまる (타) 사과하다, 사양하다

몸 신

원래는 임산부를 나타내었으나 현재는 단순히 몸을 의미함.

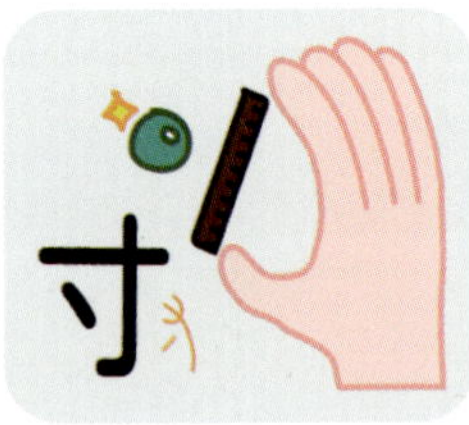

마디 촌

뭔가에 손을 뻗는 모습. 또는 어떤 일을 착수하기 위해 물건의 치수를 손으로 재봄.

0105

효도 효

孝

JLPT N3 | 초등 6학년 | 부수 子

아이(子)를 정성껏 돌보고 있는 부모(耂)의 모습. 효도를 받을 자격이 있음.

음독 こう

孝行 こうこう 효행　　不孝 ふこう 불효　　孝子 こうし 효자

孝道 こうどう 효도　　孝心 こうしん 효도

0106

삭힐 효

酵

JLPT N1 | 중, 고등 | 부수 酉

조상(孝) 대대로 삭힌 비싼 술(酉)을 나타냄.

음독 こう

発酵 はっこう 발효　　酵素 こうそ 효소　　酵母 こうぼ 효모

0107

칠 고

拷

JLPT N1 | 중, 고등 | 부수 手 扌

사로잡은 적군을 직접(扌) 고문하는 늙은(耂) 장수의 모습. 빨갛게 데운 철로 살을 후벼 팜(丂).

음독 ごう

拷問 ごうもん 고문 (고통을 가해 자백을 강요함)

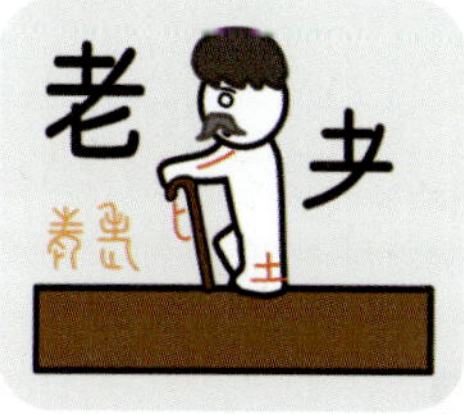

늙을 로

지팡이를 짚고 있는 노인을 그린 모습.

공교할 교

어딘가에 글자나 문양을 공교하게 새김.

0108

내기 도

賭

상급한자 | 고등 이상 | 부수 貝

賭 賭

살날이 머지않아 잃을 것이 없는 노인(耂)이, 고함(曰)을 질러가며 도박을 하며 재산(貝)을 탕진함.

음독 と　　賭博　とばく　도박　　賭場　とば　도박장, 노름판

훈독 かける　　賭ける　かける　(타) 걸다, 내기를 하다

0109

젓가락 저

箸

JLPT N1 | 중, 고등 | 부수 竹

箸 箸

대나무(竹) 젓가락으로 밥을 먹으며 담소를 나누고 있는 사람(者)들의 모습.

훈독 はし　　箸　はし　젓가락　　箸枕　はしまくら　젓가락 받침대

가로 왈

이빨이 보일 정도로 뭔가를 열심히 말하고 있는 사람의 모습.

대나무 죽

대나무를 그린 모습.

0110

삶을 자

煮

JLPT N1 | 중, 고등 | 부수 火 灬

煮 煮

불(灬) 피우던 걸 지켜보던 노인(者)이 답답해서 몸소 불 피우는 법과 조절하는 법을 가르쳐 주고 있는 모습.

음독 しゃ　　煮沸　しゃふつ　펄펄 끓음

훈독 にえる　　煮える　にえる　(자) 익다, 물이 끓다

にやす　　煮やす　にやす　(타) 끓게 하다

にる　　煮る　にる　(타) 익히다, 삶다, 끓이다

연화발 화

불의 부수 중 하나.

0111

실마리 서

緒

JLPT N2 | 중, 고등 | 부수 糸

緒 緒

경험이 풍부한 탐정(者)과 경찰들이 단서를 찾으며 범행의 실마리(糸)를 풀고 있는 모습.

음독 しょ

由緒 ゆいしょ 유서, 유래　　端緒 たんしょ 단서　　一緒 いっしょ 함께함

情緒 じょうしょ 정서　　内緒 ないしょ 비밀, 은밀함

ちょ

情緒 じょうちょ 정서

훈독 お

緒 お 가는 끈, 실　　革緒 かわお 가죽 끈

0112

견줄 교

較

JLPT N2 | 중, 고등 | 부수 車

較 較

느긋하게 다리를 꼬고 앉아(交) 어떤 수레(車)가 더 빠른 지 비교함.

음독 かく

比較 ひかく 비교　　比較的 ひかくてき 비교적

사귈 교

의자에 다리를 꼬고 앉아
느긋하게 대화를 하고 있는
사람들의 모습.

0113

들 교

郊

JLPT N2 | 중, 고등 | 부수 邑 阝

郊 郊

높은 언덕(阝) 위에 있는 의자에 다리를 꼬고 앉아(交) 교외의 풍경을 느긋하게 감상함.

음독 こう

郊外 こうがい 교외　　近郊 きんこう 근교

0114

같을 여

如

JLPT N1 | 중, 고등 | 부수 女

풍문으로만 듣던 유명인을 직접 보자 환호성(口)을 지르며 따라가는 여성(女)의 모습. 체면이 결여된 상태를 의미함.

음독 **じょ** 欠如 けつじょ 결여 突如 とつじょ 갑자기, 돌연

にょ 如実 にょじつ 여실, 있는 그대로임

0115

종 노

奴

JLPT N1 | 중, 고등 | 부수 女

쭈그려 앉아(女) 손 빨래(又)를 하고 있는 노비들의 모습. 여기서의 女는 성별 구분 없이 앉아있는 사람 전체를 지칭함.

음독 **ど** 奴隷 どれい 노예 예외 奴 やつ 그 자식, 그 녀석 참고어휘

여자 여

앉아 있는 사람의 모습. 원래는 집에 주로 앉아 있는 사람을 뜻하는 단어였으나, 옛날엔 그게 주로 어머니였기에 여자라는 의미가 붙음.

또 우

손을 흔들며 또 만나자고 작별 인사를 하는 모습.

0116

성낼 노

怒

JLPT N1 | 중, 고등 | 부수 心 忄

빨래를 하면서 자신을 하대한 주인을 욕하고(心) 있는 노비(奴)들의 모습.

음독 **ど** 怒鳴る どなる (자, 타) 큰 소리로 부르다, 고함치다 憤怒 ふんど 분노

훈독 **いかる** 怒る いかる (자) 성내다, 노하다 怒り いかり 분노

おこる 怒る おこる (자) 화내다, 꾸짖다

UPGRADE!

04

확인문제

한자표기 **다음 단어의 한자 표기로 적당한 것을 고르세요.**

01	しそん	① 子系	② 子係	③ 子孫
02	ばいう	① 悔雨	② 侮雨	③ 梅雨
03	はんえい	① 繁栄	② 敏栄	③ 悔栄
04	こうかい	① 後梅	② 後海	③ 後悔
05	びんかん	① 悔感	② 敏感	③ 梅感

한자읽기 **다음 한자의 읽는 법을 고르고 빈칸에 뜻을 적으세요.**

06	発射	① はっしゃ	② ばっしゃ	③ はっさ	
07	感謝	① かんさ	② がんしゃ	③ かんしゃ	
08	比較	① ひかく	② びかく	③ ひこく	
09	郊外	① こうがい	② ごうがい	③ こがい	
10	由緒	① ゆしょ	② ゆうしょ	③ ゆいしょ	

정 답 01 ③ 자손 02 ③ 장마 03 ① 번영 04 ③ 후회 05 ② 민감 06 ① 발사 07 ③ 감사 08 ① 비교 09 ① 교외 10 ③ 유서

05 육체의 동작, 형상 관련 한자(37자)

0117

굽을 구

상급한자 | 고등 이상 | 부수 勹

형사(勹)가 죄수를 구류하기 위해 몸을 억지로 구부리게 만듦(厶). 또는 경사가 급해 엎드려 나아가는 듯한 자세를 말하기도 함.

음독 **こう**

勾配 こうばい 기울기, 경사도 (수학, 토목 용어)

勾留 こうりゅう 구류, 구금 (법률 용어)

0118

향내 내

상용한자 | 고등 이상 | 부수 勹

아직 눈도 못 뜬 아이(匕)가 어머니(勹)의 향기를 맡고 손을 뻗고 있는 모습.

훈독 **におう**

匂う におう (자) (주로 좋은) 냄새가 나다

匂い におい 냄새, 분위기

재미있는 한자 이야기

쌀 포

뭔가를 감싸 안음.

사사 사

팔이 굽혀져 있는 모습.
나의 것임.

0119

열흘 순

旬

JLPT N1 | 중, 고등 | 부수 日

旬 旬

옛 동양에선 날짜를 천간(갑을병정)을 기반으로 하여 10일 단위로 셌기 때문에, 태양(日)이 지구를 열 번 감싸 안았다(勹)하여 이 한자엔 열흘이라는 의미가 붙게 됨.

음독 **しゅん**

旬 しゅん 제철, 적기 　旬外れ しゅんはずれ 제철이 아님

じゅん

上旬 じょうじゅん 상순, 초순 　中旬 ちゅうじゅん 중순 　下旬 げじゅん 하순

初旬 しょじゅん 초순

0120

따라 죽을 순

殉

JLPT N1 | 중, 고등 | 부수 歹 歺

殉 殉

10번(旬) 환생해서라도 사랑하는 사람과 영원히 함께 있기 위해 따라 죽음(歹).

음독 **じゅん**

殉情 じゅんじょう 순정 　殉死 じゅんし 순사, 주인을 따라 죽음

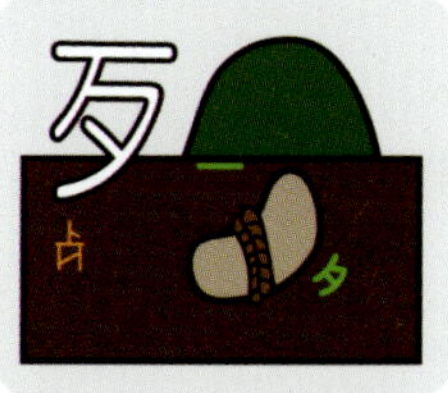

살바른 뼈 알

부러진 뼈나 시신이

땅 아래 묻혀 있음.

0121

국화 국

菊

JLPT N1 | 중, 고등 | 부수 艸 艹

菊 菊

동양에서 가장 귀중하게(勹) 여겨지던, 쌀(米)처럼 하얀 꽃(艹)인 국화를 말함.

혼자만 조용히 가을에 핀다 하여 지조와 절개를 상징했음.

음독 **きく**

菊 きく 국화 　菊酒 きくざけ 국화주

0122

안을 포

抱

JLPT N2 | 중, 고등 | 부수 手 扌

어머니가 아이의 몸 위에 담요를 덮어(包) 주며(扌) 위로의 말을 건넴.

음독 **ほう**　介抱 かいほう 간호, 보살핌　辛抱 しんぼう 참고 견딤

훈독 **だく**　抱く だく (타) (사람, 물건 등을) 안다

かかえる　抱える かかえる (타) 안다, (문제, 짐 등을) 짊어지다

いだく　抱く いだく (타) (감정, 생각 등을) 품다

쌀 포

아이의 몸을 감싸고 있는 어머니의 모습.

0123

거품 포

泡

JLPT N1 | 중, 고등 | 부수 氵

몸을 감싸는 모포처럼(包), 물(水)로 만들어진 장막인 거품을 말함.

음독 **ほう**　水泡 すいほう 물거품　気泡 きほう 기포　発泡 はっぽう 물거품

훈독 **あわ**　泡 あわ 거품　泡立つ あわだつ 거품이 일다

0124

세포 포

胞

JLPT N1 | 중, 고등 | 부수 肉 月

아이의 몸(肉)이 어른이 될 때까지 따뜻한 포옹(包)으로 키워냄. 현재는 세포(胞)를 나타내는 말로 사용됨.

음독 **ほう**　細胞 さいぼう 세포　胞子 ほうし 포자

0125

대포 포

砲

JLPT N1 | 중, 고등 | 부수 石

砲 砲

대포를 장전하기 위해 돌(石)처럼 무거운 포환을 안고(包) 가고 있는 병사의 모습.

음독 ほう

大砲 たいほう 대포　　砲撃 ほうげき 포격　　鉄砲 てっぽう 총

0126

배부를 포

飽

JLPT N1 | 중, 고등 | 부수 食 飠

飽 飽

너무 많이 먹었더니(食) 배가 불러 자신의 배를 쓰다 듬고(包) 있는 사람의 모습.

음독 ほう

飽和 ほうわ 포화, 가득 참　　飽食 ほうしょく 포식

훈독 あかす

飽かす あかす (타) 물리게 하다, 아끼지 않고 쓰다

あきる

飽きる あきる (자) 싫증 나다, 물리다

0127

글귀 구

句

JLPT N1 | 중, 고등 | 부수 口

句 句

책에 둘러 쌓여(勹) 있는 사람이 뭐라뭐라 글귀를 읽고(口) 있는 모습.

음독 く

文句 もんく 불평, 불만　　語句 ごく 어구　　句読点 くとうてん 구두점

俳句 はいく 하이쿠, 일본 고유의 단시

0128

잡을 구

拘

JLPT N1 | 중, 고등 | 부수 手扌

감옥에 갇힌(勹) 범죄자가 철창을 잡고(扌) 억울하다며 하소연(口)을 하는 모습.

음독 **こう**

拘束 こうそく 구속

0129

망아지 구

駒

JLPT N1 | 중, 고등 | 부수 馬

아직 나이가 어려 길들여지지 않은 망아지(馬)를 좋은 말(句)로 달래 보려는 사람의 모습.

훈독 **こま**

駒 こま 1. 망아지 2. 장기판의 말

0130

놀랄 경

驚

JLPT N1 | 중, 고등 | 부수 馬

존경(敬)하는 현자의 책을 읽던 중, 갑작스런 말(馬) 울음소리에 깜짝 놀라 일어남.

음독 **きょう**

驚異 きょうい 경이　　驚嘆 きょうたん 경탄, 감탄

훈독 **おどろかす**

驚かす おどろかす (타) 놀래다, 놀라게 하다

おどろく

驚く おどろく (자) 놀라다, 경악하다

공경 경

잔디(艹) 위에서 현자의 책을 읽고 있던 사람이 엄청난 깨달음(句)을 얻어 허벅지를 탁 치고(攵) 일어선 모습.

칠 복

뭔가를 휘두르고 있는 사람의 모습.

0131

액 액

厄

JLPT N1 | 중, 고등 | 부수 厂

언덕(厂)에서 굴러 떨어진 탓에 크게 다침. 다리를 감싸 안고(㔾) 아파함.

음독 やく

厄 やく 액, 재앙, 재난

厄介 やっかい 귀찮음, 거슬림

0132

넘칠 범

氾

상급한자 | 고등 이상 | 부수 氵

배 안에 앉아(卩) 있다가 물벼락(氵)을 맞음.

음독 はん

氾濫 はんらん 범람

氾濫原 はんらんげん 범람원

0133

우러를 앙

仰

JLPT N1 | 중, 고등 | 부수 人亻

왕(亻)이 직접 현장을 보러 나오자, 장군이 부하들로 하여금 절(卬)하게 함.

음독 ぎょう

仰天 ぎょうてん 몹시 놀람

仰視 ぎょうし 우러러 봄

こう

信仰 しんこう 신앙

훈독 あおぐ

仰ぐ あおぐ (타) 우러러보다, 위를 보다

おおせ

仰せ おおせ 분부, 명령, 말씀

병부 절

무릎을 꿇고 앉아 있는 듯한 모습. 팔에 힘을 주고 뭔가를 누름.

나 앙

상관의 앞에서 무릎을 꿇고 앉아(卩) 있는 부하들의 모습.

0134

누를 억

抑

JLPT N1 | 중, 고등 | 부수 手 扌

사로 잡은(卬) 포로들의 불만을 칼로 위협하며(扌) 억제함.

음독 **よく** 抑制 よくせい 억제 抑圧 よくあつ 억압 抑揚 よくよう 억양

훈독 **おさえる** 抑える おさえる (타) 억누르다, 억제하다

0135

원망할 원

怨

상급한자 | 고등 이상 | 부수 心 忄

억울한 일을 당해 밤(夕)에 잠을 못 이루는 사람의 모습. 몸(卩)을 웅크리고 원망(心)함.

음독 **おん** 怨念 おんねん 원념

えん 怨恨 えんこん 원한

0136

완연할 완

宛

상급한자 | 고등 이상 | 부수 宀

억울한 일을 당해 서러운 마음을 잊지 못한 사람이, 밤잠(夕)을 이루지 못해 집(宀)에서 탄원문을 끌어 안고 앉아(卩) 있는 모습. 의지가 완연하다.

훈독 **あてる** 宛てる あてる (타) (편지, 메일, 상소문 등을) ~앞으로 보내다

宛名 あてな 수신인명 宛先 あてさき 수신인, 수취인, 수신처

저녁 석

달에 구름이 드리워져
있는 모습.

0137

물리칠 각

却

JLPT N1 | 중, 고등 | 부수 卩

험한 골짜기를 넘으려 하다 포기함. 엎드려(卩) 계곡물을 마시고 내려 감(去).

음독 きゃく

退却 たいきゃく 퇴각　　忘却 ぼうきゃく 망각　　冷却 れいきゃく 냉각
消却 しょうきゃく 소각, 말소　　却下 きゃっか 기각, 거절

훈독 かえって

却って かえって 도리어, 오히려, 반대로

갈 거
어딘가에서 뛰쳐
나오고 있는 사람의 모습.

0138

다리 각

脚

JLPT N1 | 중, 고등 | 부수 肉 月

험난한 계곡을 오르려다가 다리(肉)가 너무 아파서 포기하고 내려옴(却). 사람이나 사물, 또는 어떤 체계의 다리가 되는 부분을 말함.

음독 きゃく / きゃ

脚本 きゃくほん 각본　　失脚 しっきゃく 실각　　脚色 きゃくしょく 각색
脚立 きゃたつ 접이식 사다리

훈독 あし

脚 あし 물체의 다리, 받침　　机の脚 つくえのあし 책상 다리

0139

덮을 개

蓋

상급한자 | 고등 이상 | 부수 艸 艹

제사 때 사용할 신성한 제기(皿)에 벌레가 꼬이려 해, 황급히 달려와(去) 풀(艹)을 엮어 만든 덮개로 그릇을 가림.

음독 がい

頭蓋骨 ずがいこつ 두개골

훈독 ふた

蓋 ふた 뚜껑, 덮개

0140

다다를 부

赴

JLPT N1 | 중, 고등 | 부수 走

신이 점(卜) 지어준 사람을 어떤 지역에 보냄(走).

음독 ふ

赴任 ふにん 부임　　赴任地 ふにんち 부임지

훈독 おもむく

赴く おもむく (자) 향하다, 나아가다

0141

오줌 뇨

尿

JLPT N1 | 중, 고등 | 부수 尸

몸을 웅크려(尸) 오줌(水)을 싸는 사람의 모습.

음독 にょう

尿 にょう 소변, 오줌　　夜尿症 やにょうしょう 야뇨증

점 복

고대 동양의 주술사들은 거북이 등딱지를 불에 태운 다음, 갈라진 틈의 모양을 보고 점을 침.

주검 시

주검처럼 몸을 약간 숙인 채 앉아있는 사람의 모습.

0142

꼬리 미

尾

JLPT N1 | 중, 고등 | 부수 尸

동물 꼬리(毛)를 매고 있는 연극 배우가 잠깐 쭈그려 앉아(尸) 쉬고 있는 모습.

음독 び

首尾 しゅび 수미, 처음과 끝　　尾行 びこう 미행　　예외 尻尾 しっぽ 꼬리

훈독 お

尾 お 꼬리, 꽁지

0143

여승 니

尼

JLPT N1 | 중, 고등 | 부수 尸

尼 尼

버려져 있는 아기(ヒ)를 안고 슬퍼하고 있는 여자 스님(尸)의 모습.

음독 に

尼僧 にそう 여승

훈독 あま

尼 あま 여승, 비구니

0144

진흙 니

泥

JLPT N2 | 중, 고등 | 부수 氵

泥 泥

진흙탕처럼 어지럽고 탁한 세상에, 강가(氵)에 버려져 있는 아기를 발견하고 슬피 우는 여승(尼)의 모습.

음독 でい

泥中 でいちゅう 진흙 속　　泥土 でいど 진흙

훈독 どろ

泥 どろ 진흙　　泥水 どろみず 흙탕물　　泥棒 どろぼう 도둑

0145

왕후 후

后

상급한자 | 초등 6학년 | 부수 口

后 后

왕의 아이를 낳은, 왕에 버금가는 발언권(口)을 가진 왕후(尸)를 그린 모습.

음독 こう

皇后 こうごう 황후 참고어휘　　王后 おうごう 황후 참고어휘

훈독 きさき

后 きさき 황후, 중전

0146

꽁무니 고

尻

상급한자 | 고등 이상 | 부수 尸

왕(尸) 앞에서 팔을 굽혀 엉덩이를 내민 채(九) 바짝 엎드려 있는 신하의 모습.

훈독 **しり**

尻　しり　엉덩이, 뒤쪽, 끝부분

後込み・尻込み　しりごみ　뒷걸음질, 물러섬

예외 尻尾　しっぽ　꼬리

0147

엮을 속

属

JLPT N1 | 5학년 | 부수 尸

속국의 신하가 지배국의 왕(尸) 앞에서 애벌레처럼 몸을 숙이고(虫), 책상(冖) 위에 있는 종이에 충성의 서약을 하고 있는 모습.

음독 **ぞく**

属国　ぞっこく　속국

金属　きんぞく　금속

付属　ふぞく　부속

所属　しょぞく　소속

0148

부탁할 촉

嘱

JLPT N1 | 중, 고등 | 부수 口

지배국의 왕이 속국(属)의 신하에게 뭔가를 부탁(口)하고 있는 모습. 상급자가 일을 맡김.

음독 **しょく**

委嘱　いしょく　위촉

嘱託　しょくたく　촉탁

아홉 구

엄청 많은 구슬들이 바닥에 떨어져 팔을 구부려 주우려 함.

벌레 충

벌레를 그린 모습. 또는 애벌레처럼 몸을 웅크리고 있는 사람의 모습.

덮을 멱

책상이나 천 따위를 나타냄. 덮개처럼 넓은 것.

0149

샐 루

漏

JLPT N1 | 중, 고등 | 부수 氵

비(雨) 내리는 날 집에서 쉬고 있던 사람(尸)이 지붕에서 물(氵)이 새는 걸 보고 당황하고 있는 모습.

음독 ろう

漏洩 ろうえい 누설　　漏電 ろうでん 누전　　脱漏 だつろう 누락

훈독 もらす

漏らす もらす (타) 새게 하다, 누설하다

もる

漏る もる (자) 새다, 누설되다

もれる

漏れる もれる (자) 새다, 유출되다, 누락되다, 빠지다

0150

몸 기

己

JLPT N1 | 중, 고등 | 부수 己巳已

사람의 몸을 그린 모습.

음독 こ

自己 じこ 자기　　自己紹介 じこしょうかい 자기소개

き

知己 ちき 지기, 지인　　克己 こっき 자기 절제

훈독 おのれ

己 おのれ 나, 너, 자기, 자신 (고어)

0151

왕비 비

妃

JLPT N1 | 중, 고등 | 부수 女

왕의 아들(己)을 낳은 여성(女)인 왕비를 말함.

음독 ひ

王妃 おうひ 왕비

0152

벼리 기

紀

JLPT N1 | 초등 5학년 | 부수 糸

紀 紀

왕자(己)가 가문의 대(糸)를 이음. 세기를 넘으며 대가 계속 이어짐.

음독	き	世紀	せいき	세기	紀行	きこう	기행	風紀	ふうき	풍기, 기강

0153

꺼릴 기

忌

JLPT N1 | 중, 고등 | 부수 心忄

忌 忌

꺼림칙한 것이 있어 마음(心)을 억누름. 몸(己) 안에 숨김.

음독	き	禁忌	きんき	금기
		忌避	きひ	기피
훈독	いまわしい	忌まわしい	いまわしい	꺼림칙하다, 불길하다
	いむ	忌む	いむ	(타) 꺼리다, 싫어하다

UPGRADE!

05

확인문제

한자표기 **다음 단어의 한자 표기로 적당한 것을 고르세요.**

01	じょうじゅん	① 上旬	② 上句	③ 上泡
02	じゅんじょう	① 拘情	② 抱情	③ 殉情
03	こうそく	① 駒束	② 拘束	③ 句束
04	きょうい	① 驚異	② 拘異	③ 敬異
05	もんく	① 文拘	② 文句	③ 文駒

한자읽기 **다음 한자의 읽는 법을 고르고 빈칸에 뜻을 적으세요.**

06	信仰	① じんこう	② しんおう	③ しんこう	
07	抑圧	① よくあつ	② よくがつ	③ おくあつ	
08	脚本	① ぎゃくほん	② きゃくほん	③ かくほん	
09	手腕	① じゅわん	② しゅわん	③ しゅはん	
10	金属	① きんぞく	② ぎんぞく	③ きんそく	

정답 01 ① 초순 02 ③ 순정 03 ② 구속 04 ① 경이 05 ② 불평 06 ③ 신앙 07 ① 억압 08 ② 각본 09 ② 수완 10 ① 금속

06

신분, 권위 관련 한자(41자)

0154

채울 충

充

JLPT N1 | 중, 고등 | 부수 儿

배가 불룩해질 때까지 음식을 먹음.

음독 **じゅう**

拡充　かくじゅう　확충
充電　じゅうでん　충전
充実　じゅうじつ　충실
補充　ほじゅう　보충
充満　じゅうまん　충만
充足　じゅうそく　충족

훈독 **あてる**

充てる　あてる　(타) 충당하다, 할당하여 맡기다

0155

거느릴 통

統

JLPT N3 | 초등 5학년 | 부수 糸

뚱뚱한 권력자(充)가 병사들을 소집해 줄줄이 줄(糸) 세우고 있는 모습.

음독 **とう**

系統　けいとう　계통
統計　とうけい　통계
統合　とうごう　통합
伝統　でんとう　전통
統一　とういつ　통일
統率　とうそつ　통솔
統治　とうち　통치
統制　とうせい　통제
大統領　だいとうりょう　대통령

훈독 **すべる**

統べる　すべる　(타) 총괄하다, 통합하다, 통솔하다

0156

총 총

銃

JLPT N1 | 중, 고등 | 부수 金

銃 銃

배가 부른 뚱보(充)도 자기 자신을 효과적으로 방어할 수 있는, 쇠(金)로 만든 무기인 총을 말함.

음독 **じゅう**

銃 じゅう 총　　拳銃 けんじゅう 권총　　銃剣 じゅうけん 총검

0157

소통할 소

疏

상급한자 | 고등 이상 | 부수 疋

疏 疏

물이 시원하게 흐르는 것(流)처럼 타국과의 교류(疋)과 매우 원만하게 진행되고 있는 모습.

음독 **そ**

疎通·疏通 そつう 소통

한자 疏 는 비상용한자로 현대 일본어에서는 거의 사용되지 않습니다.
매우 문어적이고 딱딱한 표현에 등장하기 때문에 가볍게 의미만 익히는 것을 추천해요.

재미있는 한자 이야기

짝 필

선물로 비단 한 필을 들고 어딘 가에 찾아감.

기를 육 부수, 아들 자

아들 자를 거꾸로 뒤집은 한자.

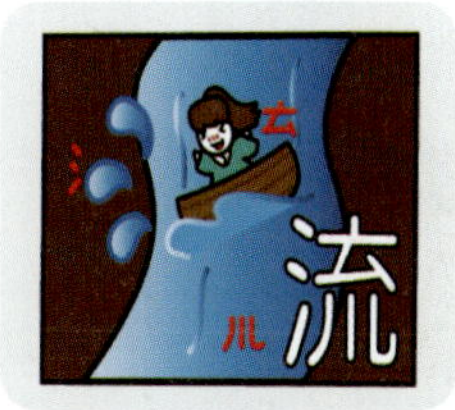

흐를 류

하천(川)에서 물(氵)을 튀기며 물놀이를 즐기고 있는 아이(㐅)의 모습.

0158

유황 류

硫

JLPT N1 | 중, 고등 | 부수 石

硫 硫

순진무구한 아이(亠)가 유황석(石)을 만지다가 안타깝게 죽어 하천(川)에서 장례를 치름. 아이에게 위험한 물질인 황을 말함.

음독 **りゅう**

硫酸 りゅうさん 황산 (화학 용어)　　예외 硫黄 いおうせん 유황

0159

버릴 기

棄

JLPT N1 | 중, 고등 | 부수 木

棄 棄

어떤 사정으로 인해 아이를 모포에 감싸고(卅) 나무(木) 아래에 유기함.

음독 **き**

破棄 はき 파기　　廃棄 はいき 폐기　　放棄 ほうき 포기

棄権 きけん 기권　　遺棄 いき 유기

0160

통할 철

徹

JLPT N1 | 중, 고등 | 부수 彳

徹 徹

왕의 아이와 아내(育)를 지키기 위해 철야 근무(彳)를 하며 괴한을 무찌르고(攵) 다니는 경비병의 모습. 소중한 것을 지키기 위한 정신을 말함.

음독 **てつ**

徹夜 てつや 철야, 밤샘　　貫徹 かんてつ 관철　　徹底 てってい 철저

冷徹 れいてつ 냉철　　徹回 てっかい 철회

띠 대

왕의 옷에 둘러져(卅) 있는 띠(巾)의 모습.

기를 육

아이를 품(肉) 안에 안고 정성스레 돌봄.

0161

거둘 철

撤

JLPT N1 | 중, 고등 | 부수 手 扌

撤 撤

아이를 기르면서(育) 위험할 만한 것들을 연장(扌)으로 미리 철거(攵) 하는 모습.

음독 **てつ**

撤去 てっきょ 철거　　撤退 てったい 철퇴　　撤収 てっしゅう 철수

0162

눈 안

眼

JLPT N2 | 초등 5학년 | 부수 目 罒

眼 眼

유심히 물건들의 내려다(艮) 보며(目) 품질을 따져 봄.

음독 **がん**

眼球 がんきゅう 안구　　眼科 がんか 안과　　近眼 きんがん 근시안

げん

開眼 かいげん 개안, 깨달음 (불교용어)

훈독 **まなこ**

眼 まなこ 눈, 눈알, 안구

예외 眼鏡 めがね 안경

그칠 간

고개 들기를 그침. 아래를 내려다보고 있는 사람의 모습. 노예를 뜻하기도 함.

0163

한 한

恨

JLPT N1 | 중, 고등 | 부수 心 忄

恨 恨

고개를 떨군 채 포로(艮)로 끌려가는 사람들의 한탄스러운 마음(忄)을 표현함.

음독 **こん**

悔恨 かいこん 회한　　遺恨 いこん 원한, 유감　　痛恨 つうこん 통한

훈독 **うらむ**

恨む うらむ (타) 원망하다, 분하게 여기다

うらめしい

恨めしい うらめしい 원망스럽다, 한스럽다

0164

흔적 흔

痕

상급한자 | 고등 이상 | 부수 疒

포로(艮) 시절 입은 상처(疒)가 해방 후에도 남아 계속 고통을 줌.

음독 **こん** 痕跡 こんせき 흔적 血痕 けっこん 혈흔

훈독 **あと** 痕 あと 자국 爪痕 つめあと 손톱 자국 傷痕 きずあと 상처 자국

0165

사내 랑

郎

JLPT N1 | 중, 고등 | 부수 邑 阝

보안을 위해 왕의 별채(良)를 높은 언덕(阝) 위에 지은 후, 강한 사내들을 호위병으로 둠.

음독 **ろう** 新郎 しんろう 신랑 太郎 たろう 장남

0166

사랑채 랑

廊

JLPT N1 | 중, 고등 | 부수 广

높은 언덕 위(阝)에 매우 긴 복도와 담장(广)이 드리워져 있는 왕의 별채(良)를 그린 모습. 보안이 철저해 안심하고 쉴 수 있음.

음독 **ろう** 廊下 ろうか 복도 回廊 かいろう 회랑 (건물 등을 둘러싼 긴 복도)

어질 량

궐 내에 있는 좋은 회랑과 가난한 사람들의 손길을 외면하지 않는 어진 임금의 모습. 좋다. 훌륭하다.

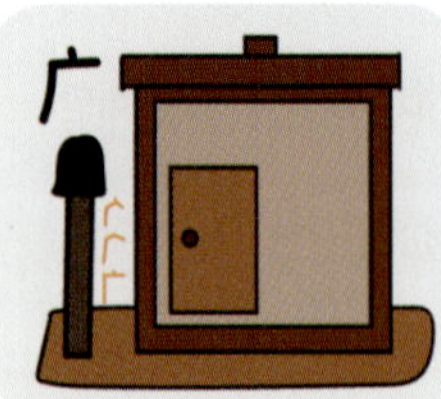

집 엄

담장이 있는 집.

0167

물결 랑

浪

JLPT N1 | 중, 고등 | 부수 氵

궁전에 있는 비싸고 좋은 회랑(良)처럼 구불구불한 모양을 한 물결(氵)을 말함.

음독 **ろう**

流浪 るろう 유랑
浪費 ろうひ 낭비
波浪 はろう 파랑 (큰 파도)
放浪 ほうろう 방랑

0168

계집 낭

娘

JLPT N1 | 중, 고등 | 부수 女

회랑(良)이 있는 좋은 집에 사는 사람의 따님(女), 낭자를 의미함.

훈독 **むすめ**

娘 むすめ 딸, 젊은 미혼 여성
小娘 こむすめ 소녀, 꼬마 아가씨

0169

밝을 랑

朗

JLPT N2 | 초등 6학년 | 부수 月

아름다운 달빛(月)을 벗삼아 책을 낭독하고 있는 어진 왕(良)의 모습.

음독 **ろう**

明朗 めいろう 명랑함
朗報 ろうほう 낭보, 기쁜 소식
朗読 ろうどく 낭독

훈독 **ほがらか**

朗らか ほがらか 쾌활함, (날씨 등이) 쾌청함

0170

진칠 둔

屯

JLPT N1 | 중, 고등 | 부수 屮

적이 쳐들어올 것을 대비에 울타리를 치고 경계를 서고 있는 주둔병의 모습.

음독 **とん**

駐屯 ちゅうとん 주둔　　屯営地 とんえいち 주둔지, 둔영지

0171

둔할 둔

鈍

JLPT N2 | 중, 고등 | 부수 金

결사항전의 각오로 싸우다 보니 주둔병(屯)의 칼날(金)이 많이 무디어진 모습.

음독 **どん**

鈍感 どんかん 둔감　　鈍化 どんか 둔화　　鈍角 どんかく 둔각

훈독 **にぶい**

鈍い にぶい 둔하다　　예외 鈍い のろい 느리다, 굼뜨다

にぶる

鈍る にぶる (자) 둔해지다, 무디어지다, 약해지다

0172

조아릴 돈

頓

상급한자 | 고등 이상 | 부수 頁

결사항전의 각오로 싸우다가 결국 방어선이 뚫려, 머리(首)를 조아리고 만 주둔병(屯)의 모습.

음독 **とん**

整頓 せいとん 정돈　　無頓着 むとんじゃく 무관심, 무심함, 대범함

頓挫 とんざ 좌절

0173

거스를 소

遡

JLPT N1 | 중, 고등 | 부수 辵辶

遡 遡

전쟁포로가 삭월(朔)이 뜬 매우 캄캄한 밤에 물길을 거스르며(辶) 강을 건너고 있는 모습.

음독 そ

遡上 そじょう (물고기, 사람, 안건 등이) 위로 올라감

훈독 さかのぼる

遡る さかのぼる (자) 거슬러 올라가다

0174

흙 빚을 소

塑

JLPT N1 | 중, 고등 | 부수 土

塑 塑

삭월(朔)이 뜬 매우 시커먼 밤에 적들을 교란시키기 위해 주요 초소에 흙(土)으로 빚은 병사들을 세워 놓음.

음독 そ

彫塑 ちょうそ 조소, 조각과 소조 塑像 そぞう 조각상

可塑性 かそせい 가소성 (변하기 쉬운 성질)

거스를 역

반역을 꾀하다가 붙잡혀 죽은 사람의 모습. 사람이 뒤집힌 모양.

초하루 삭

달(月)이 죽음(屰). 지구가 햇빛을 완전히 가려 달이 시커멓게 보임. 1월 1일 초하루에 뜨는 삭월을 말함.

0175

어질 인

仁

JLPT N2 | 초등 6학년 | 부수 人亻

仁 仁

두 명(二) 이상의 사람(亻)이 모였을 때 필요한, 인간이 공존하는 데 필요한 따스한 마음을 말함.

음독 じん

仁者 じんしゃ 어진 사람 참고어휘 仁義 じんぎ 인의 참고어휘

に

仁王 におう 인왕 (불교의 금강신) 참고어휘

0176

다 개

皆

JLPT N2 | 중, 고등 | 부수 白

전달할 것이 있어, 밤에 촛불(白)을 든 시종(比)들을 한데 모아 놓은 모습. '모두'를 의미함.

음독 **かい**

皆勤 かいきん 개근　　皆無 かいむ 개무, 전혀 없음

훈독 **みな**

皆 みな 모두, 전부, 전원 (= みんな)　　皆様 みなさま 여러분

0177

화할 해

諧

상급한자 | 고등 이상 | 부수 言

시종(比)들이 밤에 촛불(白)을 들고 모여, 서로의 노고를 위로하며 농담(言)을 하는 모습.

음독 **かい**

諧謔 かいぎゃく 해학, 익살, 유머　　俳諧 はいかい 하이카이 (해학이 있는 시)

謔 (희롱할 학, 비상용한자) : 잡은 호랑이(虎)를 모질게(虐) 놀림(言).

0178

본보기 해

楷

JLPT N1 | 중, 고등 | 부수 木

신하(比)들이 밤에 촛불(白)을 켜고 열심히 나무 인쇄판(木)을 만들고 있는 모습. 모범적인 한자 글씨체인 해서를 말함. 현대 한자 서체의 원형.

음독 **かい**

楷書 かいしょ 해서, 정자체 (글씨체)

견줄 비

시종들이 나란히 서서 기다리고 있는 모습. 어떤 시종을 고용할 지 비교함.

흰 백

어둠을 하얗게 밝히는 촛불을 그린 모습.

0179

대궐 섬돌 폐

陛

JLPT N1 | 초등 6학년 | 부수 阜 阝

언덕(阝)처럼 높은 계단 위에 있는 황제와 그 아래(土)에 있는 신하(比)들의 모습.

음독 へい

陛下 へいか 폐하

0180

벌레 곤

昆

JLPT N1 | 중, 고등 | 부수 日

무더운 날(日) 사람들이 밀집(比)해 있는 곳에 곤충들이 들끓고 있는 모습. 수가 많다. 얽혀 있다. 무리의 대장을 뜻할 때도 있음.

음독 こん

昆虫 こんちゅう 곤충　　昆布 こんぶ 다시마　　昆布茶 こんぶちゃ 다시마차

다시마는 식물이 아니라, 짚신벌레와 유사한 계통의 다세포 생물입니다.
때문에 천(布)처럼 생긴 곤충이라 하여 벌레 곤(昆)과 베 포(布)가 오게 되었습니다.

0181

순수할 수

粋

JLPT N1 | 중, 고등 | 부수 米

아직 전투 경험이 없는 순진한 어린 병졸(卒)들의 모습. 수염이 나고 햇빛에 그을린 피부를 가진 장수들에 비해 쌀(米)처럼 하얀 피부를 가지고 있었음. 아직 때가 타지 않음.

음독 すい

純粋 じゅんすい 순수　　抜粋 ばっすい 발췌

精粋 せいすい 정수 (가장 뛰어난 부분)

훈독 いき

粋 いき 세련되고 운치가 있음, 감각 있음

마칠 졸

군사 계급에서 맨 마지막 아래에 있는 병졸을 그린 모습.

노예들이 노예복을 입고 병역에 종사함.

가장 위험한 임무를 맡아 일찍 죽었음. 마지막, 끝 부분.

0182

酔

술 취할 취

酔

JLPT N1 | 중, 고등 | 부수 酉

곧 전쟁터에 나간다는 압박을 이기지 못해 술(酉)을 들이키는 졸병(卒)의 모습.

음독 **すい**

麻酔　ますい　마취

心酔　しんすい　심취

훈독 **よう**

酔う　よう　(자) 술에 취하다, 멀미하다, 도취하다

二日酔い　ふつかよい　숙취

酔っ払う　よっぱらう　몹시 취하다

酔っ払い　よっぱらい　술 취한 사람

닭 유

술독에서 새어 나온 술을 마시다

기절해버린 닭의 모습. 술, 십이지의 닭.

0183

砕

부술 쇄

砕

JLPT N1 | 중, 고등 | 부수 石

군대에서 지급 받았던 아주 질 낮은 무기가 부숴져 돌(石)을 던지며 적과 싸우고 있는 졸병(卒)의 모습.

음독 **さい**

粉砕　ふんさい　분쇄

砕氷　さいひょう　쇄빙

훈독 **くだく**
くだける

砕く　くだく　(타) 부수다, 깨뜨리다, 꺾다

砕ける　くだける　(자) 부서지다, 깨지다, 꺾이다

0184

枠

테두리 화

枠

JLPT N1 | 중, 고등 | 부수 木

상관의 명령에 따라 나무(木)로 만든 담장 앞에서 경계를 서고 있는 졸병(卒)들의 모습. 적의 침입을 대비하기 위해 위험한 국경지대에서 보초를 섬.

훈독 **わく**

枠　わく　테두리

枠内　わくない　테두리 안, 범위 내

枠外　わくがい　테두리 밖, 범위 밖

0185

힘쓸 려

励

JLPT N1 | 중, 고등 | 부수 力

励 励

투쟁에 힘쓰라고(力) 먼 길(厂)에도 불구하고 황제가 일 만(万)이 넘는 원군을 보냄.

음독 **れい** 　 奨励 しょうれい 장려 　 激励 げきれい 격려

훈독 **はげます** 　 励ます はげます (타) 북돋다, 격려하다

はげむ 　 励む はげむ (자) 힘쓰다, 열중하다

0186

상수리나무 회

栃

JLPT N2 | 초등 4학년 | 부수 木

栃 栃

일만(万) 대군을 살리는 힘을 가진, 산기슭(厂)에 주로 자라는 도토리 나무(木)를 말함.
열매는 병사들의 공복을 채워주기 좋았고 뿌리 껍질은 장 치료에 탁월한 효능을 가짐.

훈독 **とち** 　 栃 とち 칠엽수 (= とちのき) 　 참고어휘 　 栃木県 とちぎけん 도치기현 (지명)

일본에서는 칠엽수 나무를 뜻하며, 열매가 도토리처럼 생긴 것이 특징입니다.
일본 초등 4학년 학생들이 외우는 한자로, JLPT에서는 아주 드물게 나오는 한자입니다.

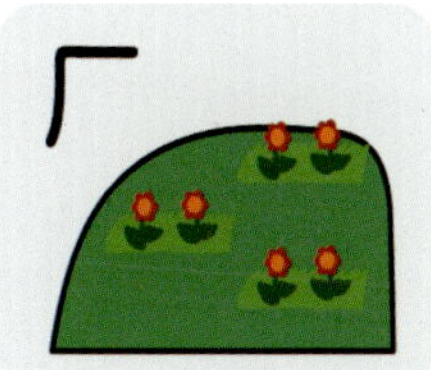

기슭 엄

언덕, 산기슭을 나타냄

일만 만

일만의 원군이 온다는 소식을 듣고 전갈처럼 두 손을 하늘 위로 들며 만세를 외치는 병사의 모습.

0187

면할 면

免

JLPT N1 | 중, 고등 | 부수 儿

지위가 높고 명망 있는 어르신을 검문하지 않고 그냥 보내고 있는 모습.

음독 めん

免除 めんじょ 면제　　免許 めんきょ 면허　　免税 めんぜい 면세

免疫 めんえき 면역　　御免 ごめん 면허, 공인, 특허의 높임말

훈독 まぬかれる

免れる まぬかれる (타) 면하다, 피하다, 벗어나다 (=まぬがれる)

0188

편안할 일

逸

JLPT N1 | 중, 고등 | 부수 辵 辶

한때 나라의 부흥기를 이끌었던 유능한 관리(免)가 은퇴 후 남은 인생(辶)을 편안하게 보내려는 모습.

음독 いつ

安逸 あんいつ 안일　　逸材 いつざい 뛰어난 인재

훈독 それる

逸れる それる (자) (본래의 방향, 주제 등에서) 벗어나다, 빗나가다

そらす

逸らす そらす (타) 방향을 딴 데로 돌리다, 빗나가게 하다, 좋은 기회를 놓치다

はぐれる

逸れる はぐれる (자) 일행과 헤어지다, 놓치다

쉬엄쉬엄 갈 착

먼 길을 쉬엄쉬엄 걷고 있는 사람의 모습.

0189

칼 검

剣

JLPT N1 | 중, 고등 | 부수 刀 刂

剣 剣

사람들이 많이 오가는(㑒) 중요한 시설의 입구에 경비병이 칼(刀)을 들고 서있는 모습.

음독 けん

真剣 しんけん 매우 진지함　銃剣 じゅうけん 총과 검　剣道 けんどう 검도

刀剣 とうけん 도검

훈독 つるぎ

剣 つるぎ 양날 검

0190

검소할 검

倹

JLPT N1 | 중, 고등 | 부수 人 亻

倹 倹

엄청난 흉년이 들어 관청으로 곡식을 빌리러 가는 사람들과(㑒) 입구 주변을 떠돌고 있는 걸인(亻)들의 모습.

음독 けん

倹約 けんやく 검약, 절약　節倹 せっけん 절검, 절약하고 검소함

倹素 けんそ 검소　勤倹 きんけん 근면하고 검소함

다 첨

어떤 일로 짐을 들고
모여든 사람들의 모습.

0191

차꼬 항

桁

JLPT N1 | 중, 고등 | 부수 木

죄수의 팔에 나무 수갑(木)인 차꼬를 채우고 형을 집행(行)하러 감. 시간이 흘러, 일본에서 이 한자는 사물을 고정하는 가로 형태의 나무 받침대인 도리를 가리키는 말로 사용됨. 또는 어떤 사물이나 개념의 절대적인 기준이 되는 부분을 나타내기도 함.

훈독 **けた**

桁	けた	1. 도리, 가로지르는 구조물 2. (숫자의) 자릿수 3. 규모, 수준, 급수
一桁	ひとけた	(숫자의) 한 자릿수
二桁	ふたけた	(숫자의) 두 자릿수
桁外れ	けたはずれ	범상치 않음, 정도가 넘침
桁違い	けたちがい	현격한 차이, 단위가 틀림

0192

저울대 형

衡

JLPT N1 | 중, 고등 | 부수 行

귀족 여성(大)이 거의 10kg은 넘는 아주 비싼 가발을 머리에 이고, 수행원들과 함께 길(行)을 조심스럽게 나아가고 있는 모습.

음독 **こう**

均衡	きんこう	균형	平衡	へいこう	평형, 균형	衡平	こうへい	형평, 공평

다닐 행

간판, 깃발을(亍) 들고 사람이 많은 사거리를 왔다갔다(彳) 하는 사람의 모습.

조금 걸을 척

조금씩 발걸음을 옮기며 어딘가를 계속 왕래하는 사람의 모습.

0193

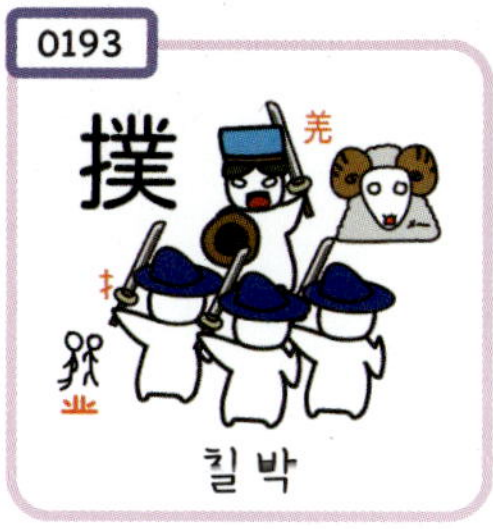

撲

JLPT N1 | 중, 고등 | 부수 手 扌

북(业)으로부터의 침략을 예방하기 위해 북방민족(羌)을 치러(扌) 가는 남방민족의 모습.

음독 ぼく

撲殺 ぼくさつ 박살　　撲滅 ぼくめつ 박멸　　打撲傷 だぼくしょう 타박상

예외 相撲 すもう 스모

0194

僕

JLPT N1 | 중, 고등 | 부수 人 亻

북방(业) 민족(羌)과의 전쟁에서 사로잡은 포로(亻)들을 종복으로 삼은 남방민족의 모습

음독 ぼく

僕 ぼく 나 (남자의 자칭)　　公僕 こうぼく 공무원　　下僕 げぼく 하인 참고어휘

북녘 북

예로부터 북쪽은 기후가 춥고 험해 사나운 유목민, 수렵인들이 많았고, 남쪽은 따뜻하여 농경인이 많았는데, 원래는 북쪽 사람을 등진다는 말이었으나 현재는 북쪽이라는 의미로만 사용됨. (고대 중국과 몽골, 고구려의 전쟁사.)

오랑캐 강

양(羊)을 주로 키우던 아시아 북쪽의 유목민(人)들을 칭하던 말. 옛 중국인들은 주로 북쪽의 몽골 지역 쪽의 침입을 많이 받았기에 그들을 오랑캐라고 부름.

UPGRADE! 06

확인문제

한자표기 **다음 단어의 한자 표기로 적당한 것을 고르세요.**

01	じゅうでん	① 充電	② 統電	③ 疏電
02	とうけい	① 充計	② 疏計	③ 統計
03	がんきゅう	① 眼球	② 恨球	③ 痕球
04	ろうひ	① 浪費	② 郎費	③ 娘費
05	きんこう	① 均行	② 均桁	③ 均衡

한자읽기 **다음 한자의 읽는 법을 고르고 빈칸에 뜻을 적으세요.**

06	倹約	① けつやく	② げんやく	③ けんやく	
07	明朗	① めいろう	② めいろ	③ めろう	
08	鈍感	① どんがん	② どんかん	③ とんかん	
09	陛下	① へか	② へいが	③ へいか	
10	昆虫	① ごんちゅう	② こんちゅ	③ こんちゅう	

정답 01 ① 충전 02 ③ 통계 03 ① 안구 04 ① 낭비 05 ③ 균형 06 ③ 검약, 절약 07 ① 명랑 08 ② 둔감 09 ③ 폐하 10 ③ 곤충

07

죽음 관련 한자(8자)

0195

찢어질 렬

裂

JLPT N1 | 중, 고등 | 부수 衣

장례(列)를 치르기 위해 병사들의 시신에서 갑옷(衣)들을 찢어 벗겨냄.

음독 れつ

破裂 はれつ 파열　　分裂 ぶんれつ 분열　　亀裂 きれつ 균열

決裂 けつれつ 결렬　　爆裂 ばくれつ 폭렬 (폭발하여 파열함)

훈독 さく

裂く さく (타) 찢다, 갈라놓다

さける

裂ける さける (자) 찢어지다, 갈라지다　　裂け目 さけめ 균열

0196

매울 렬

烈

JLPT N1 | 중, 고등 | 부수 火 灬

맹렬한 전쟁으로 전사자가 너무 많이 나와(列) 화장(灬)으로 집단 장례를 치르고 있는 모습.

음독 れつ

猛烈 もうれつ 맹렬　　強烈 きょうれつ 강렬　　熱烈 ねつれつ 열렬

재미있는 한자 이야기

살 바른 뼈 알

부러진 뼈, 또는 시신이 땅 아래 묻혀 있음.

칼 도

칼을 그린 모습.

벌릴 열

나라를 지키려다 순국한, 나열되어있는 병사들의 시신(歹)을 보며 예를 표하고 있는 장수(刂)의 모습.

0197

장사 지낼 장

葬

JLPT N1 | 중, 고등 | 부수 艸 艹

죽은 자(死)가 잠들어 있는, 풀(艹)이 자라있는 무덤 앞에서 장사(廾)를 지냄.

음독 そう　　葬式 そうしき 장례식　　火葬 かそう 화장　　埋葬 まいそう 매장

훈독 ほうむる　　葬る ほうむる (타) 장례를 치르다, (진실 등을) 묻어 버리다, (내밀히 뭔가를) 숨기다

0198

바쁠 망

忙

JLPT N3 | 중, 고등 | 부수 心 忄

성급한 마음(心)에 급하게 달려가다가 미끄러져 죽을 뻔함(亡).

음독 ぼう　　多忙 たぼう 다망, 매우 바쁨　　繁忙期 はんぼうき 성수기

훈독 いそがしい　　忙しい いそがしい 바쁘다　　예외 忙しい せわしい 조급하다, 분주하다

죽을 사

시신(歹) 앞에서 아이(匕)처럼 처량하게 울고 있는 사람의 모습.

받들 공

뭔가를 두 손으로 받듦.

망할 망

죽은 자가 관 안에 안치되어 있는 모습. 원래는 부러진 칼을 나타낸 한자였음.

0199

소경 맹

盲

JLPT N1 | 중, 고등 | 부수 目 罒

盲 盲

눈(目)이 사망(亡)함.

음독 もう

盲点 もうてん 맹점, 허점　色盲 しきもう 색맹　盲目 もうもく 맹목

훈독 めくら

盲 めくら 맹인, 장님

과거에는 일상어로 사용하였으나, 지금은 차별적인 용어로 간주되어 매우 조심해서 사용해야 합니다.

0200

망령될 망

妄

JLPT N1 | 중, 고등 | 부수 女

妄 妄

전쟁터에서 어머니(女)를 찾으며 울부짖는 병사에게 망언하지 말라고 꾸짖음. 병사들의 사기를 죽음(亡)에 이르게 만드는 것.

음독 ぼう

妄言 ぼうげん 망언

훈독 もう

妄想 もうそう 망상　妄念 もうねん 망념, 욕망　妄信 もうしん 맹신

0201

어리둥절할 황

慌

JLPT N1 | 중, 고등 | 부수 心 忄

慌 慌

황야(荒)에 정말 아무것도 남지 않아 당황함(心). 이주할 준비를 하느라 매우 어수선함.

음독 こう

恐慌 きょうこう 공황

훈독 あわただしい

慌ただしい あわただしい 분주하다, 경황없다, 어수선하다

あわてる

慌てる あわてる (자) 놀라서 당황하다, 허둥지둥하다

거칠 황

초목(艹)과 시냇물(川)이 죽음(亡)을 맞이한 황무지를 나타냄.

초두머리 초

풀 또는 꽃을 나타냄.

0202

그물 망

網

JLPT N1 | 중, 고등 | 부수 糸

트트한 줄(糸)로 만든 그물(网)로 고기를 잡아(廾) 상자(亡)에 담음.

음독 もう

網羅 もうら 망라 　 漁網 ぎょもう 어망

網膜 もうまく 망막 　 法網 ほうもう 법망 　 通信網 つうしんもう 통신망

훈독 あみ

網 あみ 그물, 망 　 網戸 あみど 방충망 　 網棚 あみだな 그물 선반

그물 망

그물(网)을 던져서(廾) 잡은 물고기들을 상자(亡)에 담고 있는 어부의 모습.

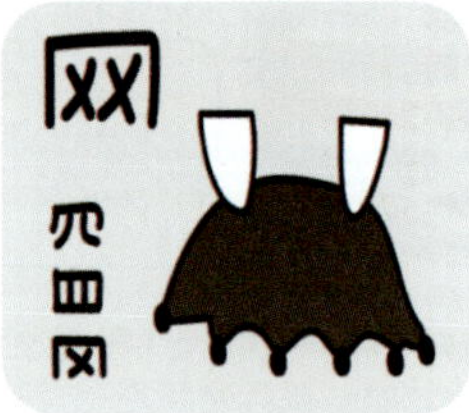

그물 망

그물(网)을 그린 모습.

한자 이름과 부수 이름이 모두 '그물 망'인 경우입니다.

UPGRADE!

07

확인문제

한자표기 다음 단어의 한자 표기로 적당한 것을 고르세요.

01	はれつ	① 破烈	② 破裂	③ 破葬
02	きょうれつ	① 強裂	② 強烈	③ 強葬
03	そうしき	① 烈式	② 裂式	③ 葬式
04	もうてん	① 盲点	② 慌点	③ 妄点
05	ぼうげん	① 盲言	② 妄言	③ 慌言

한자읽기 다음 한자의 읽는 법을 고르고 빈칸에 뜻을 적으세요.

06	網	① あみ	② まみ	③ なみ	
07	熱烈	① えつれつ	② ねつれつ	③ ねつえつ	
08	多忙	① たぼう	② だぼう	③ たほう	
09	裂く	① さそく	② かく	③ さく	
10	妄想	① ばうそう	② もうそう	③ ぼうそ	

정답 01 ② 파열 02 ② 강렬 03 ③ 장례식 04 ① 맹점 05 ② 망언 06 ① 그물 07 ② 열렬 08 ① 다망, 바쁨 09 ③ 찢다 10 ② 망상

08

자연, 지형 관련 한자(40자)

0203

우레 뢰

雷

JLPT N1 | 중, 고등 | 부수 雨

비(雨)를 맞으며 밭(田)에서 일하던 사람들이 천둥 소리에 깜짝 놀라고 있는 모습. 마을 전체에 우렁차게 울리는 천둥 소리를 말함.

음독 らい

雷雨 らいう 뇌우, 번개를 동반한 폭우　　地雷 じらい 지뢰

落雷 らくらい 낙뢰

훈독 かみなり

雷 かみなり 천둥, 우레, 벼락　　稲妻 いなずま 번개

0204

신령 령

霊

JLPT N1 | 중, 고등 | 부수 雨

신령님에게 비(雨)를 내리게 해달라고 무당이 제단 앞에서 기우제를 함.

음독 れい

幽霊 ゆうれい 유령　　霊感 れいかん (예술적) 영감　　神霊 しんれい 신령

りょう

死霊 しりょう 사령　　悪霊 あくりょう 악령　　怨霊 おんりょう 원령

훈독 たま

霊·魂 たま 넋, 영혼

0205

눈 날릴 분

雰

JLPT N1 | 중, 고등 | 부수 雨

雰 雰

신이 구름을 칼로 쪼개자(分) 가루가 되어 대지에 쏟아짐(雨). 눈이 휘날리니 운치가 있음.

음독 ふん

雰囲気 ふんいき 분위기

0206

이슬 로

露

JLPT N1 | 중, 고등 | 부수 雨

露 露

비(雨) 내린 다음 날 길가로(足) 나가면(各) 식물에 고여 있는 작은 물방울들을 말함.
숨겨져 있던 은밀한 무언가가 드러남.

음독 ろ

露出 ろしゅつ 노출　　暴露·曝露 ばくろ 폭로　　露骨 ろこつ 노골

露店 ろてん 노점

ろう

披露 ひろう 피로, 공표함, 선보임

훈독 つゆ

露 つゆ 이슬

재미있는 한자 이야기

길 로

성문이 열리자 각자(各)
갈 길을 가는(足)
사람들의 모습.

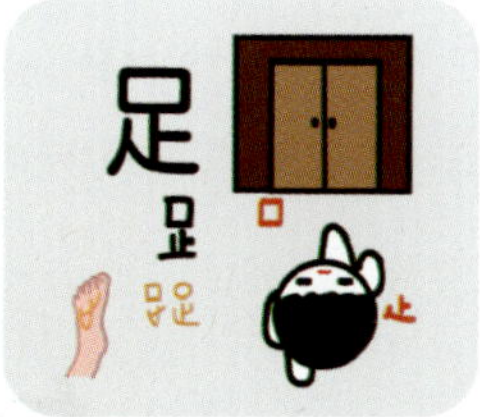

발 족

입구(口)나 출구를 향해
발걸음을 옮기는(止) 사람의
모습. 인력의 수를 뜻하기도 함.

각각 각

각각 모두 다른 뜻(口)을
가진 사람들이 어딘가로
뛰쳐 나가고 있는(夂) 모습.

0207

서리 상

霜

JLPT N1 | 중, 고등 | 부수 雨

추운 초겨울 비(雨)가 오면 나무(木)에서 볼(目) 수 있는 서리를 말함.

음독 そう

秋霜　しゅうそう　가을의 찬 서리

霜害　そうがい　서리 피해

晩霜　ばんそう　늦은 서리

훈독 しも

霜　しも　서리

0208

안개 무

霧

JLPT N1 | 중, 고등 | 부수 雨

심한 비(雨)가 내린 후 안개가 너무 자욱하게 끼어, 실수로 아군에게 창(矛)을 힘껏(力) 휘두름(攵).

음독 む

濃霧　のうむ　짙은 안개

噴霧器　ふんむき　분무기

훈독 きり

霧　きり　안개

霧雨　きりさめ　안개비

힘쓸 무

창(矛)을 휘두르며(攵) 적을 무찌르기 위해 힘쓰고(力) 있는 병사의 모습.

창 모

찌르기도 좋고 베기에도 좋은 양날 창 모를 의미함.

칠 복

뭔가를 휘두르고 있는 사람의 모습.

뒤져올 치

늦어서 어디론가 뛰어가는 사람의 모습.

0209

우산 산

傘

JLPT N1 | 중, 고등 | 부수 人亻

傘 傘

우산에 빗물이 흐르고 있는 모습.

음독 さん　傘下 さんか 산하　落下傘 らっかさん 낙하산

훈독 かさ　傘 かさ 우산　日傘 ひがさ 우산

0210

띠 신

紳

JLPT N1 | 중, 고등 | 부수 糸

紳 紳

몸에 띠(糸)를 두른, 계급이 높은 제사장이 신의 계시(申)를 해석하고 있는 모습. 지위나 교양이 높은 사람을 나타냄. 신사숙녀(紳士淑女)의 신(紳).

음독 しん　紳士 しんし 신사　紳士的 しんしてき 신사적

紳士淑女 しんししゅくじょ 신사숙녀

납 신

구름 위에서 번개를 내리는 신의 모습.
고대인은 번개를 신의 분노 또는
어떠한 계시로 해석하였음.

0211

나 암

俺

JLPT N1 | 중, 고등 | 부수 人亻

俺 俺

화가 머리 끝까지 난 신(大)이 번개(电)를 타고 내려와 인간(亻)을 엄하게 꾸짖는 모습. 나, 나님, 내가 친히.

훈독 おれ　俺 おれ 나, 주로 남성이 자신을 낮추거나 친근하게 부를 때 사용

0212

신선 선

仙

JLPT N1 | 중, 고등 | 부수 人亻

속세에 아무런 미련이 없는 현자(亻)가 산 속(山)에 들어가 조용히 은거함.

음독 せん

仙人　せんにん　선인, 신선　　神仙　しんせん　신선　　仙骨　せんこつ　엉치뼈

仙台市　せんだいし　(지명) 센다이시

0213

고개 상

峠

JLPT N1 | 중, 고등 | 부수 山

산(山)에서 올라갔다가(上) 내려가는(下) 부분인 산꼭대기를 말함.

훈독 とうげ

峠　とうげ　1. 산길의 정상　2. 절정기, 고비　　峠道　とうげみち　고갯길, 산길

0214

작을 미

微

JLPT N1 | 중, 고등 | 부수 彳

어르신(人)이 산(山)을 오갈 때(彳) 다치지 않도록 잔가지들을 미리 칼(攵)로 쳐냄.
미세해서 잘 안 보이는 것을 말함.

음독 び

微妙　びみょう　미묘　　微量　びりょう　미량　　微笑　びしょう　미소

微微　びび　미미　　微細　びさい　미세

微生物　びせいぶつ　미생물　　顕微鏡　けんびきょう　현미경

0215

부를 징

徵

JLPT N1 | 중, 고등 | 부수 彳

徵 徵

왕(王)이 소집령을 내려, 병사들이 산을 넘어(山) 수풀을 헤쳐가매(攵) 징집 장소로 향하고(彳) 있는 모습. 어떤 특징을 가진 것들을 끌어 모음.

음독 **ちょう**

特徵　とくちょう　특징　　象徵　しょうちょう　상징　　徵収　ちょうしゅう　징수

徵兵　ちょうへい　징병　　徵用　ちょうよう　징용

0216

징계할 징

懲

JLPT N1 | 중, 고등 | 부수 心 忄

懲 懲

적이 침범해 왕이 병사 소집령(徵)을 내렸는데, 늦게 온 사람이 있어 화(心)를 내며 징계를 내림.

음독 **ちょう**

懲罰　ちょうばつ　징벌　　懲役　ちょうえき　징역　　懲戒　ちょうかい　징계

훈독 **こらしめる**　懲らしめる　こらしめる　(타) 징계하다, 응징하다, 훈육하다

こらす　懲らす　こらす　(타) 벌주다, 혼내주다 (문어체, 고전) 참고어휘

こりる　懲りる　こりる　(자) 질리다, 넌더리가 나다

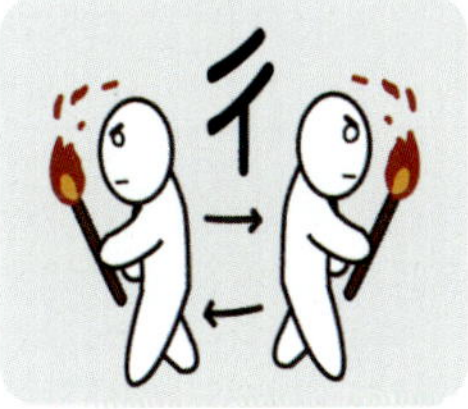

조금 걸을 척

조금씩 발걸음을 옮기며 어딘가를 계속 왕래하는 사람의 모습.

칠 복

뭔가를 휘두르고 있는 사람의 모습

0217

토할 토

吐

JLPT N1 | 중, 고등 | 부수 口

입(口)을 크게 벌려 땅(土)에다가 구토를 하는 사람의 모습. 혹은 한숨을 땅으로 크게 내뱉음.

음독 と

嘔吐 おうと 구토　　吐息 といき 한숨　　吐露 とろ 토로

훈독 はく

吐く はく (타) 토하다, 내뱉다, 뿜다　　吐き気 はきけ 구역질

0218

넓힐 척

拓

JLPT N1 | 중, 고등 | 부수 手 扌

농지를 확보하기 위해 농기구(扌)로 돌(石)을 골라냄.

음독 たく

開拓 かいたく 개척

0219

샘낼 투

妬

JLPT N1 | 중, 고등 | 부수 女

다른 여자(女)에게 한눈 파는 남편을 비난하며 돌(石)을 던짐.

음독 と

嫉妬 しっと 질투

훈독 ねたむ

妬む ねたむ (타) 질투하다, 시기하다

0220

주춧돌 조

礎

JLPT N1 | 중, 고등 | 부수 石

외교의 초석(石)을 다지기 위해 운치 좋은 숲(林)에 연회를 개최함. 타국의 외교관을 초대한 후 비싼 선물을 가져다 줌(疋).

음독 そ

礎石 そせき 초석 　 基礎 きそ 기초

훈독 いしずえ

礎 いしずえ 주춧돌, 초석

0221

언덕 부

阜

상급한자 | 초등 4학년 | 부수 阜阝

암벽, 또는 언덕 위에서 나부끼고 있는 깃발을 그린 모습. 일본에선 주로 지명으로 활용됨.

음독 ふ

岐阜県 ぎふけん 기후현 (일본 중부 지방에 위치한 현) 참고어휘

0222

어찌 나

那

JLPT N1 | 중, 고등 | 부수 邑阝

언덕 위(阝)에서 일 처리를 어찌 이렇게 하냐고 지적을 하고 있는 어르신의 모습.

음독 な

旦那 だんな 남편, 주인, 어르신 　 刹那 せつな 찰나, 순간

어찌 나 부수

탈모가 와서 수염과
옆 머리카락만 남은
마을 어르신의 모습.

0223

높을 륭

隆

JLPT N1 | 중, 고등 | 부수 阜 阝

마치 새순(生)이 돋아나고 있는 것처럼 언덕(阝)이 활발하게(夂) 솟아오르고 있는 모습.

음독 りゅう

隆起 りゅうき 융기　　　隆盛 りゅうせい 융성

0224

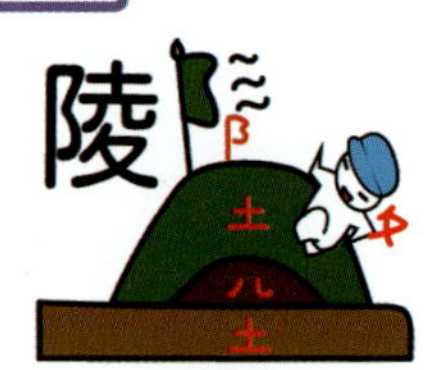

언덕 릉

陵

JLPT N1 | 중, 고등 | 부수 阜 阝

언덕(阝)보다는 높지만 달려서(夂) 금방 올라갈 수 있을 정도의 언덕(夌)인 구릉을 말함.

음독 りょう

丘陵 きゅうりょう 구릉

훈독 みささぎ

陵 みささぎ 능

0225

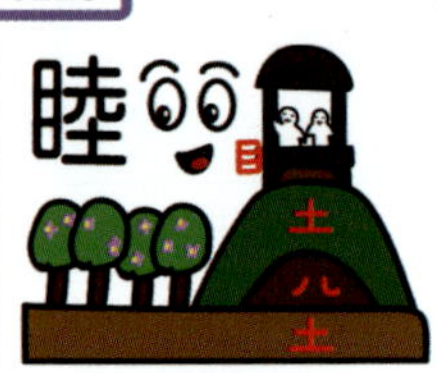

화목할 목

睦

JLPT N1 | 고등 이상 | 부수 目 罒

높은 언덕 위(坴)에서 아름다운 경치를 보며(目) 친목을 다짐.

음독 ぼく

親睦 しんぼく 친목　　　和睦 わぼく 화목

예외 睦まじい むつまじい 사이가 좋다, 돈독하다

언덕 릉

뛰어가면 올라갈 수 있을 정도의 언덕을 나타냄.

흙덩이 클 륙

대륙 멀리서도 보이는 산 위의 봉화의 모습.

0226

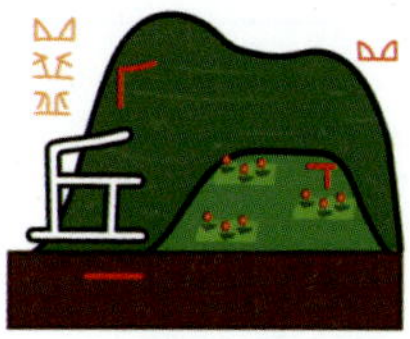

언덕 구

丘

JLPT N1 | 중, 고등 | 부수 一

언덕들이 늘어서 있는 모습.

음독 きゅう

丘陵 きゅうりょう 구릉　　砂丘 さきゅう 사구, 모래 언덕

훈독 おか

丘 おか 언덕, 구릉

0227

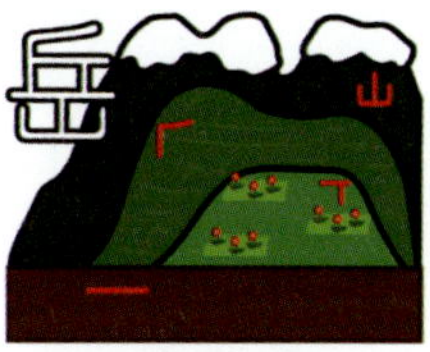

큰 산 악

岳

JLPT N1 | 중, 고등 | 부수 山

마치 산(山)처럼 아주 큰 언덕(丘)들이 끊임없이 이어지고 있는 모습.

음독 がく

山岳 さんがく 산악

훈독 たけ

岳 たけ 높은 산, 험준한 산

0228

산등성이 강

岡

JLPT N2 | 초등 4학년 | 부수 山

동물이 많이 포획(网)되는 산등성이(山)를 말함.

훈독 おか

岡 おか 언덕 (丘보다는 비교적 더 큰, 주로 지명이나 성씨 등에 사용)

福岡県 ふくおかけん 후쿠오카현 (일본 규슈 북부에 위치한 현)

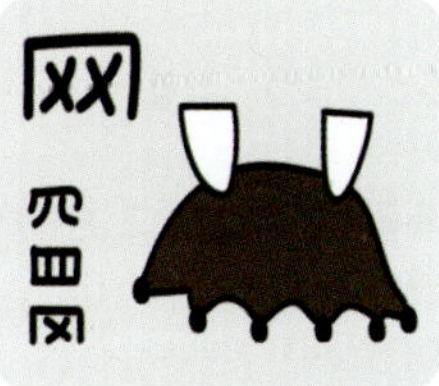

그물 망

그물을 그린 모습.

0229

강철 강

鋼

JLPT N2 I 초등 6학년 I 부수 金

산등성이(岡)엔 짐승들이 많이 출몰하므로 반드시 강철 검(金)을 들고 가야 함.

음독 **こう** 鉄鋼 てっこう 철강 製鋼 せいこう 제강, 강철을 만듦

훈독 **はがね** 鋼 はがね 강철

0230

굳셀 강

剛

JLPT N1 I 중, 고등 I 부수 刀 刂

산등성이(岡)에 짐승들이 많이 출몰한다기에 강철검(刀)을 들고 나선 강건한 사냥꾼의 모습.

음독 **ごう** 剛健 ごうけん 강건 剛勇 ごうゆう 강하고 용감함 剛直 ごうちょく 강직

0231

벼리 강

綱

JLPT N1 I 중, 고등 I 부수 糸

산등성이(岡)에서 포획한 동물들을 줄(糸)로 묶어 마을로 가져옴. 매우 굵은 줄을 말함.
어떤 상황에 있어 가장 핵심이 되는 부분을 말하기도 함.

음독 **こう** 大綱 たいこう 대강 要綱 ようこう 요강 綱領 こうりょう 강령

훈독 **つな** 綱 つな 밧줄 横綱 よこづな 요코즈나 (스모의 최고 등급의 선수, 또는 그 지위)

0232

흉할 흉

凶

JLPT N1 | 중, 고등 | 부수 凵

함정에 빠진 사람의 모습.

음독 **きょう**

凶 きょう 흉, 불길함　凶作 きょうさく 흉작　吉凶 きっきょう 길흉
凶悪 きょうあく 흉악　凶暴 きょうぼう 흉포　凶器 きょうき 흉기

0233

가슴 흉

胸

JLPT N2 | 초등 6학년 | 부수 肉 月

함정(凶)에서 빠져나오기 위해 가슴(肉)을 땅과 밀착(勹)한 채 기어 올라옴.

음독 **きょう**

度胸 どきょう 담력, 배짱　胸部 きょうぶ 흉부

훈독 **むね**

胸 むね 가슴

むな

胸毛 むなげ 가슴털

0234

지도리 추

枢

JLPT N1 | 중, 고등 | 부수 木

성 내에 구역(区) 중에서도 나무 기둥(木)처럼 매우 중요한 곳.

음독 **すう**

中枢 ちゅうすう 중추　枢軸 すうじく 중심축, 핵심 세력

구역 구

성 내 어떤 구역을
표시한 모습.

0235

몰 구

驅

JLPT N1 | 중, 고등 | 부수 馬

중요한 구역(区)을 지키기 위해 말(馬)을 타고 전장터로 나가는 병사의 모습.

음독 く

驅使 くし 구사, 잘 활용함　驅逐 くちく 쫓아냄, 몰아냄　先驅 せんく 선구, 앞서 감

훈독 かける

驅ける かける (자) 빠르게 달리다, 뛰다

かる

驅る かる (타) (감정, 욕망 등에) 쫓기다, 몰리다

0236

때릴 구

毆

JLPT N1 | 중, 고등 | 부수 殳

성 안(区)으로 침입하려는 적을 창(殳)으로 때리고 있는 병사들의 모습.

음독 おう

毆打 おうだ 구타

훈독 なぐる

毆る なぐる (타) 때리다, 치다

0237

읊을 음

吟

JLPT N1 | 중, 고등 | 부수 口

흥얼흥얼 시를 읊으며(口) 설산의 아름다움을 절벽 위에서(今) 찬미함.

음독 ぎん

吟味 ぎんみ 음미　吟詠 ぎんえい (시를) 읊음, 낭송함

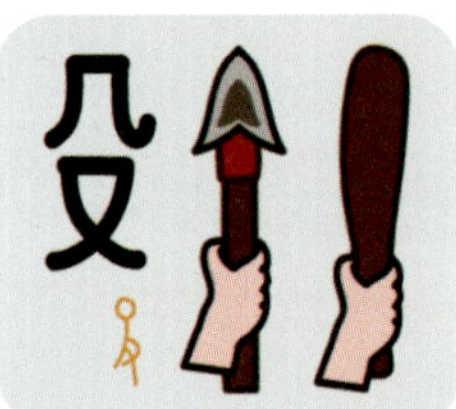

몽둥이 수

무시무시한 무기(几)를
손(又)으로 쥐고 있는 모습.

이제 금

설산의 맑은 공기를
절벽 위에서 들이 마쉬며 현재
내가 여기 있음을 느낌.
지금 이 순간을 말함.

0238

머금을 함

含

JLPT N2 | 중, 고등 | 부수 口

설산의 기운를 들이 마시며(今) 신공기를 입에 머금음(口). 받아들여 하나됨.

음독 **がん** 包含 ほうがん 포함　含有 がんゆう 함유　含蓄 がんちく 함축

훈독 **ふくむ** 含む ふくむ (타) 포함하다, 함유하다, 머금다

ふくめる 含める ふくめる (자) (의도적으로) 포함시키다, 담다

0239

거문고 금

琴

JLPT N1 | 중, 고등 | 부수 玉 王

설산을 바라보며 절벽 위에서(今) 거문고(王王)를 연주하는 시인의 모습.

음독 **きん** 琴曲 きんきょく 거문고 곡　琴線 きんせん 마음속 깊은 감정 (거문고 줄에 비유)

훈독 **こと** 琴 こと 거문고

0240

응달 음

陰

JLPT N1 | 중, 고등 | 부수 阜 阝

절벽 위 초소에서(阝) 설산에(今) 구름 그림자가(云) 드리워지는 걸 봄.

음독 **いん** 陰気 いんき (성격, 분위기 등이) 어둡고 음침함　陰性 いんせい (의학 검사 등에서의) 음성

훈독 **かげ** 陰 かげ 그늘, 그림자　お陰·御陰 おかげ 도움, 덕분 (주로 히라가나로 표기)

かげる 陰る かげる (자) 그늘지다, 흐려지다, 기울다

거문고 금 부수, 쌍옥 각

거문고처럼 생긴 동양의 현악기 전반을 가리킴.

운 운

구름(云)을 보며 점을 침. 추상적인 말을 운운함.

0241

탐낼 탐

貪

상급한자 | 고등 이상 | 부수 貝

탐관오리의 집에 재물(貝)이 산처럼(今) 쌓여 있음. 절벽 위에서도 보임.

음독	どん	貪欲 どんよく	탐욕
훈독	むさぼる	貪る むさぼる	(타) 탐내다, 욕심부리다

0242

비틀 념

捻

상급한자 | 고등 이상 | 부수 手扌

어떤 생각에 몰두해(念) 있다가 절벽에서 미끄러져 죽을 뻔함(扌).

음독	ねん	捻挫 ねんざ	염좌
		捻出 ねんしゅつ	(시간, 돈 등을) 어렵게 마련함
훈독	ひねる	捻る ひねる	(타) (손목, 수도꼭지, 생각 등을) 비틀다, 꼬다
	ひねくれる	捻くれる ひねくれる	(자) (성격, 태도 등이) 뒤틀리다, 삐뚤어지다
	ねじる	捻る ねじる	(타) (구조물, 기계 부품 등을) 비틀다
	ねじれる	捻れる ねじれる	(자) (끈, 마음, 상황 등이) 꼬이다, 뒤틀리다

조개 패

조개(貝)를 그린 모습. 고대 사회엔 조개를 화폐로 썼기에 재물이라는 의미를 가짐. 특히 마노 조개는 보석처럼 광택이 있고 구하기 힘들었음.

생각 념

절벽 위에서 설산을(今) 바라보며 깊은 생각에(心) 잠김.

UPGRADE! 08

확인문제

한자표기 **다음 단어의 한자 표기로 적당한 것을 고르세요.**

01	ろこつ	① 露骨	② 雰骨	③ 霊骨
02	ねじ	① 捻子	② 陰子	③ 含子
03	ろしゅつ	① 雷出	② 霊出	③ 露出
04	いんき	① 陰気	② 琴気	③ 貪気
05	しんし	① 伸士	② 紳士	③ 申士

한자읽기 **다음 한자의 읽는 법을 고르고 빈칸에 뜻을 적으세요.**

		①	②	③	뜻
06	微量	① みりょう	② ひりょう	③ びりょう	
07	特徴	① とっちょう	② とくちょう	③ どくちょう	
08	中枢	① ちゅすう	② ちゅうすい	③ ちゅうすう	
09	凶作	① ぎょうさく	② きょうさく	③ ぎょさく	
10	開拓	① かいだく	② がいたく	③ かいたく	

정답 01 ① 노골 02 ① 나사 03 ③ 노출 04 ① 어둡고 음침함 05 ② 신사 06 ③ 미량 07 ② 특징 08 ③ 중추 09 ② 흉작 10 ③ 개척

09

물 관련 한자(11자)

0243

읊을 영

詠

JLPT N1 | 중, 고등 | 부수 言

시를 읊으며(言) 강의 끝(永)을 향해 유유히 뱃놀이를 즐기며 나아감.

음독 えい

詠嘆 えいたん 영탄. 마음속 깊이 느끼고 탄복함

朗詠 ろうえい 낭랑한 목소리로 시를 읊음

훈독 よむ

詠む よむ (타) 시가를 읊다

0244

돌 순

巡

JLPT N1 | 중, 고등 | 부수 巛 川

나선형의 물길(辶)을 따라 하천(巛)이 유유히 흐르고 있는 모습.

음독 じゅん

巡回 じゅんかい 순회

巡業 じゅんぎょう (공연, 스포츠 팀 등이) 순회함

훈독 めぐる

巡る めぐる (자) (한 바퀴) 돌다, 순환하다, 순회하다

예외 お巡りさん おまわりさん (친근한 표현의) 경찰관

재미있는 한자 이야기

길 영

끝없는 강줄기를 따라 배를 타고 가는 사람의 모습.

얼음 빙

강물에 얼음이 떠내려가고 있는 모습.

0245

갚을 수

酬

JLPT N1 | 중, 고등 | 부수 酉

酬 酬

고을(州)의 평화와 발전에 이바지한 사람에게 비싼 술(酉)을 줌.

음독 しゅう

報酬　ほうしゅう　보수
応酬　おうしゅう　응수

0246

갈래 파

派

JLPT N2 | 초등 6학년 | 부수 氵

派 派

물이 사방으로 거칠게 흘러나가고 있는 모습. 화려하게 뻗어 나감. 각 물줄기를 파벌에 빗대기도 함.

음독 は

立派　りっぱ　훌륭한, 멋진
派閥　はばつ　파벌
派手　はで　화려한 모양
派遣　はけん　파견
特派　とくは　특파
派生　はせい　파생

0247

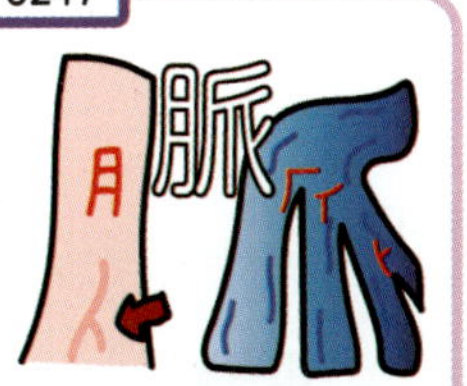

줄기 맥

脈

JLPT N2 | 초등 5학년 | 부수 肉 月

脈 脈

신체(肉)의 안에 있는, 물의 갈래처럼 뻗어나가는 핏줄인 맥(脈)을 말함.

음독 みゃく

脈　みゃく　맥
文脈　ぶんみゃく　문맥
山脈　さんみゃく　산맥
脈絡　みゃくらく　맥락

0248

넉넉할 유

裕

JLPT N1 | 중, 고등 | 부수 衣 衤

비싼 옷(衣)을 잔뜩 가져와 계곡(谷)에서 빨래를 함. 골짜기에 다 같이 모여 빨래를 할 때 옷을 가장 많이 들고 오는 사람이 제일 부유한 사람이었음.

음독 **ゆう** 余裕 よゆう 여유　裕福 ゆうふく 유복　富裕 ふゆう 부유

0249

풍속 속

俗

JLPT N1 | 중, 고등 | 부수 人 亻

사람(亻)들의 풍습과 문화가 계곡(谷)을 넘을 때마다 다 다름.

음독 **ぞく** 風俗 ふうぞく 풍속, 풍습, 풍속업　民俗 みんぞく 민속　俗語 ぞくご 속어

0250

물 따라갈 연

沿

JLPT N2 | 초등 6학년 | 부수 氵

물(氵)이 산을 타고 계속 아래로 흘러 가고 있는(㕣) 모습.

음독 **えん** 沿岸 えんがん 연안　沿革 えんかく 연혁
沿線 えんせん (철도 등의) 연선, 선로를 따라서 있는 곳

훈독 **そう** 沿う そう (자) 따르다, (일정한 선 등을) 따라가다, (사실이나 기준 등에) 의거하다

옷 의

옷을 그린 모습.

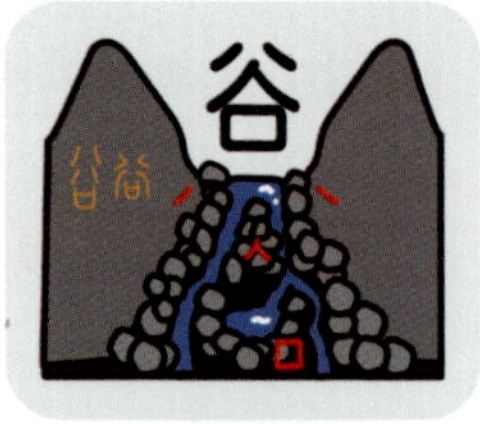

골 곡

골짜기 사이에
형성된 계곡의 모습.

산 웅덩이 연

빗물이 산을 타고 내려와
호수나 강, 바다로 흘러 들어감.

0251

납 연

鉛

JLPT N1 | 중, 고등 | 부수 金

鉛 鉛

납(金)이 불을 만나더니 물처럼 흘러내림(㕣). 불에 매우 잘 녹는 금속인 납(鉛)을 말함. 먼 과거엔 연필심의 흑연을 납의 일종이라 생각했음.

음독 えん　　鉛筆 えんぴつ 연필　　亜鉛 あえん 아연

훈독 なまり　　鉛 なまり 납

0252

근원 원

源

JLPT N2 | 초등 6학년 | 부수 氵

源 源

삶에 필수적인 물(氵)이 언덕 위에 있는 샘(原)에서 솟아나고 있는 모습.

음독 げん　　資源 しげん 자원　　電源 でんげん 전원　　財源 ざいげん 재원
水源 すいげん 수원　　起源 きげん 기원　　語源 ごげん 어원

훈독 みなもと　　源 みなもと 1. 기원, 근원 2. 수원

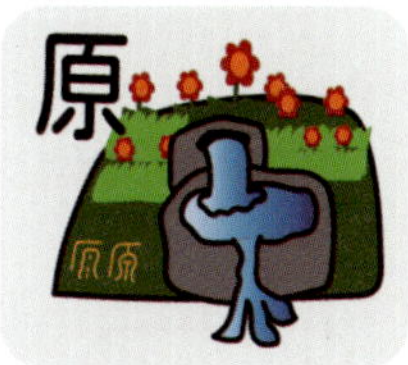

물 나올 원

언덕(厂) 위에 있는 샘(原)에서 물이 나오고 있는 모습. 물이 충분히 공급되어 들판이 형성된 지역을 가리키기도 함.

0253

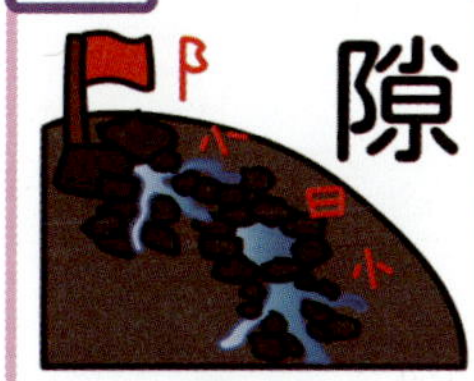

틈 극

隙

상급한자 | 고등 이상 | 부수 阜阝

隙 隙

높은 언덕(阝)에 있는 샘에서 돌 틈 사이로 물이 흘러나오고 있는 모습.

음독 げき　　間隙 かんげき 간극, 간격

훈독 すき　　隙 すき 틈, 빈틈　　隙間 すきま 틈, 벌어져서 사이가 난 자리

UPGRADE!

09

확인문제

한자표기 **다음 단어의 한자 표기로 적당한 것을 고르세요.**

01 ほうしゅう ① 報酒 ② 報酬 ③ 報酎

02 はで ① 巡手 ② 脈手 ③ 派手

03 ぶんみゃく ① 文脈 ② 文派 ③ 文巡

04 よゆう ① 途裕 ② 余裕 ③ 余谷

05 ふうぞく ① 風谷 ② 風裕 ③ 風俗

한자읽기 **다음 한자의 읽는 법을 고르고 빈칸에 뜻을 적으세요.**

06 民俗 ① みんぞく ② みんそく ③ びんそく [ ]

07 派遣 ① はけん ② きけん ③ いけん [ ]

08 電源 ① てんえん ② でんげん ③ てんけん [ ]

09 起源 ① ぎげん ② きげん ③ きけん [ ]

10 隙間 ① けきま ② すぎま ③ すきま [ ]

정답 01 ② 보수 02 ③ 화려함 03 ① 문맥 04 ② 여유 05 ③ 풍속 06 ① 민속 07 ① 파견 08 ② 전원 09 ② 기원 10 ③ 틈

메모 メモ

배운 내용을 자유롭게 적어가며 복습해보세요!

비슷해 보이는 단어들도 '漢字(한자)'를 알고 나면

그 속에 담긴 미묘한 뉘앙스를 구별할 수 있습니다.

제2장에서 배우는 JLPT N1 레벨 고급 한자 236자를 익히면,

어려운 어휘의 의미 차이를 섬세하게 구분하고

상황에 맞게 정확한 표현을 선택하는 언어 감각이 길러집니다.

그 결과, 단순한 어휘 암기를 넘어서는 깊이 있는 어휘력을 갖추게 됩니다.

제 2 장

JLPT N1 레벨 필수 한자(2) 236자

01
불 관련 한자(11자)

0254

화로 로

炉

JLPT N1 | 중, 고등 | 부수 火 灬

따뜻하게(火) 집 안(戸)을 데워주는 화로를 말함.

음독 ろ

暖炉 だんろ 화로, 난로　　風炉 ふろ 다도에서 물을 끓이는 데 사용하는 이동식 화로

0255

불꽃 염

炎

JLPT N1 | 중, 고등 | 부수 火 灬

활활 타오르는 불꽃을 그린 모습. 불(火) 위에 불이 있음.

음독 えん

火炎 かえん 화염　　肺炎 はいえん 폐렴

炎上 えんじょう 크게 타오름, 악성 댓글이 쇄도함

훈독 ほのお

炎 ほのお 불꽃, 불길

재미있는 한자 이야기

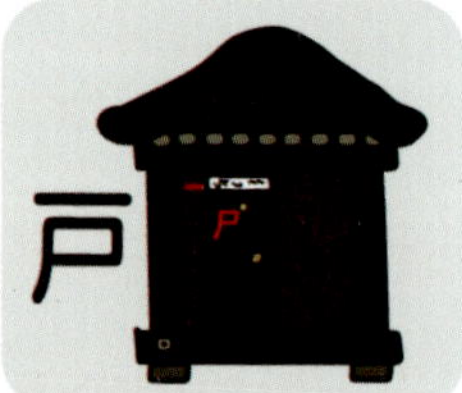

집 호

문짝을 그린 모습.

집 또는 문의 의미를 가짐.

0256

맑을 담

淡

JLPT N1 | 중, 고등 | 부수 氵

횃불(炎)로 비추니 강 안에 물고기들이 다 보임. 그럴 정도로 물(水)이 맑음. 혹은 물에 비친 자신의 모습이 흐릿함.

음독 たん

淡水 たんすい 담수 冷淡 れいたん 냉담 淡淡 たんたん 담담함

濃淡 のうたん 농담, 짙음과 옅음

훈독 あわい

淡い あわい 진하지 않다, 희미하다, 여리다

0257

나 짐

朕

JLPT N1 | 중, 고등 | 부수 月

24시간 꺼지지 않게 지켜야 하는 귀중한 불씨(关)처럼, 나라에서 가장 귀중한 몸인 황제의 옥체(肉)를 지칭함. 황제의 자칭, 짐(朕).

음독 ちん

朕 ちん 짐 (임금이 자기를 가리키는 일인칭 대명사)

0258

필 소

咲

JLPT N2 | 중, 고등 | 부수 口

꺄르륵 웃으며(口), 횃불(关)처럼 화려한 꽃 벌판을 뛰어다니고 있는 아이들의 모습.

훈독 さく

咲く さく (자) (꽃이) 피다 早咲き はやざき 꽃이 일찍 핌

재미있는 한자 이야기

불씨 선

불씨가 들어있는 횃불을 조심스레 들고 있는 사람의 모습.

0259

파리할 수

痩

JLPT N1 | 중, 고등 | 부수 疒

너무 심하게 병들어(疒) 밤새 횃불(叟)로 환자를 지켜봐야 할 정도로 정성 어린 간호가 필요함.

음독 **そう**　痩身　そうしん　여윈 몸

훈독 **やせる**　痩せる　やせる　(자) 야위다, 살이 빠지다, 줄어들다

0260

밝을 료

瞭

JLPT N1 | 중, 고등 | 부수 目 罒

어두운 밤 앞을 보기 위해(目) 짚 더미에 불을 붙임(尞).

음독 **りょう**　明瞭　めいりょう　명료　　一目瞭然　いちもくりょうぜん　일목요연

0261

동료 료

僚

JLPT N1 | 중, 고등 | 부수 人 亻

동료(亻)를 위해 불을 밝힘(尞). 어두운 밤의 횃불처럼 항상 곁에서 든든하게 지켜주는 사람을 말함.

음독 **りょう**　同僚　どうりょう　동료　　官僚　かんりょう　관료　　閣僚　かくりょう　각료, 장관

병들어 기댈 녁

집 벽에 구멍이 뚫려 찬바람이 숭숭 들어와 온 몸이 춥고 떨림.

횃불 수

노인이 횃불을 소중히 들고 있는 모습.

횃불 료

횃불로 짚 더미에 불을 붙이고 있는 모습.

0262

기숙사 료

寮

JLPT N1 | 중, 고등 | 부수 宀

어두운 밤 멀리서도 환하게 보이는 기숙사(宀)의 밝은 불빛(尞)을 나타냄.

음독 **りょう**

寮 りょう 기숙사, 공동 숙소　　寮生 りょうせい 기숙사생

0263

용서할 사

赦

JLPT N1 | 중, 고등 | 부수 赤

벌로 엉덩이가 빨개질(赤) 때까지 매질(攵)을 한 후 죄를 사면함.

음독 **しゃ**

容赦 ようしゃ 용서함　　赦免 しゃめん 사면

0264

성낼 혁

嚇

상급한자 | 중, 고등 | 부수 口

얼굴을 붉히며(赤) 서로에게 욕을 퍼부음.

음독 **かく**

嚇怒 かくど 혁노, 격노

UPGRADE!

01

확인문제

한자표기 **다음 단어의 한자 표기로 적당한 것을 고르세요.**

01	ほのお	① 炉	② 淡	③ 炎
02	たんすい	① 炉水	② 炎水	③ 淡水
03	めいりょう	① 明瞭	② 明僚	③ 明寮
04	どうりょう	① 同寮	② 同僚	③ 同瞭
05	あわい	① 淡い	② 炉い	③ 炎い

한자읽기 **다음 한자의 읽는 법을 고르고 빈칸에 뜻을 적으세요.**

06	冷淡	① ねいたん	② れいたん	③ れいだん	
07	官僚	① かんりょう	② かんりょ	③ かんよう	
08	寮	① よう	② りょう	③ りょ	
09	痩せる	① はねる	② あせる	③ やせる	
10	咲く	① あく	② さく	③ すく	

정답 01 ③ 불꽃 02 ③ 담수 03 ① 명료 04 ② 동료 05 ① 옅다, 희미하다 06 ② 냉담 07 ① 관료 08 ② 기숙사 09 ③ 야위다 10 ② 꽃이 피다

02

태양 관련 한자(25자)

0265

맑을 정

晶

JLPT N1 | 중, 고등 | 부수 日

晶 晶

마치 여러 개의 작은 태양(日)이 빛나고 있는 것처럼, 태양빛을 받아 번쩍번쩍 빛나고 있는 수정을 나타냄.

음독 しょう

結晶 けっしょう 결정　　水晶 すいしょう 수정

0266

어두울 명

冥

상급한자 | 중, 고등 | 부수 冖

冥 冥

신의 집(冖)으로 해(日)가 들어가 세상이 어두워져, 물건을 찾지 못해 손을 이리저리 더듬고(六) 있는 사람의 모습.

음독 めい

冥想 めいそう 명상　　冥福 めいふく 명복

みょう

冥加 みょうが 명가 (부처와 보살이 중생에게 남모르게 힘을 주어 이롭게 하는 일)

재미있는 한자 이야기

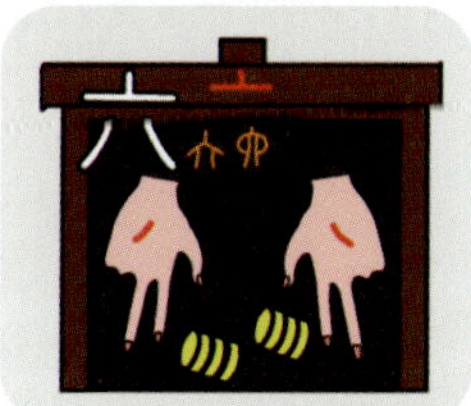

여섯 육

물건 값으로 동전 6냥을 요구하고 있는 상인의 모습.
양팔을 뻗다라는 의미도 있음.

0267

잔치 연

宴

JLPT N1 | 중, 고등 | 부수 宀

화창한 날(日) 별장(宀)으로 아름다운 무희(女)들을 불러 연회를 연 귀족들의 모습.

음독 **えん**

宴会 えんかい 연회　　宴会場 えんかいじょう 연회장

예외 宴 うたげ 연회, 잔치

0268

아침 단

旦

JLPT N1 | 중, 고등 | 부수 日

동이 틀 때 햇살이 환하게 비치는 그 일순간을 뜻함.

음독 **たん**

一旦 いったん 일단, 잠시, 한때　　元旦 がんたん 1월 1일, 양력 새해 첫날

새해 첫 해가 뜨는 날을 말합니다.

だん

旦那·檀那 だんな 주인, 어르신, 남편

동이 트면 마당에 나와 머슴들에게 일을 시키는 사람, 주인 어르신.

0269

다만 단

但

JLPT N1 | 중, 고등 | 부수 人亻

동이 트자마자(旦) 경매장에 나와 물건을 흥정하는 상인(亻)들의 모습. 이것저것 조건을 많이 검. "다만! 조건이 있소."

훈독 **ただし**

但し ただし 단, 다만, 단지

0270

쓸개 담

胆

JLPT N1 | 중, 고등 | 부수 肉 月

이른 아침(旦) 잠을 깨기 위해 아주 쓴 쓸개즙을 먹음. 간 아래 있는 매우 쓴 부위(肉)인 쓸개를 뜻함.

음독 たん

胆 たん 1. 담, 쓸개 2. 담력, 기력
大胆 だいたん 대담함
胆力 たんりょく 담력
落胆 らくたん 낙담, 낙심

예외 肝·胆 きも 간, 간장, 내장

옛 동양인은 인간의 영혼이 간(肝)에 있다고 믿었습니다. 또한, 간 근처에 있는 매우 쓴 쓸개즙을 먹을 때, 온몸에 소름이 돋고 정신이 팍 드는 느낌이 드는 걸 보며 쓸개엔 생명의 기운이 가득 차 있다고 믿었습니다. 때문에 '간(영혼)이 크다', '담력(생명력)이 있다'는 말이 탄생하게 되었습니다.

0271

항상 항

恒

JLPT N1 | 중, 고등 | 부수 心 忄

항상 하늘과 땅을 오가는 해와 달처럼(亘) 변함없이 한결 같은 마음(忄)을 나타냄.

음독 こう

恒常 こうじょう 항상
恒心 こうしん 항심, 변치 않는 올바른 마음
恒久 こうきゅう 항구, 영구
恒例 こうれい 항례, 늘 정해 놓고 하는 것

뻗칠 긍

해와 달이 하늘과 땅을 오가고 있는 모습.

0272

담 원

垣

JLPT N1 | 중, 고등 | 부수 土

흙담(土) 너머로 해와 달이 왔다갔다(亘) 하는 모습.

훈독 かき

垣 かき 울타리
垣根 かきね 울타리

예외 垣間見る かいまみる 엿보다, 살짝 들여다보다

0273

날릴 양

揚

JLPT N1 | 중, 고등 | 부수 手扌

揚 揚

어떤 중요한 메세지를 전달하기 위해 아주 화창한 날(昜) 하늘 위로 연을 조심스럽게(勿) 띄움(扌).

음독 **よう** 抑揚 よくよう 억양　意気揚々 いきようよう 의기양양

훈독 **あがる** 揚がる あがる (자) (깃발, 소리 등이) 올라가다, (음식이) 튀겨지다

あげる 揚げる あげる (타) (깃발, 소리 등을) 올리다, (음식을) 튀기다

0274

헐 양

瘍

JLPT N1 | 중, 고등 | 부수 疒

瘍 瘍

심각한 병으로 온몸에서 열(昜)이 나는데 엄청난 추위를 느껴 몸을 움추림(勿). 독감으로 입이 헐어버림.

음독 **よう** 腫瘍 しゅよう 종양　潰瘍 かいよう 궤양

0275

줄 사

賜

JLPT N1 | 중, 고등 | 부수 貝

賜 賜

엄청난 공을 세운 사람에게 마치 통으로 물을 붓듯이(易) 돈(貝)을 엄청 주고 있는 모습.

음독 **し** 下賜 かし 하사

훈독 **たまもの** 賜・賜物 たまもの 하사품

たまう 賜う たまう (타) 윗사람이 주시다

たまわる 賜る たまわる (타) 윗사람에게서 받다

쉬울 이

물을 바닥에 쏟아 엎드려(勿) 탄식(日)함. 물을 쏟기는 쉽지만 다시 담기는 어려움.

말 물

마치 절하는 듯한 자세, 또는 전투에서 칼이 부러져 낙심한 모양을 나타냄

0276

나타날 현

顯 (획순 1–18)

JLPT N1 | 중, 고등 | 부수 頁

신적인 존재가(頁) 증기(㬎) 뒤에서 나타나고 있는 모습.

음독 **けん**

顯微鏡 けんびきょう 현미경　　顯著 けんちょ 현저

顯彰 けんしょう 현상, 공로를 드러내 칭찬함

0277

둘 조

措 (획순 1–11)

JLPT N1 | 중, 고등 | 부수 手扌

태양을 집어삼킬 듯한 대홍수(昔)로 모든 것을 잃은 난민들에게, 식량을 배급(扌)하라고 조치하고 있는 현자의 모습.

음독 **そ**

措置 そち 조치

훈독 **おく**

措く おく (타) 두다, 놓다　　措いて おいて ~를 제쳐 놓고

措의 훈독 おく는 현대 일본어에서 잘 사용하지 않아요.

0278

아낄 석

惜 (획순 1–11)

JLPT N1 | 중, 고등 | 부수 心忄

태양을 집어 삼킬 듯한 대홍수(昔)로 마을이 박살난 것을 보며 애석해(忄) 하는 사람의 모습.

음독 **せき**

痛惜 つうせき 몹시 애석하고 아까움　　愛惜 あいせき 서운하고 아까워함

훈독 **おしい**

惜しい おしい (엄청 소중했기에 그것을 잃어서) 아깝다, 분하다

おしむ

惜しむ おしむ (타) 아끼다, 애석히 여기다, 소중히 여기다

예 석

B.C 2000년부터 꾸준히, 특히 토목 기술이 발전하지 않았던 옛날, 중국 황하강 유역엔 태양을 삼킬 정도의 홍수가 엄청 많이 일어났었는데, 그 시절을 지칭하는 말로 옛날이라는 의미가 붙음.

0279

어긋날 착

錯

JLPT N1 | 중, 고등 | 부수 金

錯 錯

담금질을 하기 위해 태양처럼 벌겋게 물든 쇠(金)를 물에 너무 급하게 넣었더니(昔) 심각한 균열이 생긴 모습.

음독 **さく**

錯誤 さくご 착오　　錯覚 さっかく 착각

0280

문서 적

籍

JLPT N1 | 중, 고등 | 부수 竹

籍 籍

열심히 농사 지은 것(耒)들을 대홍수(昔)로 모두 잃은 농민들을 구제하기 위해, 피해 규모를 정확하게 죽간(竹)에 기록함.

음독 **せき**

国籍 こくせき 국적　　書籍 しょせき 서적　　在籍 ざいせき 재적

戸籍 こせき 호적　　本籍 ほんせき 본적

0281

비웃을 조

嘲

JLPT N1 | 중, 고등 | 부수 口

嘲 嘲

아침(朝)이 되자 새가 시끄럽게 움(口). 잠을 충분히 못 자니 그 울음소리가 마치 조롱처럼 들림.

음독 **ちょう**

嘲笑 ちょうしょう 조소　　自嘲 じちょう 자조, 스스로를 비웃음

훈독 **あざける**

嘲る あざける (타) 비웃다

가래 뢰

밭을 가는 데 사용했던 농기구인 가래를 나타냄.

햇빛 간

햇빛(日)이 초목(艹)을 비추고 있는 모습.

0282

줄기 간

幹

JLPT N1 | 중, 고등 | 부수 干

방패(干)의 뼈대처럼 생긴 식물 줄기를 말함. 해(倝)가 떠오르는 것처럼 식물의 줄기가 나뭇가지나 뼈대를 휘감으며 올라옴. 또는 어떤 조직의 줄기 같은 존재, 간부를 말함.

음독 **かん** 幹部 かんぶ 간부 根幹 こんかん 근간 新幹線 しんかんせん 신칸센

훈독 **みき** 幹 みき 나무의 줄기, 사물의 주요 부분

0283

밀물 조

潮

JLPT N2 | 초등 6학년 | 부수 氵

해(倝)와 달(月)의 위치에 따라 바다(氵)의 깊이가 변하는 모습. 밀물과 썰물, 조수를 말함.

음독 **ちょう** 潮流 ちょうりゅう 조류 満潮 まんちょう 만조 風潮 ふうちょう 풍조

훈독 **しお** 潮 しお 조수, 바닷물

0284

장막 막

幕

JLPT N2 | 초등 6학년 | 부수 巾

마치 장막(巾)이 드리워지는 것처럼, 풀숲(艹) 사이로 해(日)가 저물고 있는 것을 바라보고 있는 성인(大)의 모습.

음독 **ばく** 幕府 ばくふ 막부 (1192년에서 1868년까지 일본을 통치한 쇼군의 정부)

まく 幕 まく 막, 넓은 천 幕切 まくぎれ 막이 내림, 끝맺음 暗幕 あんまく 암막

방패 간

방패(干) 위에 빨래를 널어 말림. 원래는 적병의 진입을 막기 위한 성 앞의 목책을 나타내었음.

저물 모

무성한 풀(艹) 너머로 해(日)가 지고 있는 것을 바라보고 있는 건장한 성인(大)의 모습.

0285

그릴 모

慕

JLPT N1 | 중, 고등 | 부수 心⺗

석양(莫)을 바라보며 어떤 사정으로 인해 멀리 떠난 애인을 그리워함(心).

음독 ぼ

思慕 しぼ 사모　　慕情 ぼじょう 그리워하는 마음

훈독 したう

慕う したう (타) 연모하다, 그리워하다　　慕わしい したわしい 그립다

0286

무덤 묘

墓

JLPT N2 | 중, 고등 | 부수 土

석양(莫)을 바라보며, 전쟁에 나갔다가 사망해 무덤(土)에 묻힌 애인을 그리워함.

음독 ぼ

墓地 ぼち 묘지　　墓碑 ぼひ 묘비

훈독 はか

墓 はか 묘, 무덤, 묘비　　墓参り はかまいり 성묘

0287

넓을 막

漠

JLPT N1 | 중, 고등 | 부수 氵

아름다운 강물(氵)이 흐르는 엄청나게 넓은 광야에서 해가 저무는 걸(莫) 바라봄.

음독 ばく

砂漠 さばく 사막　　漠然 ばくぜん 막연

0288

꺼풀 막

膜

JLPT N1 | 중, 고등 | 부수 肉 月

해가 저물어(莫) 세상이 어두워지는 것처럼, 눈을 감자 세상이 어두워 짐. 눈으로 들어오는 빛을 가리는 신체 부위(肉)인 눈꺼풀을 의미했으나, 현재는 막(膜)이라는 의미로 주로 사용됨.

음독 **まく**

膜 まく (신체, 사물의 표면을 덮고 있는) 막

粘膜 ねんまく 점막

0289

모을 모

募

JLPT N2 | 중, 고등 | 부수 力

풀숲 너머(艹)로 해(日)가 지자, 지주(大)가 일꾼들을(力) 퇴근 시키기 위해 불러 모음.

음독 **ぼ**

応募 おうぼ 응모

募集 ぼしゅう 모집

募金 ぼきん 모금

公募 こうぼ 공모

훈독 **つのる**

募る つのる (자) 더해지다 (타) 모으다

힘 력

밭을 갈고 있는 힘센 농부의 모습.
원래는 쟁기를 나타낸 한자였음.

UPGRADE! 02

확인문제

한자표기 **다음 단어의 한자 표기로 적당한 것을 고르세요.**

01	えんかい	① 冥会	② 宴会	③ 恒会
02	いったん	① 一但	② 一旦	③ 胆旦
03	だいたん	① 大胆	② 大但	③ 大垣
04	めいあん	① 宴暗	② 晶暗	③ 冥暗
05	こくせき	① 国籍	② 国錯	③ 国惜

한자읽기 **다음 한자의 읽는 법을 고르고 빈칸에 뜻을 적으세요.**

06	応募	① おうほ	② おんぼ	③ おうぼ	
07	砂漠	① さばく	② さまく	③ さはく	
08	墓地	① ばくち	② もち	③ ぼち	
09	幹部	① かんぶ	② がんぶ	③ かんふ	
10	漠然	① まくぜん	② ばくぜん	③ ばくせん	

정답 01 ② 연회 02 ② 일단 03 ① 대담 04 ③ 명암 05 ① 국적 06 ③ 응모 07 ① 사막 08 ③ 묘지 09 ① 간부 10 ② 막연

03

건축물, 조형 관련 한자 1(33자)

0290

천천할 서

徐

JLPT N1 | 중, 고등 | 부수 彳

건물(余)을 짓기 위해 자재들을 천천히 옮기고 있는(彳) 모습. 천천히 가다. 서행하다.

음독 じょ

徐行 じょこう 서행　　徐徐に じょじょに 서서히, 천천히

0291

서술할 서

叙

JLPT N1 | 중, 고등 | 부수 又

남은 재료(余)로 건축물을 어떻게 완성시킬지 설계도를 가져와(又) 앞으로 할 일을 자세히 서술함.

음독 じょ

叙述 じょじゅつ 서술　　叙事 じょじ 서사, 이야기

叙勲 じょくん 서훈, 지위를 내림

재미있는 한자 이야기

남을 여

건물의 기둥을 세우고도
아직 많이 남아있는
목재들의 모습.

또 우

손을 흔들며 또 만나자고
작별인사를 하는 모습.
又ね! (またね!) : 또 봐!

0292

비낄 사

斜

JLPT N1 | 중, 고등 | 부수 斗

건축(余)을 하기 전에 언덕 위에서 콩을 뿌려(斗) 경사가 어느 정도 되는지 확인함.

음독 **しゃ**

傾斜 けいしゃ 경사　　斜面 しゃめん 사면　　斜線 しゃせん 사선

훈독 **ななめ**

斜め ななめ 기욺, 경사짐, 비스듬함

0293

길 도

途

JLPT N2 | 중, 고등 | 부수 辵辶

미리 깔아놓은 길(辶) 따라 건축(余)에 필요한 자재들을 옮기고 있는 모습.

음독 **と**

途中 とちゅう 도중　　用途 ようと 용도　　中途 ちゅうと 중도

途上 とじょう 길 위, 가는 도중　　途端 とたん (일을 하던 도중) 찰나, 바로 그 순간

途絶える·跡絶える とだえる (자) 끊어지다, 두절되다

途切れる·跡切れる とぎれる (자) 왕래가 끊기다, 중단되다, 도중에 끊어지다

재미있는 한자 이야기

말 두

콩 한 말을 바가지로
퍼올리는 모습.

0294

칠할 도

塗

JLPT N2 | 중, 고등 | 부수 土

벽 틈을 메꾸기 위해 물(氵)을 황토(土)에 붓고 건물 외벽(余)에 흙칠을 함.

음독 **と**

塗布 とふ 도포　　塗料 とりょう 도료

훈독 **ぬる**

塗る ぬる (타) 바르다, 칠하다

まぶす

塗す まぶす (타) (가루 등을) 온통 묻히다, 바르다

まみれる

塗れる まみれる (자) 온통 ~투성이가 되다

0295

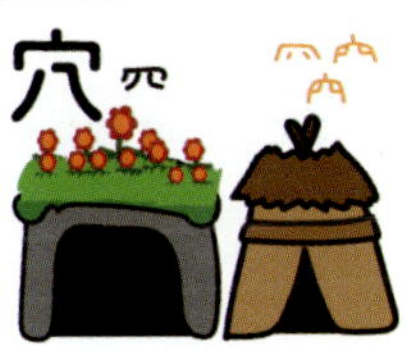

구멍 혈

穴

JLPT N2 | 초등 6학년 | 부수 穴

넓은 동굴의 입구. 또는 지푸라기로 엮은 움집을 그린 모습.

음독 **けつ**

穴 けつ 엉덩이, 항문을 속되게 이르는 말

훈독 **あな**

穴 あな 구멍, 구덩이

0296

갑자기 돌

突

JLPT N2 | 중, 고등 | 부수 穴

어두운 동굴(穴) 속에서 돌연 사람(大)이 튀어나옴. 동굴 속 숨어 있던 병사들이 기습공격을 함. 찌르다, 돌연

음독 **とつ**

突然 とつぜん 돌연　　衝突 しょうとつ 충돌　　煙突 えんとつ 굴뚝

突如 とつじょ 갑자기, 별안간

훈독 **つく**

突く つく (타) (물리적, 감정적으로) 찌르다

0297

당길 공

控

JLPT N1 | 중, 고등 | 부수 手 扌

작업하던 것을 멈추고 공사(空)하면서 생긴 잔해물들을 밖으로 끌어냄(扌). 주 작업을 하기 전의 준비 과정 전반을 말함.

음독 こう　　控除 こうじょ 공제　　控訴 こうそ 항소

훈독 ひかえる　　控える ひかえる (자, 타) 삼가다, 앞두다, 대기하다

控え室 ひかえしつ 대기실

0298

기와 가마 요

窯

JLPT N1 | 중, 고등 | 부수 穴

양(羊)이 들어갈 수 있을 정도의 엄청 큰 구멍(穴)을 가진 가마를 나타냄. 화력(灬)이 매우 강해 도자기를 구울 수 있었음.

음독 よう　　窯業 ようぎょう 요업, 도자기 업

훈독 かま　　窯 かま 가마　　窯場 かまば 가마터

0299

훔칠 절

窃

JLPT N1 | 중, 고등 | 부수 穴

문을 부수고(切) 동굴(穴) 안에 숨겨놓았던 물자를 훔침.

음독 せつ　　窃盗 せっとう 절도　　剽窃 ひょうせつ 표절

剽 (겁박할 표, 비상용한자)
: 특정 사람을 투표(票)하라고 칼(刀)을 들고 겁박함.

빌 공

살 곳(穴)을 만들기 위해 도구(工)로 빈 공간(空)을 만드는 모습. 입구 밖으로 보이는 하늘을 가리키기도 함.

일곱 칠

적당한 크기의 나무를 자르는 데 필요한 도끼질의 횟수, 칠(七)을 나타냄.

0300

다할 궁

窮

JLPT N1 | 중, 고등 | 부수 穴

窮 窮

집이 없어 동굴(穴)에 사는 궁핍한 사람의 모습. 오랫동안 굶어 몸(身)에 척추가 활(弓)처럼 구불구불 튀어 나와있음.

음독 **きゅう**

困窮 こんきゅう 생활이 궁핍하고 어려움
窮屈 きゅうくつ 궁굴, 갑갑함
究極·窮極 きゅうきょく 궁극

훈독 **きわまる**

極まる·窮まる きわまる (자) 극한에 달하다

きわめる

極める·窮める きわめる (타) 극하다, 끝까지 가다

0301

담을 입

込

JLPT N3 | 중, 고등 | 부수 辵辶

込 込

엄청 많은 사람들이 입구(入)를 드나들고 있는 모습(辶).

음독 **こむ**

込む こむ (자) 붐비다, (상태나 정도가) 깊어지다

こめる

込める こめる (타) (감정, 정성, 의미 등을) 담다

0302

단장할 장

粧

JLPT N1 | 중, 고등 | 부수 米

粧 粧

귀중한 집안(广)의 따님(土)이 쌀가루처럼 하얀 분(米)으로 화장을 하고 있는 모습.

음독 **しょう**

化粧 けしょう 화장

0303

방 방

房

JLPT N1 | 중, 고등 | 부수 戸戶

고된 밭갈이(方) 후 집(戸)에서 아늑하게 쉬는 공간인 방을 말함.

음독 ぼう

冷房 れいぼう 냉방　　暖房 だんぼう 난방　　女房 にょうぼう 처, 아내

文房具 ぶんぼうぐ 문방구

훈독 ふさ

房 ふさ (실을 묶어 끝을 풀어서 늘어뜨린) 술

방 입구에 주렁주렁 매달아 놓는 장식, 또는 가리개.

0304

부채 선

扇

JLPT N1 | 중, 고등 | 부수 戸戶

왕이 문(戸)을 열고 나오자 부채질(羽)을 하는 시종들의 모습.

음독 せん

扇子 せんす 접부채　　扇風機 せんぷうき 선풍기

훈독 おうぎ

扇 おうぎ 접부채

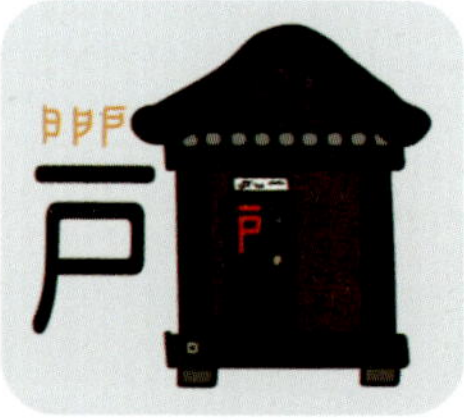

집 호

어떤 집의 여닫이 문을 그린 모습.

모 방

원래는 쟁기를 나타낸 한자였으나, 시대의 흐름에 따라서 사람의 모양, 깃발 등 다양한 의미로 활용 되어짐.

0305

열 계

啓

JLPT N1 | 중, 고등 | 부수 口

고정관념의 문(戸)을 새로운 지식(口)으로 빅실(攵)냄.

음독 **けい**

拝啓 はいけい 배계

편지 첫머리에 쓰는 말로 '삼가 아룁니다'의 뜻을 가지고 있습니다.

啓蒙 けいもう 계몽　　啓発 けいはつ 계발

蒙 (어두울 몽, 비상용한자)
: 돼지(豕)처럼 우둔한 사람의 머리를 풀로 엮은 포대(艹)로 덮어버림.

0306

품 팔 고

雇

JLPT N2 | 중, 고등 | 부수 隹

남의 집(戸)에 둥지를 트는 뻐꾸기(隹)처럼, 잡일을 해주는 대신 잘 곳을 제공해달라고 요구하고 있는 머슴의 모습.

음독 **こ**

雇用 こよう 고용　　解雇 かいこ 해고

훈독 **やとう**

雇う やとう (타) 고용하다

새 추
새의 몸통과 날개를 그린 모습.

0307

돌아볼 고

顧

JLPT N1 | 중, 고등 | 부수 頁

고용(雇)한 일꾼이 일을 잘하고 있나 고개(頁)를 돌려보며 감시함.

음독 **こ**

顧客 こきゃく 고객　　顧問 こもん (지식, 경험 등을 가지고 자문이나 조언을 하는) 고문

훈독 **かえりみる**

顧みる かえりみる (타) 돌아보다, 회고하다

0308

어그러질 려, 돌릴 렬

戻

JLPT N3 | 중, 고등 | 부수 戸 戶

戻 戻

딸을 노리고 집(戸)에 억지로 들어오려는 악한을 아버지(大)가 돌려보내고 있는 모습.

음독 **れい** 返戻 へんれい 반려

훈독 **もどる** 戻る もどる (자) 되돌아가다, 되돌아오다

もどす 戻す もどす (타) 되돌리다

0309

눈물 루

涙

JLPT N3 | 중, 고등 | 부수 氵

涙 涙

집에 억지로 들어오려던 악한이 물러가자(戻) 울음(氵)을 터뜨리고 만 딸의 모습.

음독 **るい** 涙腺 るいせん 눈물선

훈독 **なみだ** 涙 なみだ 눈물

0310

어깨 견

肩

JLPT N2 | 중, 고등 | 부수 肉 月

肩 肩

좁은 문(戸)을 드나들 때 주로 부딪히는 신체 부위(肉)인 어깨를 말함.

음독 **けん** 双肩 そうけん 양어깨

훈독 **かた** 肩 かた 어깨

0311

방울 령

鈴

JLPT N1 | 중, 고등 | 부수 金

쇠(金)로 된 방울을 흔들며 미래를 예언(令)하고 있는 무당의 모습.

음독 **りん** 風鈴 ふうりん 풍경, 처마 밑에 다는 작은 종

れい 電鈴 でんれい 전기식 벨

훈독 **すず** 鈴 すず 방울, 종

0312

나이 령

齢

JLPT N2 | 중, 고등 | 부수 歯 齒

나이 많은(歯) 노련한 벼슬아치가 부하들에게 명령을(令) 하고 있는 모습.

음독 **れい** 年齢 ねんれい 연령　　学齢 がくれい 학령

하여금 령

작전실(亼)에서 명령을 내리는 사람(マ)의 모습.

곧 즉

입 안에(口) 쌀알처럼(米) 많은 이빨을 가진 노인이 헛기침을 하며 어디론가 나아가고 있는 모습(止). 옛날엔 나이를 이빨의 수에 빗댐.

그칠 지

목적지에 도착해 발걸음을 멈춤. 원래는 발을 그린 한자로 '나아가다'라는 뜻을 가지고 있었으나 현재는 '멈추다'로 사용됨.

0313

여러 서

庶

JLPT N1 | 중, 고등 | 부수 广

庶 庶

집(广) 앞에서 불(灬)을 때고 다 같이 냄비(廿) 요리를 해 먹고 있는 서민들의 모습.

음독 **しょ**

庶民 しょみん 서민

庶務 しょむ 서무

0314

상 상

床

JLPT N2 | 중, 고등 | 부수 广

床 床

담장(广)이 있는 좋은 집의 모습. 나무(木) 마루에 앉아 느긋하게 쉼.

음독 **しょう**

起床 きしょう 기상

훈독 **とこ**

床 とこ 침상

床屋 とこや 이발소, 이발사

머리카락이 사방으로 흩날렸기에 마루에서 주로 이발을 하였음.

ゆか

床 ゆか 바닥, 마루

0315

한가할 한

閑

JLPT N1 | 중, 고등 | 부수 門

閑 閑

나무(木) 울타리를 쳐 놓고 집(門) 안에서 한가롭게 쉬고 있는 사람의 모습.

음독 **かん**

閑静 かんせい 조용함, 고용함

0316

숨을 암

闇

JLPT N1 | 중, 고등 | 부수 門

문을 닫으니 빛이 한 줄기도 들어오지 않아 소리 밖에 들리지 않음.

훈독 **やみ**

闇 やみ 어둠　　夕闇 ゆうやみ 저녁 어스름　　暗闇 くらやみ 어둠

無闇 むやみ 1. 무턱대고 함 2. 터무니없음

0317

문벌 벌

閥

JLPT N1 | 중, 고등 | 부수 門

옛날부터 원수였던 두 가문(門)이 서로를 마주 보며 위협(伐)하고 있는 모습.

음독 **ばつ**

門閥 もんばつ 문벌　　派閥 はばつ 파벌　　財閥 ざいばつ 재벌

0318

불을 윤

潤

JLPT N1 | 중, 고등 | 부수 氵

이른 새벽 문(門)을 열고 나오니 초목에 보석(玉) 같이 예쁜 이슬(氵)들이 맺혀 있음.

음독 **じゅん**

利潤 りじゅん 이윤　　潤沢 じゅんたく 윤택　　潤滑 じゅんかつ 윤활

훈독 **うるおう**

潤う うるおう (자) 촉촉해지다, 풍족해지다

うるおす

潤す うるおす (타) 촉촉하게 하다, 풍요롭게 하다

うるむ

潤む うるむ (자) 촉촉히 젖다, 눈물이 그렁그렁하다

칠 벌

적(人)을 창(戈)으로 벌함.

구슬 옥

아주 귀한 보석인 옥을 그린 모습.

0319

버들 류

柳 JLPT N1 | 중, 고등 | 부수 木

토끼의 귀(卯)처럼 길쭉한 잎을 가진 나무(木)인 버드나무를 말함.

음독 りゅう 川柳 せんりゅう 센류 (풍자와 유머가 담긴 5·7·5 형식의 일본 시)

훈독 やなぎ 柳 やなぎ 버드나무

토끼 묘
토끼가 울타리 문을 뛰어 넘음. 십이지 토끼나 울타리의 뜻을 가짐.

0320

볼록할 철

凸 JLPT N1 | 중, 고등 | 부수 凵

사물의 볼록한 부문.

음독 とつ 凹凸 おうとつ 오목함과 볼록함 / 凸レンズ とつレンズ 볼록 렌즈

훈독 でこ 凸 でこ 튀어나온 부분, 이마 / 凸凹 でこぼこ 울퉁불퉁함

0321

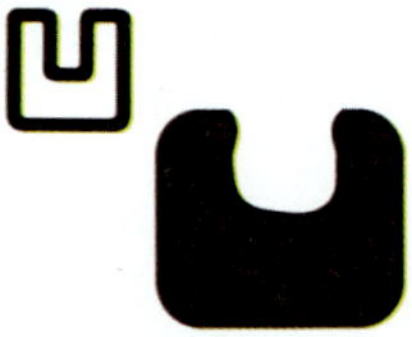

오목할 요

凹 JLPT N1 | 중, 고등 | 부수 凵

사물의 오목한 부분.

음독 おう 凹レンズ おうレンズ 오목 렌즈 참고어휘

훈독 ぼこ 凹 ぼこ 오목한 부분

へこむ 凹む へこむ (자) 움푹 패이다, 찌그러지다, 기죽다

くぼむ 凹む くぼむ (자) 움푹 패이다

0322

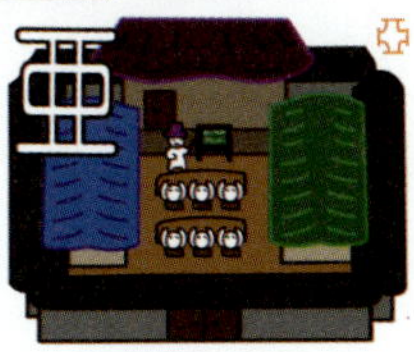

버금 아

亜

JLPT N1 | 중, 고등 | 부수 二

亜 亜

왕에 버금가는 엄청난 권력을 가진 2인자의 집을 나타냄.

음독 あ

亜流 ありゅう 아류　　亜熱帯 あねったい 아열대　　亜鉛 あえん 아연

악할 악, 미워할 오

양심(心)을 집(亜) 밖으로 내다버린 대부호의 모습.

흉년이 들어 굶어 죽는 사람이 많은 데도 문을 닫고 도와주지 않음.

UPGRADE! 03

확인문제

한자표기 **다음 단어의 한자 표기로 적당한 것을 고르세요.**

01	じょこう	① 徐行	② 叙行	③ 途行
02	けいしゃ	① 傾徐	② 傾斜	③ 傾塗
03	とちゅう	① 途中	② 塗中	③ 徐中
04	とつぜん	① 控然	② 窃然	③ 突然
05	けしょう	① 化症	② 化圧	③ 化粧

한자읽기 **다음 한자의 읽는 법을 고르고 빈칸에 뜻을 적으세요.**

06	利潤	① いじゅん	② りじゅん	③ りゆん	
07	夕闇	① ゆうくら	② ゆうやみ	③ ゆうあみ	
08	起床	① きしょう	② ぎしょう	③ きじょう	
09	庶民	① しょうみん	② じょみん	③ しょみん	
10	年齢	① えんれい	② ねんえい	③ ねんれい	

정답 01 ① 서행 02 ② 경사 03 ① 도중 04 ③ 돌연 05 ③ 화장 06 ② 이윤 07 ② 초저녁 어스름 08 ① 기상 09 ③ 서민 10 ③ 연령

04

건축물, 조형 관련 한자 2(33자)

0323

높을 숭

崇

JLPT N1 | 중, 고등 | 부수 山

태산(山)과도 같은 기운을 가진 신적인 존재를 숭배하고 있는 어떤 종교(宗) 집단의 모습.

음독	**すう**	崇高 すうこう 숭고	崇拝 すうはい 숭배
훈독	**あがめる**	崇める あがめる (타) 우러러 받들다, 소중하게 다루다	

0324

어찌 나

奈

JLPT N2 | 초등 4학년 | 부수 大

마을에 큰 재해가 닥치자 어떤 종교의 제사장(大)이 제단(示) 위로 올라가, 신의 고귀한 나무인 능금나무를 제물로 바치며 자신들을 구해달라고 빔. 불교의 지옥, 나락(奈落).
"신이시여, 어찌하여 저희를 나락으로..."

음독	**な**	奈良県 ならけん 1. (일본의 현) 나라 2. 일본의 나라 시대 (710년 ~ 794년)
		奈落 ならく 나락

보일 시

망루 위에서 지시를 내림. 또는 신의 제단을 나타냈음.

마루 종

왠만한 집(宀)보다 높은, 제단(示) 중에서도 가장 높은 제단을 나타낸 모습. 어떤 신이나 신념을 섬기는 무리를 뜻하기도 함.

0325

문지를 찰

擦

JLPT N1 | 중, 고등 | 부수 手扌

제삿날(察) 제단 앞에서 열심히 손을 비비며(扌) 소원을 비는 사람들의 모습.

음독 **さつ**

摩擦 まさつ 마찰

훈독 **する**

擦る する (타) 문지르다, 비비다, 갈다

擦り傷 すりきず 찰과상, 긁힌 자국

すれる

擦れる すれる (자) 스치다, 비비어지다, 닳다

靴擦れ くつずれ 구두에 쓸린 상처

재미있는 한자 이야기

살필 찰

제사(祭)를 시작하기 전, 사찰(宀)의 제단에 올려져 있는 음식들을 자세히 살피고 있는 제사장의 모습.

제사 제

제사(示)로 올리는 고기(肉)가 상하지 않았는지 손(又)으로 확인해 봄.

고기 육

고기 또는 신체 부위.

0326

삼 마

麻

JLPT N1 | 중, 고등 | 부수 麻

마(朩朩)를 담장(广) 위에 널어 말리고 있는 모습. 껍질을 벗겨내고 물에 삶은 다음, 햇볕에 잘 말려 먹어야 독이 옮지 않았음.

음독 **ま**

麻痺 まひ 마비　　麻酔 ますい 마취　　麻薬 まやく 마약

훈독 **あさ**

麻 あさ 삼 (삼베의 재료)

0327

문지를 마

摩

JLPT N1 | 중, 고등 | 부수 手扌

마(麻)를 삶기 위해 손(手)으로 잡고 껍질을 벗겨냄.

음독 **ま**

摩擦 まさつ 마찰　　摩天楼 まてんろう 마천루, 하늘에 닿을 듯 높은 건물

0328

갈 마

磨

JLPT N1 | 중, 고등 | 부수 石

마(麻)의 껍질을 벗긴 후, 하얀 살을 돌(石)로 으깨 얇은 실로 만듦. 점점 얇아짐.

음독 **ま**

研磨 けんま 연마

훈독 **みがく**

磨く・研く みがく (타) 닦다, 윤내다, 연마하다

0329

마귀 마

魔

JLPT N1 | 중, 고등 | 부수 鬼

마(麻) 껍질을 잘못 만져 독이 오름. 또는 환각 성분이 있는 마를 먹어 헛것(鬼)이 보임.

음독 **ま**

悪魔 あくま 악마　　邪魔 じゃま 방해, 훼방　　魔法 まほう 마법

0330

벼슬 위

尉

JLPT N1 | 중, 고등 | 부수 寸

망루(示) 위에 앉아(尸) 지휘봉을 휘두르며(寸) 병사들을 훈련시키고 있는 위관의 모습.
주로 군사계급을 말함.

음독 い

大尉 たいい 대위　　尉官 いかん 위관 (초급 장교를 통틀어 이르는 말)

0331

위로할 위

慰

JLPT N1 | 중, 고등 | 부수 心 忄

지휘관(尉)이 마음(心)을 담아 고생하는 병사들을 위로하고 있는 모습.

음독 い

慰労 いろう 위로　　慰安 いあん 위안

훈독 なぐさむ

慰む なぐさむ (자) 마음이 풀리다, 위안이 되다

なぐさめる

慰める なぐさめる (타) 달래다, 위로하다

0332

종 례

隷

JLPT N1 | 중, 고등 | 부수 隶

도망치던 노예를 붙잡아(隶) 지휘관(士)이 있는 망루(示) 앞에 무릎을 꿇림.

음독 れい

奴隷 どれい 노예　　隷下 れいか 예하　　隷属 れいぞく 예속

마디 촌

뭔가에 손을 뻗는 모습.
또는 어떤 일을 착수하기 위해
물건의 치수를 손으로 재봄.

선비 사

왕의 힘은 양날 도끼(王)로,
신하들의 힘은 외날 도끼(士)로
비유되었음.

미칠 이

꼬리를 붙잡음.

0333

옷깃 금

襟

JLPT N1 | 중, 고등 | 부수 衣衤

절대 들어가면 안되는 위험한 숲(禁)처럼, 옷(衣) 안쪽으로 손이 들어가면 안되는 부분인 옷깃을 말함. 옷과 맨살의 사이.

음독 きん　　襟帯 きんたい 깃과 띠

훈독 えり　　襟 えり 옷깃, 목덜미

옷 의

옷을 그린 모습.

0334

복 지

祉

JLPT N1 | 중, 고등 | 부수 示礻

신이 직접 제단(示)으로 내려와(止) 복을 내림. 몸에 와 닿는 좋은 것, 복지.

음독 し　　福祉 ふくし 복지　　社会福祉 しゃかいふくし 사회 복지

0335

재앙 화

禍

JLPT N1 | 중, 고등 | 부수 示礻

신의 제단(礻)에 썩은 고기(咼)를 올려 천벌을 받음.

음독 か　　禍根 かこん 화근, 사건이나 분쟁의 불씨

훈독 わざわい　　災い·禍 わざわい 재앙, 재난, 화

가를 과

고기의 뼈를 해체하기 위해 숨을 헐떡이며 노력하고 있는 사람의 모습.

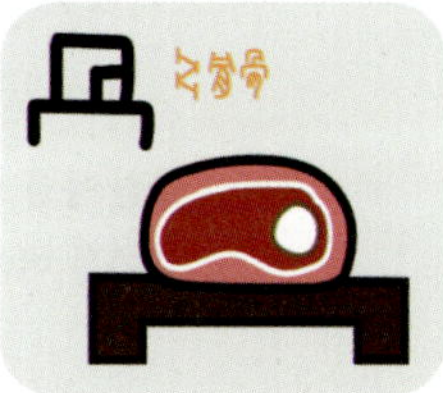

뼈 발라낼 과

뼈를 발라 내기 위해 탁자 위에 고깃덩어리를 올려놓은 모습.

0336

걸 현

懸

JLPT N1 | 중, 고등 | 부수 心 忄

懸 懸

죽을 각오(心)를 한 궁수가 적을 막기 위해 망루(県)의 기둥에 자신의 몸을 묶음(系). 또는 적을 위협하려고 적의 시체를 나무 위에 묶음. 잇쇼겐메이(一所懸命), 목숨을 걸고 일을 함.

음독 **けん**

懸命 けんめい 열심히 함　　懸賞金 けんしょうきん 현상금

一生懸命 いっしょうけんめい 매우 열심히 함

け

懸念 けねん 걱정, 근심

훈독 **かかる**

懸かる かかる (자) 걸리다, 달리다, 매달리다

かける

懸ける かける (타) 걸다, 달다, 비치다

心掛け·心懸け こころがけ 마음가짐

0337

서늘할 량

涼

JLPT N2 | 중, 고등 | 부수 氵

涼 涼

강(氵)에서 시원한 바람이 수도(京)로 불어오고 있는 모습.

음독 **りょう**

清涼 せいりょう 청량　　納涼 のうりょう 납량, 여름에 더위를 피함

훈독 **すずしい**

涼しい すずしい 시원하다, 서늘하다

すずむ

涼む すずむ (자) 시원한 바람을 쐬다

고을 현

눈(目)이 좋은 병사가 현의 입구에 있는 망루(示)에서 망을 보고 있는 모습. 일본의 행정구역, 현(県).

이어맬 계

줄이나 물건 등을 막대에 매달음. 뭔가를 이어 나감.

서울 경

언덕 위에 지어진 왕과 귀족이 사는 궁궐을 나타냄.

0338

고래 경

鯨

JLPT N1 | 중, 고등 | 부수 魚

鯨 鯨

수도(京)의 궁궐에서도 보이는 아주 큰 물고기(魚)인 고래를 말함.

음독 げい　　捕鯨　ほげい　포경, 고래잡이

훈독 くじら　　鯨　くじら　고래

0339

깨달을 경

憬

JLPT N1 | 중, 고등 | 부수 心 忄

憬 憬

태양빛을 받아 황금빛으로 빛나고 있는 수도의 궁궐(景)을 보며, 동경 어린 눈빛으로 감탄(心)하고 있는 사람의 모습. 깨달음을 준 사람을 동경 어린 눈으로 바라봄.

음독 けい　　憧憬　どうけい　동경

0340

그림자 영

影

JLPT N1 | 중, 고등 | 부수 彡

影 影

태양빛으로 환하게 빛나고 있는 수도(景)와 마치 털(彡)처럼 건물 아래에 붙어있는 새까만 그림자의 모습.

음독 えい　　影響　えいきょう　영향　　撮影　さつえい　촬영　　陰影　いんえい　음영

훈독 かげ　　影　かげ　그림자　　人影　ひとかげ　사람의 그림자

볕 경

태양빛(日)으로 찬란하게 빛나고 있는 수도(京)의 풍경을 나타냄.

터럭 삼

털 또는 자국을 나타냄.

0341

볏짚 고

稿

JLPT N1 | 중, 고등 | 부수 禾

稿 稿

관청(高)으로 세금(禾)을 납부하러 감. 납세자의 이름과 금액을 잘 기록한 서류를 상위 기관에 투고함. 현재는 원고에 가까운 뜻으로 사용됨.

음독 こう　　原稿 げんこう 원고　　投稿 とうこう 투고　　草稿 そうこう 초고, 초안

0342

바로 잡을 교

矯

JLPT N1 | 중, 고등 | 부수 禾

矯 矯

자신의 뜻이 곧 하늘(天)의 뜻이라며 백성들을 괴롭히던 고위(高) 관리를 화살(矢)로 쏴 죽임.

음독 きょう　　矯正 きょうせい 교정

훈독 ためる　　矯める ためる (타) 굽은 것을 곧게 하다, 바로잡다

0343

정자 정

亭

JLPT N1 | 중, 고등 | 부수 亠

亭 亭

못(丁)처럼 생긴, 땅으로부터 높게 지은 귀족들의 별장인 정자(亭)를 말함.

음독 てい　　~亭 ~てい ~정, 고급 여관이나 식당 뒤에 붙이는 말　　料亭 りょうてい 요정, 고급 음식점

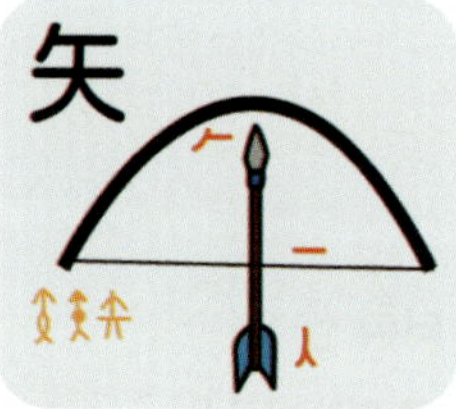

화살 시

활과 활시위,
화살을 그린 모습.

고무래 정

못과 고무래(농기구)
를 그린 모습.

0344

호걸 호

豪

JLPT N1 | 중, 고등 | 부수 亠

豪 豪

갓 사냥한 돼지(豕)를 정자(亭)로 가져와 함께 먹자고 제안하고 있는 호쾌한 영웅의 모습.

음독 ごう

豪華 ごうか 호화　　富豪 ふごう 부호　　豪快 ごうかい 호쾌

豪雨 ごうう 호우

돼지 시

0345

누릴 향

享

JLPT N1 | 중, 고등 | 부수 亠

享 享

왕자가 태어나 궁궐에서 연회를 연 모습.

음독 きょう

享有 きょうゆう 향유　　享年 きょうねん 향년, 세상을 떠난 나이

享楽 きょうらく 향락　　享受 きょうじゅ 향수, 아름다움을 음미하며 즐김

0346

둘레 곽

郭

JLPT N1 | 중, 고등 | 부수 邑⻏

郭 郭

왕자가 태어난 날 연회를 염(享). 부랑자가 침입하지 못하게 높은 언덕(⻏) 위에 궁궐을 짓고 담을 두름.

음독 かく

城郭 じょうかく 성곽　　輪郭 りんかく 윤곽　　外郭 がいかく 외곽

0347

글방 숙

塾

JLPT N1 | 중, 고등 | 부수 土

서당(享)에서 땅(土)에 엎드려(丸) 글쓰기 연습을 하는 귀족의 아이들을 그린 모습.

음독 じゅく

塾 じゅく 학원, 기숙사

進学塾 しんがくじゅく 상급학교 진학 대비용 학원

0348

익을 숙

熟

JLPT N2 | 초등 6학년 | 부수 火 灬

서당(享)에서 땅에 엎드려(丸) 오랫동안 글쓰기 연습을 했더니 팔꿈치와 무릎이 익음(灬).

음독 じゅく

未熟 みじゅく 미숙

成熟 せいじゅく 성숙

熟練 じゅくれん 숙련

熟慮 じゅくりょ 숙려, 숙고

熟語 じゅくご 숙어

훈독 うれる

熟れる うれる (자) (과일 따위가) 익다, 여물다

0349

오히려 상

尚

JLPT N1 | 중, 고등 | 부수 小

멋진 기와와 큰 대문을 가진 고상한 귀족의 집을 그린 모습.

음독 しょう

高尚 こうしょう 고상, 품격이 있음

훈독 なお

尚 なお 더욱이, 역시

尚更 なおさら 그 위에, 더더욱

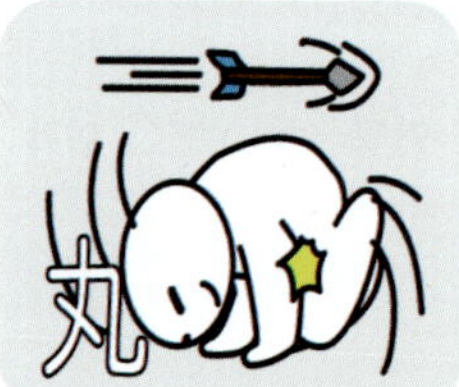

둥글 환

앞구르기를 하기 위해 팔꿈치를 땅에 대고 몸을 둥글게 만 사람의 모습.

연화발 화

넓게 타오르는 불의 모습.

0350

손바닥 장

掌

JLPT N1 | 중, 고등 | 부수 手扌

어떤 집단의 우두머리가 자신의 저택(尚) 앞에 사람을 불러모은 모습. 사신의 영향력 아래에, 손바닥(手) 안에 있음.

음독 **しょう**　掌中　しょうちゅう　수중, 손바닥 안　　車掌　しゃしょう　(기차나 버스 등의) 차장, 승무원

예외 **てのひら**　手の平·掌　てのひら　손바닥

つかさどる　司る·掌る　つかさどる　맡다, 취급하다, 담당하다

0351

갚을 상

償

JLPT N1 | 중, 고등 | 부수 人亻

마을의 고상(尚)한 사람에게 빌렸던 돈(貝)을 되갚고 있는 채무자(人)의 모습.

음독 **しょう**　補償　ほしょう　보상　　賠償　ばいしょう　배상　　弁償　べんしょう　변상

훈독 **つぐなう**　償う　つぐなう　(타) 갚다, 변상하다, 속죄하다

0352

들 평

坪

JLPT N1 | 중, 고등 | 부수 土

건물을 세우기 좋은 평평(平)한 땅(土)을 말함. 토지 면적의 단위, 평(坪).

훈독 **つぼ**　坪　つぼ　평　　坪数　つぼすう　평수

상줄 상

업적을 세운 부하에게 상(貝)을 내리고 있는 고상(尚)한 사람의 모습.

평평할 평

평평한 땅에 건물을 세우고 있는 모습.

0353

형벌 형

刑

JLPT N1 | 중, 고등 | 부수 刀 刂

刑 刑

검(刂)을 든 간수가 형틀(开)에 죄수를 구속해 놓고 감시함.

음독 **けい**

刑事 けいじ 형사　　刑罰 けいばつ 형벌　　死刑 しけい 사형

処刑 しょけい 처형　　刑務所 けいむしょ 형무소

0354

단 단

壇

JLPT N1 | 중, 고등 | 부수 土

壇 壇

높은 땅(土) 위에 있는, 단 위에 있는 큰 건물(亶)을 그린 모습.

음독 **たん**

土壇場 どたんば 일본 에도 시대의 목을 베던 형장, 막다른 판 또는 마지막 순간

だん

祭壇 さいだん 제단　　花壇 かだん 화단　　壇上 だんじょう 단상

教壇 きょうだん 교단　　論壇 ろんだん 논단

0355

꺾을 좌

挫

JLPT N1 | 중, 고등 | 부수 手 扌

挫 挫

탈출을 감행하던 포로들을 붙잡아(扌) 기둥에 묶어 앉혀 놓음(坐).

음독 **ざ**

挫折 ざせつ 좌절　　捻挫 ねんざ 염좌, 관절을 삠

훈독 **くじく**

挫く くじく (타) 1. (신체를) 삐다 2. 의지나 기세를 꺾다

くじける

挫ける くじける (자) 1. 기세나 의지가 꺾이다 2. 마음이 무너지다, 낙담하다

평평할 견

평평한 나무 판자를 늘어놓은 모습.

믿음 단

어떤 종교를 믿는 집단에게 신에게 줄 공물을 바치고 있는 모습.

UPGRADE!

04

확인문제

한자표기 **다음 단어의 한자 표기로 적당한 것을 고르세요.**

01	あくま	① 悪磨	② 悪摩	③ 悪魔
02	ふくし	① 福禍	② 福祉	③ 福襟
03	げんこう	① 原稿	② 原矯	③ 原亭
04	じゅく	① 熟	② 郭	③ 塾
05	みじゅく	① 未熟	② 未郭	③ 未塾

한자읽기 **다음 한자의 읽는 법을 고르고 빈칸에 뜻을 적으세요.**

06	高尚	① こうしょ	② こうじょう	③ こうしょう	
07	車掌	① しゃしょう	② しゃちょう	③ しゃちょ	
08	死刑	① しけい	② しかた	③ しけん	
09	花壇	① かたん	② はだん	③ かだん	
10	磨く	① みかく	② びかく	③ みがく	

정답 01 ③ 악마 02 ② 복지 03 ① 원고 04 ③ 학원 05 ① 미숙 06 ③ 고상함 07 ① (기차 등의) 차장 08 ① 사형 09 ③ 화단 10 ③ 닦다, 윤내다

05

고기, 신체, 뼈 관련 한자(14자)

0356

미끄러울 활

滑

JLPT N1 | 중, 고등 | 부수 氵

미끄러지듯(氵)이 뼈(骨)와 고기를 원활히 해체함.

음독 **かつ** 円滑 えんかつ 원활 潤滑 じゅんかつ 윤활 滑走 かつそう 활주

こつ 滑稽 こっけい 해학, 우스움, 익살스러움

훈독 **すべる** 滑る すべる (자) 미끄러지다

なめらか 滑らか なめらか 매끄러운 모양

0357

소용돌이 와

渦

JLPT N1 | 중, 고등 | 부수 氵

소용돌이(氵)에 휘말려 죽으면 해골(咼)이 될 수 있음.

음독 **か** 渦中 かちゅう ~를 하던 와중, 소용돌이 속

훈독 **うず** 渦 うず 소용돌이 渦巻く うずまく (자) 소용돌이치다

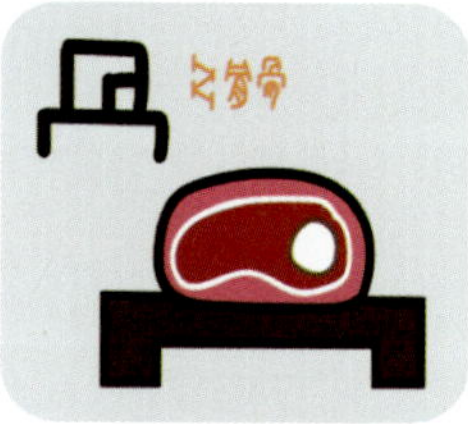

뼈 발라낼 과

뼈를 발라내기 위해 탁자 위에 고깃덩어리를 올려놓은 모습.

뼈 골

고기(肉)의 뼈를 다 발라낸 모습. 탁자 위엔 뼈(冎)만 남음.

가를 과

고기의 뼈를 해체하기 위해 숨을 헐떡이며 노력하고 있는 사람의 모습.

0358

노구솥 과

鍋

JLPT N1 | 중, 고등 | 부수 金

鍋 鍋

뼈(咼)를 발라낸 고기를 솥(金)에 넣어 요리함.

훈독 なべ

鍋 なべ 냄비

鍋料理 なべりょうり 냄비 요리

0359

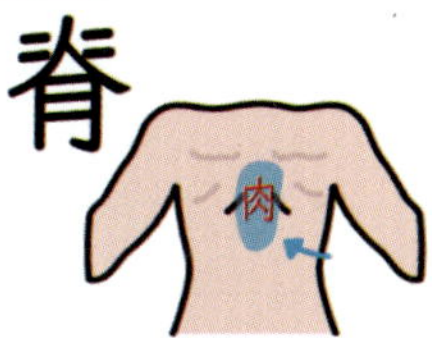

등마루 척

脊

JLPT N1 | 중, 고등 | 부수 肉 月

脊 脊

등을 그린 모습.

음독 せき

脊椎 せきつい 척추

脊髄 せきずい 척수

0360

게으를 타

惰

JLPT N1 | 중, 고등 | 부수 心 忄

惰 惰

도구를 손에서 놓고(左) 고기(肉)만 축내는 게으른 마음(忄)을 나타냄.

음독 だ

怠惰 たいだ 나태

惰性 だせい 타성

왼쪽 좌

물이 귀했던 옛날엔 손을 씻기가 어려워, 왼손(左)은 주로 지저분한 일(工)을 할 때 사용했음. 실제 동서양 전쟁사 속에서도 혼자만 다른 검술을 쓰는 왼손잡이 검사는 아주 탁월한 살수였음. 오른손(右)은 주로 밥 먹을 때(口) 사용함.

0361

도울 좌

佐

JLPT N1 | 중, 고등 | 부수 人亻

한창 작업(左) 중인 장인을 옆에서 보좌하고 있는 조수(亻)의 모습.

음독 **さ**

補佐　ほさ　보좌

佐賀県　さがけん　사가현 (일본의 규슈 북부에 있는 지역)

0362

떨어질 타

墮

JLPT N1 | 중, 고등 | 부수 土

재물에 과도하게 욕심(有)을 부리면 언덕(阝)에서 굴러 바닥(土)에 추락하게 됨.

음독 **だ**

墮落　だらく　타락

墮胎　だたい　낙태

있을 유

단상 위에 있는 고기(肉)를 향해 손을 뻗는 사람의 모습. 있으면 가지고 싶게 되는 것을 나타냄.

왼쪽 좌 부수

손을 나타냄.

0363

뇌물 회

賄

JLPT N1 | 중, 고등 | 부수 貝

어떤 이득을 얻기 위해 핵심 관계자에게 몰래 돈(貝)과 비싼 고기(有)를 주는 모습.

음독 **わい**

賄賂　わいろ　뇌물

훈독 **まかなう**

賄う　まかなう　(타) 조달하다, 식사를 제공하다, 경비를 처리하다

0364

따를 수

随

JLPT N1 | 중, 고등 | 부수 阜 阝

随 随

선생에 참여하면 포상(有)을 주겠다고 약속하는 지휘관(阝)과 그를 따르는(辶) 병사들의 모습.

음독 **ずい**

随行 ずいこう 수행, 따라감
随筆 ずいひつ 수필, 에세이
随一 ずいいち 제일, 첫째
随分 ずいぶん 대단히, 엄청
随時 ずいじ 수시, 그때그때, 시간에 따라

0365

골수 수

髄

JLPT N1 | 중, 고등 | 부수 骨

髄 髄

뼈(骨)의 중심을 가로지르는 길(辶)인 골수를 뜻함. 무언가의 핵심부분, 반드시 있어야(有) 하는 부분을 말함.

음독 **ずい**

骨髄 こつずい 골수
脳髄 のうずい 뇌수
髄脳 ずいのう 골수와 뇌

0366

닮을 초

肖

JLPT N1 | 중, 고등 | 부수 肉 月

肖 肖

고기(肉)를 반으로 쪼갬(小). 자신의 반쪽과 같은 존재이자, 얼굴마저 닮은 자식을 나타냄. 마치 초상화를 보는 듯함.

음독 **しょう**

肖像 しょうぞう 초상
肖像画 しょうぞうが 초상화
肖像権 しょうぞうけん 초상권

0367

화약 초

硝

JLPT N1 | 중, 고등 | 부수 石

화약의 재료가 되는, 폭발하면 신체가 두동강이(肖) 날 수도 있는 매우 위험한 돌(石)인 초석을 말함.

음독 しょう

硝酸 しょうさん 질산　　硝石 しょうせき 초석　　硝薬 しょうやく 초약, 화약

질산은 무색의 액체로, 강력한 산성 물질입니다. 폭약을 만들 때 사용합니다.

0368

꺾을 삭

削

JLPT N1 | 중, 고등 | 부수 刀 刂

고기(肉)를 필요한 만큼만 칼(刂)로 자름(小).

음독 さく

削除 さくじょ 삭제　　削減 さくげん 삭감　　添削 てんさく 첨삭

훈독 けずる

削る けずる (타) 깎다

0369

밤 소

宵

JLPT N1 | 중, 고등 | 부수 宀

초저녁이 되자 자식(肖)을 데리고 집(宀)으로 들어가고 있는 부모의 모습.

음독 しょう

徹宵 てっしょう 밤새움, 밤샘

훈독 よい

宵 よい 초저녁, 해가 진 직후의 시간대　　今宵 こよい 초저녁잠

UPGRADE!

05

확인문제

한자표기 **다음 단어의 한자 표기로 적당한 것을 고르세요.**

01	えんかつ	① 円滑	② 円渦	③ 円骨
02	たいだ	① 怠佐	② 怠惰	③ 怠堕
03	だらく	① 堕落	② 随堕	③ 髄堕
04	けずる	① 除る	② 削る	③ 添る
05	さくじょ	① 削除	② 宵除	③ 硝除

한자읽기 **다음 한자의 읽는 법을 고르고 빈칸에 뜻을 적으세요.**

06	滑る	① すねる	② すべる	③ そねる	
07	渦	① わず	② うす	③ うず	
08	堕す	① だす	② たす	③ ます	
09	削減	① さくげん	② しゃくげん	③ はくげん	
10	賄う	① なかなう	② はかなう	③ まかなう	

정답 01 ① 원활 02 ② 나태함 03 ① 타락 04 ② 깎다 05 ① 삭제 06 ② 미끄러지다 07 ③ 소용돌이 08 ① 빠지다 09 ① 삭감 10 ③ 조달하다

06
손과 팔 관련 한자 1(45자)

0370

겸할 겸

兼

JLPT N1 | 중, 고등 | 부수 八

한 손에 여러 개의 작물을 들고 있는 모습.

음독	けん	兼用	けんよう	겸용	兼業 けんぎょう 겸업		兼任 けんにん 겸임	
훈독	かねる	兼ねる	かねる	(타) 겸하다				

0371

싫어할 혐

嫌

JLPT N1 | 중, 고등 | 부수 女

자신을 배신하고 여러 여자(女)를 끼고(兼) 다니는 남자친구를 혐오스러운 눈으로 쳐다봄.

음독	けん	嫌悪	けんお	혐오		
	げん	機嫌	きげん	기분, 심기	不機嫌 ふきげん	불쾌함
훈독	いや	嫌み	いやみ	타인에게 불쾌감을 주는 말이나 행동		
		嫌気がさす	いやけがさす	싫증이 나다, 질리다		
	きらう	嫌う	きらう	(타) 싫어하다, 미워하다, 꺼리다		

0372

겸손할 겸

謙

JLPT N1 | 중, 고등 | 부수 言

한가지 사실이나 재능에 과신하지 않고 여러가지(兼) 재주를 두루두루 익히고(言) 있는 모습.

음독 けん

謙虚　けんきょ　겸허　　謙遜　けんそん　겸손

예외　謙る　へりくだる　(자) 겸양하다, 자기를 낮추다

0373

낫 겸

鎌

JLPT N1 | 중, 고등 | 부수 金

벼를 한손에 쥐고(兼) 쇠낫(金)으로 벰.

훈독 かま

鎌　かま　낫　　鎌倉市　かまくらし　가마쿠라시, 일본 가나가와현 동남쪽에 있는 도시

0374

청렴할 렴

廉

JLPT N1 | 중, 고등 | 부수 广

자신의 집(广)에 필요한 만큼의 작물(兼)만 보관하는 청렴한 관료의 모습.

음독 れん

清廉　せいれん　청렴　　廉価　れんか　염가, 싼 가격

破廉恥　はれんち　파렴치함, 부끄러움을 모름

0375

번갈아들 질

迭

JLPT N1 | 중, 고등 | 부수 辵 辶

迭 迭

짐이 너무 무거워서 바닥에 짐을 내려 놓자(失) 동료가 대신 들어줌. 번갈아 들며 감(辶).

음독 **てつ**

更迭　こうてつ　경질

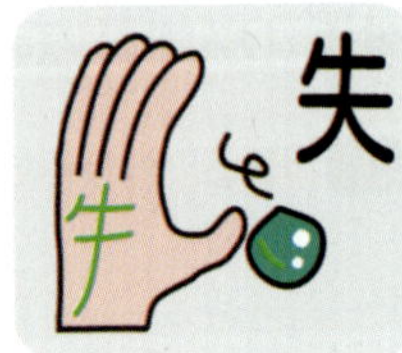

잃을 실

손에서 뭔가를 떨어뜨림.

0376

차례 질

秩

JLPT N1 | 중, 고등 | 부수 禾

秩 秩

세금(禾)를 납부하기 위해 벼를 마당에 내려놓음(失). 차례대로 줄을 섬.

음독 **ちつ**

秩序　ちつじょ　질서

無秩序　むちつじょ　무질서

0377

또 우

又

JLPT N1 | 중, 고등 | 부수 又

又 又

손을 흔들며 또 만나자고 작별 인사를 하는 모습.

훈독 **また**

又　また　다시, 또한, 게다가

又は　または　또는, 혹은

0378

둘 쌍

双

JLPT N2 | 중, 고등 | 부수 又

한 쌍의 손(又)을 그린 모습.

음독 **そう**　双肩 そうけん 양어깨　双方 そうほう 쌍방

훈독 **ふた**　双子 ふたご 쌍둥이　双葉 ふたば 떡잎

0379

뽕나무 상

桑

상급한자 | 중, 고등 | 부수 木

누에에게 줄 뽕나무(木) 잎을 손(又)으로 열심히 땀.

음독 **そう**　桑田 そうでん 뽕나무밭

훈독 **くわ**　桑 くわ 뽕나무　桑畑 くわばたけ 뽕나무밭

0380

괴이할 괴

怪

JLPT N1 | 중, 고등 | 부수 心 忄

흙더미(土) 밖으로 손(又)이 나와 있어 굉장히 수상(忄)함.

음독 **かい**　怪談 かいだん 괴담　怪獣 かいじゅう 괴수　怪物 かいぶつ 괴물

훈독 **あやしい**　怪しい あやしい 수상하다, 괴이하다

あやしむ　怪しむ あやしむ (타) 수상히 여기다

0381

풀줄기 경

茎

JLPT N1 | 중, 고등 | 부수 艸 艹

茎 茎

어떤 식물(艹)의 줄기를 잡고(又) 땅(土)에서 뽑음.

음독 けい　　根茎　こんけい　뿌리와 줄기

훈독 くき　　茎　くき　줄기

0382

건널 도

渡

JLPT N2 | 중, 고등 | 부수 氵

渡 渡

채비(度)한 물건들을 들고 강(氵)을 건넘.

음독 と　　譲渡　じょうと　양도　　渡航　とこう　도항

훈독 わたす　　渡す　わたす　(타) 건네주다, 내주다, 양도하다

見渡す　みわたす　(타) 멀리 바라다보다, 전체를 둘러보다

わたる　　渡る·渉る　わたる　(자) 건너다, 양도되다

헤아릴 탁, 법도 도, 살 택

집(广)주인이 먼 길을 떠나기 위해 짐(廿)을 챙기라고(又) 하인에게 지시를 내림.
어느 정도 짐을 쌀지 생각하고 준비함.
잘 살기 위해 주변 상황을 잘 헤아린 후, 올바른 법도를 세움.

0383

재간 기

伎

상급한자 | 고등 이상 | 부수 人亻

伎 伎

광대(亻)가 막대기로 그릇을 돌리는(支) 묘기를 함.

음독 き　歌舞伎　かぶき　가부키 (음악과 무용을 포함한 일본 전통극)

ぎ　伎楽　ぎがく　기악 (주로 야외에서 상연하는 일본의 가면 무곡)

지탱할 지

막대기(十)를 들고(又)
떨어지는 뭔가를 지탱함.

0384

갈림길 기

岐

JLPT N1 | 중, 고등 | 부수 山

岐 岐

산(山)을 오르다 갈림길과 마주침. 어느 곳으로 갈지 나뭇가지(支)로 가리킴.

음독 き　分岐　ぶんき　분기, 나뉘어서 갈라짐　　岐路　きろ　기로

0385

팔다리 지

肢

상급한자 | 중, 고등 | 부수 肉月

肢 肢

몸을 지탱(支)하는 부위(肉)인 사지를 말함.

음독 し　肢体　したい　팔다리와 몸　　選択肢　せんたくし　선택지

0386

헤칠 피

披

JLPT N1 | 중, 고등 | 부수 手 扌

칼을 들고(扌) 가죽(皮)을 벗겨냄. 내용물을 드러냄.

음독 ひ

披露 ひろう 공표함, 선보임　　披露宴 ひろうえん 피로연

가죽 피

칼로 가죽을 벗김.

0387

피곤할 피

疲

JLPT N3 | 중, 고등 | 부수 疒

병(疒)들어 피부(皮)가 가죽처럼 쭈글쭈글해짐.

음독 ひ

疲労 ひろう 피로　　疲弊 ひへい 피폐

훈독 つかれる

疲れる つかれる (자) 지치다, 피로해지다, 진이 빠지다

0388

저 피

彼

JLPT N3 | 중, 고등 | 부수 彳

가죽옷(皮)을 입고 돌아 다니는(彳) 사람들의 모습. 복식을 보고 외지인임을 구분함.

음독 ひ

彼我 ひが 피아, 남과 자기

훈독 かれ

彼 かれ 그, 남자 친구　　彼ら かれら 그들

かの

彼女 かのじょ 그녀, 여자 친구

0389

입을 피

被

JLPT N2 | 중, 고등 | 부수 衣衤

가죽(皮)으로 만든 옷(衤)을 입힘. 어떤 사람에게 영향을 가함.

음독 ひ　　被害 ひがい 피해　　被告 ひこく 피고

훈독 こうむる　　被る こうむる (타) 영향을 받다, 피해를 당하다

0390

언덕 판

阪

JLPT N3 | 4학년 | 부수 阜阝

일본에선 웬만한 언덕(阝)보다 가팔라 암살자가 침입하기 어려운(反) 오사카 성의 높은 제방을 나타내었음.

음독 はん　　阪神 はんしん 한신, 오사카시와 고베시 사이의 지방 참고어휘

예외 大阪 おおさか 오사카

돌이킬 반

중요 인물을 암살하기 위해
정문으로 가지 않고 뱅 돌아서
절벽(厂)을 오름(又).

0391

팔 판

販

JLPT N3 | 중, 고등 | 부수 貝

거금(貝)을 주고 자객을 고용함. 왕을 암살하기 위해 절벽을 오르는(反) 자객의 모습. 나라를 팔다. 현재는 단순히 주로 물건을 판매한다는 의미로 사용됨.

음독 はん　　販売 はんばい 판매　　自動販売機 じどうはんばいき 자동판매기

通販 つうはん 통신 판매, 인터넷 쇼핑

0392

가라앉을 몰

没

JLPT N1 | 중, 고등 | 부수 氵

던진 창(殳)이 물(氵) 속에 가라앉고 있는 모습.

음독 **ぼつ**

沈没　ちんぼつ　침몰　　没落　ぼつらく　몰락　　没頭　ぼっとう　몰두

埋没　まいぼつ　매몰　　没収　ぼっしゅう　몰수

没する　ぼっする　(자) 죽다, 가라앉다, 사라지다

0393

넓적다리 고

股

JLPT N1 | 중, 고등 | 부수 肉 月

창을 던질 때(殳) 가장 탄탄하게 힘을 줘야 하는 신체 부분(肉)인 넓적다리를 말함. 팔에만 힘을 주면 위력도 안 나오고 허리를 다칠 수 있었기 때문에, 하체를 단단히 힘을 준 후 몸 전체에 회전을 가하며 창을 던져야 했음.

음독 **こ**

股関節　こかんせつ　고관절

훈독 **また**

股　また　가랑이, 다리 사이　　内股　うちまた　안짱다리

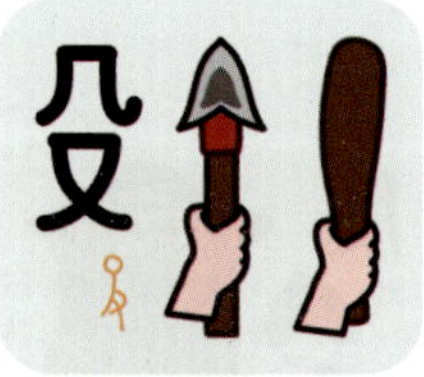

몽둥이 수

무시무시한 무기(几)를

손(又)으로 쥐고 있는 모습.

0394

껍질 각

殻

JLPT N1 | 중, 고등 | 부수 殳

높으신 분(士)이 조개를 먹으며 버린 껍질(冗)들을 몽둥이(殳)로 잘게 부수어 염료의 재료로 사용함. 현재는 단순히 껍질을 의미함.

음독 **かく**

地殻　ちかく　지각 (지구의 바깥쪽을 차지하는 부분)　　甲殻　こうかく　갑각

훈독 **から**

殻　から　껍질　　貝殻　かいがら　조개껍데기

0395

일반 반

般

JLPT N3 | 중, 고등 | 부수 舟

般 般

물건을 실어 나르는 선원(舟)과 배를 지키는 보초병(殳)을 그린 모습. 자동차와 비행기가 없던 시절, 해운은 동서고금 가장 일반적인 교통 및 운송 수단이었음.

음독 はん　　全般 ぜんぱん 전반　　一般 いっぱん 일반　　諸般 しょはん 제반

0396

전각 전

殿

JLPT N1 | 중, 고등 | 부수 殳

殿 殿

나라에서 매우 높은 사람이 시종의 시중(共)을 받으며 느긋하게 전각에서 쉬고(尸) 있는 모습. 병사들이 눈에 불을 켜고 호위를 함(殳). 귀인의 저택, 전각, 궁전을 나타냄.

음독 てん　　御殿 ごてん 귀인의 저택

でん　　宮殿 きゅうでん 궁전　　殿堂 でんどう 전당　　沈殿 ちんでん 침전, 가라앉음

훈독 との　　殿様 とのさま 영주님 (역사, 시대극 표현) 참고어휘

どの　　~殿 ~どの ~님, ~귀하

0397

전염병 역

疫

JLPT N1 | 중, 고등 | 부수 疒

疫 疫

매우 무시무시한 전염병(疒)에 걸린 사람을 격리시킨 후, 병사(殳)들로 하여금 감시하게 함.

음독 えき　　免疫 めんえき 면역　　防疫 ぼうえき 방역

훈독 やく　　疫病 やくびょう 역병

배 주

배를 나타냄.

한가지 공

물그릇(廿)을 들어(廾) 나름. 한 사람 또는 한가지 목표를 위해 여러 명이 일함.

0398

헐 훼

毀

상급한자 | 고등 이상 | 부수 殳

毀 毀

마치 절구질(臼)을 하는 것처럼 무기(殳)를 잡고 어떤 건물을 먼지(土)로 만듦.

음독 **き**

毀損 きそん 훼손

0399

쇠 불릴 단

鍛

JLPT N1 | 중, 고등 | 부수 金

鍛 鍛

마치 암벽을 깎는 것(段)처럼 장인이 불과 망치로 철(金)을 불려 단조함.

음독 **たん**

鍛錬 たんれん 단련

훈독 **きたえる**

鍛える きたえる (타) (몸과 마음, 금속 등을) 단련하다, 갈고닦다

0400

틈 가

暇

JLPT N1 | 중, 고등 | 부수 日

暇 暇

해(日)가 중천에 떠 잠깐 망치를 내려놓고(殳) 작업을 멈춤.

음독 **か**

休暇 きゅうか 휴가　　余暇 よか 여가

훈독 **ひま**

暇 ひま 틈, 짬, 한가한 상태

절구 구

절구통을 그린 모습.

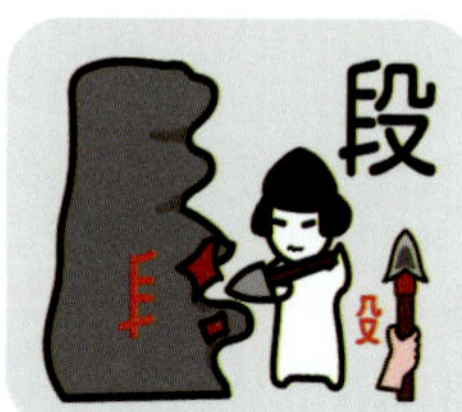

층계 단

암벽을 각종 도구(殳)로 깎아 층계를 만들고 있는 모습.

0401

질 격

擊

JLPT N1 | 중, 고등 | 부수 手扌

擊 擊

전차(車)와 장, 몽둥이(殳), 주먹(手)으로 적을 공격함.

음독 げき

攻擊 こうげき 공격　　打擊 だげき 타격　　衝擊 しょうげき 충격
反擊 はんげき 반격　　目擊 もくげき 목격　　爆擊 ばくげき 폭격

훈독 うつ

擊つ うつ (타) 총을 쏘다, (물리적으로) 공격하다

0402

떨칠 불

払

JLPT N3 | 중, 고등 | 부수 手扌

払 払

작대기(扌)를 휘두르며(厶) 이불의 먼지를 털어내고 있는 모습.

음독 ふつ

拭払 しょくふつ 불식, 닦아냄

훈독 はらう

払う はらう (타) 없애다, 털다　　支払う しはらう (타) 지불하다, 지급하다

0403

게으를 태

怠

JLPT N1 | 중, 고등 | 부수 心忄

怠 怠

베개를 끌어 안고 입을 벌린 채(台) 자고 있는 사람의 모습. 게으른 마음(心)을 나타냄.

음독 たい

怠惰 たいだ 나태　　怠慢 たいまん 태만

훈독 おこたる

怠る おこたる (자) 게으름을 피우다, 소홀히 하다

たまける

怠ける たまける (자) 게으름을 피우다

사사 사 부수

팔이 굽혀져 있는 모습.
사사로운 물건, 나의 것.

대 대

구름이 손에 닿을 정도의 높은
전망대에 올라가 망을 봄.
"위험해, 태풍이 오고 있어!"

0404

아이 밸 태

胎

JLPT N1 | 중, 고등 | 부수 肉 月

胎 胎

산통이 와 배(肉)를 끌어 안고(厶) 소리(口)를 지르고 있는 산모의 모습.

음독 **たい**

胎 たい 자궁　　胎動 たいどう 태동　　胎児 たいじ 태아

0405

풀무 야

冶

상급한자 | 중, 고등 | 부수 冫

冶 冶

쇠를 녹이기 위해 풀무질(厶)로 산소를 공급(口)해 화력을 증강시키려는 대장장이와, 벌개진 그의 얼굴을 얼음(冫)으로 식혀주고 있는 조수의 모습. 대장장이 일 전반을 가리킴.

음독 **や**

冶金 やきん 금속 제련　　陶冶 とうや (인격, 성품 등을) 갈고 닦음

0406

송사할 송

訟

JLPT N1 | 중, 고등 | 부수 言

訟 訟

욕심 많은 왕에게 재물을 공평(公)하게 나눠야 한다고 강력하게 꾸짖는(言) 참된 신하의 모습.

음독 **しょう**

訴訟 そしょう 소송　　民事訴訟 みんじそしょう 소송법

얼음 빙

강물에 얼음이 떠내려가고 있는 모습.

공평할 공

공평하게 재산을 분배(八)하는 관리와 그걸 취하는 (厶) 사람들의 모습.

0407

고깔 변

弁

JLPT N2 | 초등 5학년 | 부수 廾

고깔(厶)을 쓴 변호사가 두 사람(廾)의 언쟁을 중재하고 있는 모습.

음독 べん

弁護士 べんごし 변호사 　 代弁 だいべん 대변 　 弁解 べんかい 변명

弁償 べんしょう 변상 　 弁論 べんろん 변론 　 弁明 べんめい 변명, 해명

0408

밀칠 애

挨

JLPT N1 | 중, 고등 | 부수 手 扌

친구가 같이 사냥을 가자고 하자 반갑게 문을 밀치고 나옴. 활을 든 채(扌) 화살통(矢)을 안고(厶) 나옴. 이 한자는 일본에선 주로 인사(挨拶)의 의미로 사용됨.

음독 あい

挨拶 あいさつ 인사

0409

짓누를 찰

拶

JLPT N1 | 중, 고등 | 부수 手 扌

친구끼리 사냥을 끝마치고 난 후, 달빛(夕)이 은은하게 비치는 하천(川) 옆에서 술자리를 가짐. 손을 맞잡으며(扌) 우정을 맹세함. 손가락으로 짓누르다. 일본에선 인사(挨拶)의 의미로 주로 사용함.

음독 さつ

挨拶 あいさつ 인사

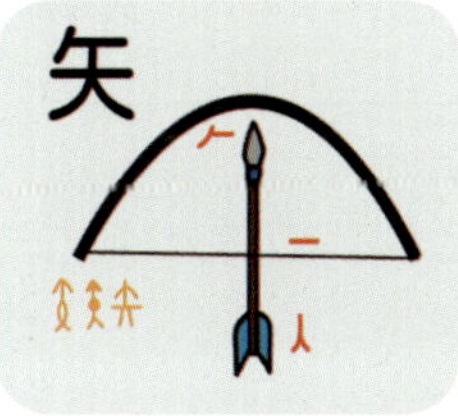

화살 시

활과 활시위, 화살을 그린 모습.

저녁 석

달에 구름이 드리워져 있는 모습.

0410

꽂을 삽

挿

JLPT N1 | 중, 고등 | 부수 手 扌

挿 挿

삽(臿)을 들어(扌) 땅에 꽂음.

음독 **そう**

挿入 そうにゅう 삽입

훈독 **さす**

挿す さす (타) 꽂다, 끼우다

0411

미칠 급

及

JLPT N1 | 중, 고등 | 부수 又

及 及

달려 나가는 사람을 손으로 잡아 끄는 모습. 영향을 미침.

음독 **きゅう**

普及 ふきゅう 보급　　波及 はきゅう 파급　　言及 げんきゅう 언급

追及 ついきゅう (책임 등을) 추궁함　　及第 きゅうだい 급제, 시험에 합격함

훈독 **および**

及び およぴ 및, 또

およぶ

及ぶ およぶ (자) 미치다, 달하다, 어떤 상태나 단계에 이르다

およぼす

及ぼす およぼす (자) (작용, 영향 등을) 미치게 하다, 끼치다

0412

거둘 급

扱

JLPT N1 | 중, 고등 | 부수 手 扌

扱 扱

뭔가를 잡아 끌어(及) 일정한 기준 하에 통제(扌)함.

훈독 **あつかう**

扱う あつかう (타) (물건, 사람, 정보, 문제 등을) 다루다

0413

거만할 오

傲

JLPT N1 | 중, 고등 | 부수 人 亻

傲 傲

우스꽝스러운 옷을 입은 사람(亻)이 칼과 방울을 휘두르며(夂) 누군가를 기만하는 모습.

음독 **ごう**

傲慢 ごうまん 오만

0414

멀 유

悠

JLPT N1 | 중, 고등 | 부수 心 忄

悠 悠

마을을 재앙에 빠뜨렸던 흉악범을 붙잡으니(修) 근심이 사라져 편안함(心). 유유(悠悠)함.

음독 **ゆう**

悠悠 ゆうゆう 한가함

悠長 ゆうちょう 침착하며 느긋함

悠然 ゆうぜん 침착하고 여유가 있음

칠 복

뭔가를 휘두르고 있는 사람의 모습.

닦을 수

범죄자(亻)를 개심시키기 위해 몽둥이(丨)로 벌을 주며(夂) 상처(彡)를 입힘. 올바르게 행동하지 않으면 벌을 받음을 가르침.

UPGRADE!

06

확인문제

한자표기 **다음 단어의 한자 표기로 적당한 것을 고르세요.**

01	けんよう	① 嫌用	② 謙用	③ 兼用
02	けんお	① 鎌悪	② 謙悪	③ 嫌悪
03	ちつじょ	① 秩序	② 迭序	③ 失序
04	そうほう	① 相方	② 桑方	③ 双方
05	かいだん	① 怪談	② 茎談	③ 経談

한자읽기 **다음 한자의 읽는 법을 고르고 빈칸에 뜻을 적으세요.**

		①	②	③	뜻
06	被る	① さかむる	② ほうむる	③ こうむる	
07	疲労	① ひろう	② ひろ	③ ぴろう	
08	被害	① ぴがい	② ひがい	③ いがい	
09	販売	① らんばい	② ばんばい	③ はんばい	
10	没落	① もつらく	② ぼつらく	③ ほつらく	

정답 01 ③ 겸용 02 ③ 혐오 03 ① 질서 04 ③ 쌍방 05 ① 괴담 06 ③ 받다, 입다 07 ① 피로 08 ② 피해 09 ③ 판매 10 ② 몰락

07

손과 팔 관련 한자 2(45자)

0415

사냥할 수

狩

JLPT N1 | 중, 고등 | 부수 犬犭

무기(寸)를 잡고 사냥개(犭)와 함께 곳간(宀)을 털려는 짐승들을 무찌름.

음독 **しゅ** 狩猟 しゅりょう 수렵

훈독 **かり** 狩り かり 사냥, 수확

かる 狩る かる (타) 사냥하다, 찾아서 잡다

0416

팔꿈치 주

肘

JLPT N1 | 중, 고등 | 부수 肉月

팔꿈치(肉)를 잡아(寸) 당기며 말림.

훈독 **ひじ** 肘 ひじ 팔꿈치 肘枕 ひじまくら 팔베개

큰 개 견

네 발 짐승이 서 있는 모습.

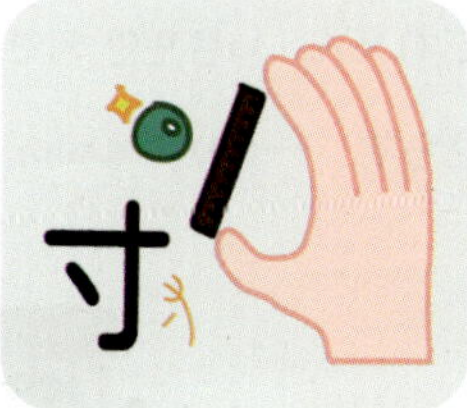

마디 촌

뭔가에 손을 뻗는 모습. 또는 어떤 일을 착수하기 위해 물건의 치수를 손으로 재봄.

0417

봉할 봉

封

JLPT N2 | 중, 고등 | 부수 寸

황제가 규장(圭)을 주며(寸) 토지를 관리할 제후를 봉함. 중요한 문서를 봉투에 넣어 건넴.

음독 **ふう**

封筒 ふうとう 봉투　封鎖 ふうさ 봉쇄　封印 ふういん 봉인

同封 どうふう 동봉

ほう

封建 ほうけん 봉건

0418

붙을 부

附

JLPT N1 | 중, 고등 | 부수 阜 阝

세금을 납부하기 위해 언덕 위에 있는 관청(阝)으로 돈을 들고 감. 관리에게 돈을 줌(付).

음독 **ふ**

附属 ふぞく 부속　寄附 きふ 기부

0419

썩을 부

腐

JLPT N1 | 중, 고등 | 부수 肉 月

세금으로 걷어 보관해 두었던(府) 고기(肉)들이 모두 부패함.

음독 **ふ**

腐敗 ふはい 부패　腐食 ふしょく 부식

훈독 **くさる**

腐る くさる (자) (음식이) 썩다, (마음이나 기분이) 타락하다

くされる

腐れ縁 くされえん 나쁜 인연, 악연

くさらす

腐らす くさらす (타) 썩게 하다, 망치다

서옥 규

제후를 봉할 때 주는 옥으로 만든 증표인 규장(圭)을 그린 모습.

정부 부

사람(亻)들로부터 세금을 걷어(寸) 아주 보안이 철저한 창고(广)에 보관함.

0420

모실 시

侍

JLPT N1 | 중, 고등 | 부수 人亻

사람(亻)들의 절과 공물을 받고 있는 사제(寺)와 그를 보좌하고 있는 시종들의 모습. 일본에선 권력자들을 옆에서 지키던 사무라이를 주로 뜻함.

음독 **じ** 侍女 じじょ 시녀

훈독 **さむらい** 侍 さむらい 사무라이

0421

손톱 조

爪

JLPT N1 | 중, 고등 | 부수 爪爫

손톱을 나타낸 모습.

훈독 **つめ** 爪 つめ 손톱　　爪痕 つめあと 손톱 자국

つま 爪先 つまさき 발끝

0422

온당할 타

妥

JLPT N1 | 중, 고등 | 부수 女

만취한 남편을 집 안으로 끌어오고(爫) 있는 아내(女)의 모습. 아내가 말릴 땐 타당한 이유가 있음.

음독 **だ** 妥当 だとう 타당　　妥協 だきょう 타협　　妥結 だけつ 타결

0423

풍채 채

采

상급한자 | 고등 이상 | 부수 采

采 采

손(爫)으로 나무(木) 지휘봉을 잡고 전장을 지휘하는 명군사의 모습. 또는 손 안에서 나무 주사위(采)를 굴림. 풍채가 있어 갈채를 받음. 원래는 나무의 열매를 채집한다는 의미였음.

음독 **さい**

喝采 かっさい 갈채　　風采 ふうさい 풍채　　采配 さいはい 지위, 지시

0424

채색 채

彩

JLPT N1 | 중, 고등 | 부수 彡

彩 彩

식물(木)의 즙을 짜내(爪) 만든 염료로 털(彡)을 염색하고 있는 모습.

음독 **さい**

色彩 しきさい 색채　　彩色 さいしき 채색

훈독 **いろどる**

彩る いろどる (타) 색칠하다, 장식하다

彩り いろどり 채색

0425

뜰 부

浮

JLPT N2 | 중, 고등 | 부수 氵

浮 浮

부모의 손(爫)을 잡고 수영(氵)을 배우고 있는 아이(子)의 모습.

음독 **ふ**

浮力 ふりょく 부력　　浮上 ふじょう 부상　　**예외** 浮気 うわき 바람, 바람기

훈독

うかぶ　浮かぶ うかぶ (자) (물, 공중에) 뜨다, (생각이) 떠오르다

うかべる　浮かべる うかべる (타) 띄우다, (표정, 생각 등을) 나타내다

うかれる　浮かれる うかれる (자) 들뜨다, 신이 나다

うく　浮く うく (자) 뜨다, (사회, 조직 등에) 어울리지 않다

0426

번뇌할 뇌

悩

JLPT N2 | 중, 고등 | 부수 心 忄

함정(凶)에 빠진 사람이 손(爫)을 내밀어 밖으로 나오려 함. 함정에 빠진 사람의 마음(心)인 번뇌(悩)를 말함.

음독 **のう**　煩悩 ぼんのう 번뇌　苦悩 くのう 고뇌

훈독 **なやます**　悩ます なやます (타) 괴롭히다, 시달리게 하다

なやむ　悩む なやむ (자) 괴로워하다, 시달리다, 고민하다　悩み なやみ 괴로움, 고민

0427

숨길 은

隠

JLPT N1 | 중, 고등 | 부수 阜 阝

적들이 몰려온다기에 급하게(急) 재산을 챙기고 언덕 위의 병영(阝)으로 대피함.

음독 **いん**　隠居 いんきょ 은거　隠忍 いんにん 참고 견딤　隠語 いんご 은어

훈독 **かくす**　隠す かくす (타) 숨기다, 감추다

かくれる　隠れる かくれる (자) 숨다

0428

평온할 온

穏

JLPT N1 | 중, 고등 | 부수 禾

풍작(禾)이라 급할(急) 게 없음. 겨울이 걱정되지 않음.

음독 **おん**　穏健 おんけん 온건　温和·穏和 おんわ 온화　平穏 へいおん 평온

훈독 **おだやか**　穏やか おだやか 온화함, 평온함

급할 급

위험한 길로 가려는 사람(及)을
다급히(心) 붙잡음(ヨ).

0429

찾을 심

尋

JLPT N1 | 중, 고등 | 부수 寸

尋 尋

작업(工)을 하던 장인이 어떤 도구를 찾아오라고 조수에게 명령하며(口) 손짓함(ヨ). 도구를 찾아 가져옴(寸).

음독 **じん**

尋問 じんもん 심문　　尋常 じんじょう 보통, 평범함, 일반적인 상태

훈독 **たずねる**

尋ねる たずねる (타) 물어보다, 찾다, 방문하다

尋ね たずね 찾음, 물음, 질문

0430

인연 연

縁

JLPT N1 | 중, 고등 | 부수 糸

縁 縁

함께 잡은 돼지(豕)를 들고 가며(ヨ) 인연(糸)을 맺는 사람들의 모습. 또는 돼지의 가장자리를 줄로 묶음.

음독 **えん**

縁 えん 연, 인연　　縁側 えんがわ 툇마루　　縁談 えんだん 혼담

집에서 대화를 나누며 인연을 쌓는 곳

훈독 **ふち**

縁 ふち 가장자리, 테두리　　縁どる ふちどる (타) 테두리를 두르다, 가장자리를 장식하다

0431

침입할 침

侵

JLPT N1 | 중, 고등 | 부수 人亻

侵 侵

평화롭게 비질(ヨ)을 하고 행주로 책상(冖)을 닦고(又) 있던 와중, 강도(亻)가 침입함.

음독 **しん**

侵入 しんにゅう 침입　　侵略 しんりゃく 침략　　侵害 しんがい 침해

侵攻 しんこう 침공　　侵犯 しんぱん 침범

훈독 **おかす**

侵す おかす (타) 침범하다, 침입하다, 침해하다

0432

잠길 침

浸

JLPT N1 | 중, 고등 | 부수 氵

빗자루(ヨ)로 마당 청소를 하고, 행주(又)를 깨끗한 물에 담근 후 책상(冖)을 닦음.

음독 **しん**

浸水 しんすい 침수　浸入 しんにゅう 침입　浸食 しんしょく 침식

浸透 しんとう 침투

훈독 **ひたす**

浸す ひたす (타) (액체에) 적시다, 담그다

ひたる

浸る ひたる (자) (액체에) 잠기다, (감정 등에) 젖다

0433

쓸쓸할 처

凄

상급한자 | 고등 이상 | 부수 冫

전쟁에서 남편을 잃은 아내(妻)가 쓸쓸히(冫) 홀로 남겨져 있는 모습.

음독 **せい**

凄絶 せいぜつ 처절　凄惨 せいさん 처참

예외 凄い すごい 무섭다, 굉장하다, 오싹하리만큼 황량하다

凄まじい すさまじい 무섭다, 무시무시하다

아내 처

비녀(十)를 꽂은(ヨ) 아내(女)의 모습.

결혼한 아내는 비녀를 꽂는 관습이 있었음.

0434

잡을 체

逮

JLPT N1 | 중, 고등 | 부수 辵 辶

돈을 훔치고 달아나는(辶) 사람의 머리를 붙잡음(隶).

음독 **たい**

逮捕 たいほ 체포　　逮捕状 たいほじょう 체포장, 체포 영장

0435

당황할 당

唐

JLPT N1 | 중, 고등 | 부수 口

방앗간(庚)에서 만든 전분으로 튀김을 만들어 놨는데 아이가 훔쳐 가버려 당황함(口).

음독 **とう**

唐突 とうとつ 뜻밖임, 갑작스러움

훈독 **から**

唐揚げ からあげ 가라아게 (일본식 닭튀김)

별 경

방앗간(广)에서 탈곡기에 벼를
털고(ヨ) 있는 농부의 모습.

0436

엿 당

糖

JLPT N1 | 중, 고등 | 부수 米

방앗간(庚)의 주인장이 아이들에게 쌀과 밀(米)로 만든 엿을 먹어보라고 권유함(口).

음독 **とう**

糖 とう 당　　砂糖 さとう 설탕　　糖分 とうぶん 당분

糖尿病 とうにょうびょう 당뇨병

0437

범용할 용

庸

JLPT N1 | 중, 고등 | 부수 广

방잇간에서 딜곡(庚)을 하고 있는 농부와 통(用)을 가져오고 있는 사람의 모습. 어디에나 쓸만한 범용적인 것을 말함.

음독 よう

中庸 ちゅうよう 중용　　凡庸 ぼんよう 범용

0438

나루 진

津

JLPT N1 | 중, 고등 | 부수 氵

붓(聿)을 물통에 담글 때 물결(氵)이 일렁이는 것처럼, 수많은 배들로 인해 나루터의 물결이 끊임없이 일렁이고 있는 모습. 흥미진진의 진(津).

음독 しん

興味津津 きょうみしんしん 흥미진진

훈독 つ

津波 つなみ 쓰나미, 해일

쓸 용

어디에나 유용하게 쓸 수 있는 통을 그린 모습.

붓 율

붓을 잡고 있는 모습.

0439

열쇠 건

鍵

JLPT N1 | 중, 고등 | 부수 金

鍵 鍵

유명한 건축가가 세운(建) 엄청 견고하고 뚫기 힘든 성을 한번에 지나가게 할 수 있는 금속 열쇠(金)를 말함.

음독 けん　　鍵盤 けんばん 피아노 건반

훈독 かぎ　　鍵 かぎ 열쇠　　鍵穴 かぎあな 열쇠 구멍

세울 건

유명한 건축가가 설계(聿)한 성벽 위에서 궁병(廴)들이 순찰을 돌고 있음.

길게 걸을 인

활을 등에 메고 어디론가 나아가고 있는 사람의 모습.

0440

엄숙할 숙

粛

JLPT N1 | 중, 고등 | 부수 聿

粛 粛

엄숙한 분위기 속 벼루에 붓(聿)을 담그고 있는(ㅋ) 선비의 모습.

음독 しゅく　　自粛 じしゅく 자숙　　厳粛 げんしゅく 엄숙　　粛然 しゅくぜん 숙연

0441

고을 군

郡

JLPT N1 | 중, 고등 | 부수 邑 阝

郡 郡

언덕 위(阝)에서 지휘봉을 휘두르며(尹) 사람들에게 명령(口)을 내리고 있는 군수의 모습. 그 정도 규모를 가진 고을을 말함.

음독 ぐん　　郡 ぐん 군. 일본의 행정 구획의 하나　　郡県 ぐんけん 군과 현

0442

깨끗할 정

浄

JLPT N1 | 중, 고등 | 부수 氵

浄 浄

싸우는(争) 사람들의 욕으로 더러워진 귀를 씻음(氵).

음독 **じょう**

浄化 じょうか 정화　　清浄 しょうじょう 청정

0443

잠잘 침

寝

JLPT N3 | 중, 고등 | 부수 宀

寝 寝

열심히 집(宀)을 청소(浸)를 한 후 나무걸이(爿)에 옷을 걸고 잠.

음독 **しん**

寝台 しんだい 침대　　寝室 しんしつ 침실　　就寝 しゅうしん 취침

훈독 **ねかす**

寝かす ねかす (타) 재우다

ねる

寝る ねる (자) 잠을 자다

다툴 쟁

소의 뿔, 또는 비싼 무언가를 두고 누가 가질지(ヨ) 서로 싸우고 있는 모습.

잠길 침

빗자루(ヨ)로 마당 청소를 하고, 행주(又)를 깨끗한 물에 담근 후 책상(冖)을 닦음.

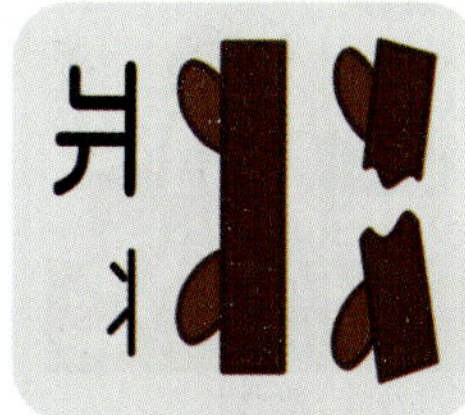

나뭇조각 장

책상, 옷걸이 등 나무로 만든 무언가를 말함.

0444

숨길 닉

匿

JLPT N1 | 중, 고등 | 부수 匚

일터에서 몰래 빠져나와 풀숲에 숨어(匚) 밥을 먹는 젊은(若) 인부의 모습.

음독 **とく**　匿名 とくめい 익명　隠匿 いんとく 은닉

같을 약

점심시간 풀밭(艹)에 앉아 밥을 먹는(右) 사람의 모습. 간단하게 끼니를 해결함. 소화가 잘 되는 나이인 약년을 말함.

0445

허락할 낙

諾

JLPT N1 | 중, 고등 | 부수 言

점심시간 젊은 인부(若)가 밥을 먹어도 되냐고 관리자에게 묻자(言) 먹어도 된다고 허락함.

음독 **だく**　承諾 しょうだく 승낙　許諾 きょだく 허락　快諾 かいだく 흔쾌히 허락함

0446

뺄 발

抜

JLPT N2 | 중, 고등 | 부수 手 扌

친구(友)를 지키기 위해 칼을 뽑음(扌).

음독 **ばつ**　抜群 ばつぐん 발군, 뛰어남　海抜 かいばつ 해발　選抜 せんばつ 선발　奇抜 きばつ 기발　不抜 ふばつ 불발

훈독
- **ぬく**　抜く ぬく (타) 뽑다, 빼내다
- **ぬける**　抜ける ぬける (자) 빠지다, 없어지다
- **ぬかす**　抜かす ぬかす (타) 빠뜨리다, 빼다
- **ぬかる**　抜かる ぬかる (자) 실수하다, 시기를 놓치다

0447

노울 원

援

JLPT N1 | 중, 고등 | 부수 手扌

援 援

큰 부상을 입어 위험에 처한 전우를 구하기 위해 칼을 뽑고(抜) 손(爫)을 빌려줌.

음독 **えん**

応援 おうえん 응원　　援助 えんじょ 원조　　救援 きゅうえん 구원

支援 しえん 지원　　声援 せいえん 성원

벗 우

친구가 손(又)을 흔들며
인사하자 팔을 벌리며 환영함.

0448

여자 원

媛

JLPT N1 | 중, 고등 | 부수 女

媛 媛

모든 사람들이 친구(友)로 삼고 싶어 손(爫)을 뻗게 만들 정도로 매력적인 여성(女)을 말함.

음독 **えん**

才媛 さいえん 재원 (재주가 뛰어난 여성)

예외 愛媛県 えひめけん 에히메현 (일본 시코쿠 지방 북서부에 위치한 현)

0449

느릴 완

緩

JLPT N1 | 중, 고등 | 부수 糸

緩 緩

친구(友)를 위해 규제(糸)를 느슨하게 풀어줌(爫).

음독 **かん**

緩和 かんわ 완화　　緩急 かんきゅう 완급

훈독

ゆるい	緩い	ゆるい	느슨하다, 완만하다
ゆるやか	緩やか	ゆるやか	느슨한 모양, 완만한 모양
ゆるむ	緩む	ゆるむ	(자) 느슨해지다, 헐거워지다
ゆるめる	緩める	ゆるめる	(타) 느슨하게 하다, 늦추다

0450

주먹 권

拳

JLPT N1 | 중, 고등 | 부수 手扌

물품을 배급(共)하는 데 자기가 더 많이 가져가겠다고 주먹질(手)을 하는 사람들의 모습.

음독 **けん**　拳銃 けんじゅう 권총　拳法 けんぽう 권법　じゃん拳 じゃんけん 가위바위보

훈독 **こぶし**　拳 こぶし 주먹

0451

우리 권

圏

JLPT N1 | 중, 고등 | 부수 囗

권내(囗)에 있는 주민들의 정보들을 죽간으로 정리(巻)하고 있는 모습.

음독 **けん**　圏内 けんない 권내　圏外 けんがい 권외

0452

오를 등

騰

JLPT N1 | 중, 고등 | 부수 馬

적군이 땅에 상륙하기 전에, 아군 기병(馬)이 말고삐(共)를 잡고 적 배(舟)로 뛰어들고 있는 모습. 또는 적진으로 뛰어듦.

음독 **とう**　急騰 きゅうとう 급등　暴騰 ぼうとう 폭등　騰落 とうらく 등락　沸騰 ふっとう 비등, 액체가 끓어오름

밥 뭉칠 권

주먹 밥을 만들기 위해
양 손을 뻗고 있는 모습.

배 주

배를 그린 모습.

0453

베낄 등

騰

JLPT N1 | 중, 고등 | 부수 言

騰 騰

말을 몰고(龹) 적 배(舟)의 수를 세는 지휘관과, 그의 말(言)을 종이에 베껴 쓰고 있는 부하의 모습.

음독 **とう**

騰写 とうしゃ 등사, 베껴 씀　　騰本 とうほん 등본

0454

등나무 등

藤

JLPT N1 | 중, 고등 | 부수 艸 艹

藤 藤

얕은 물(氺)에 덩굴처럼 생긴 등나무(艹)를 깔아, 적병이 배(舟)에서 말을 타고(龹) 땅에 상륙할 때 걸려 넘어지게 함. 얽혀 있음.

음독 **とう**

葛藤 かっとう 갈등

훈독 **ふじ**

藤 ふじ 등나무　　藤田 ふじた 후지타 (일본 성씨 중 하나)

0455

받들 봉

奉

JLPT N1 | 중, 고등 | 부수 大

奉 奉

임금에게 굉장히 귀한 약재를 선물로 주고 있는(龹) 모습.

음독 **ほう**

奉仕 ほうし 봉사　　奉納 ほうのう 봉납, 신에게 공물을 납부함

ぶ

奉行 ぶぎょう 봉행, 명을 받들어 행함

훈독 **たてまつる**

奉る たてまつる (타) 바치다, 헌상하다, 모시다

0456

녹 봉

俸

JLPT N1 | 중, 고등 | 부수 人亻

훌륭한 일을 한 대가로 왕으로부터 귀한 선물(奉)을 받고 있는 신하(亻)의 모습.

음독 **ほう**

俸給 ほうきゅう 봉급　　　年俸 ねんぽう 연봉

0457

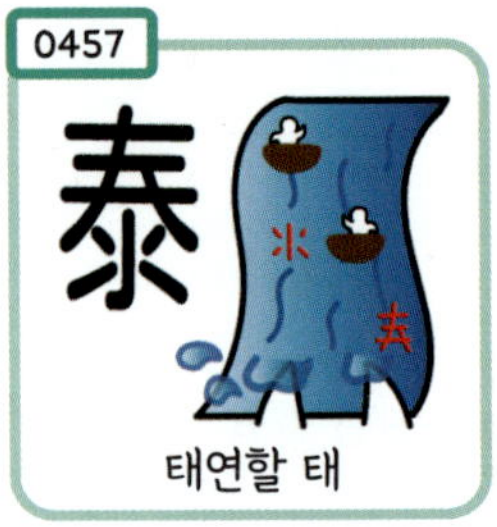

태연할 태

泰

JLPT N1 | 중, 고등 | 부수 水氺

큰 강(水)에 손을 담그며(共) 태평하게 놈.

음독 **たい**

泰然 たいぜん 태연　　　安泰 あんたい 평온하고 안정됨 참고어휘

0458

아뢸 주

奏

JLPT N2 | 6학년 | 부수 大

천자(夭)에게 거문고 연주(共)를 바치며 기분을 물음.

음독 **そう**

演奏 えんそう 연주　　　伴奏 ばんそう 반주　　　吹奏 すいそう 취주

훈독 **かなでる**

奏でる かなでる (타) (주로 관현악) 악기를 연주하다, 춤추다

어릴 요

천진난만하게 웃으며 놀고 있는 아이의 모습.

0459

曖

상급한자 | 고등 이상 | 부수 日

曖 曖

오랜만에 날씨가 개자(日) 애인이 다치던 말던 나가서 놀려는 사람의 모습. 사랑(愛)이 식음.

음독 **あい**

曖昧 あいまい 애매, 분명하지 않음

사랑 애

아내가 상(冖)을 차리다가(爫) 손을 다치자
헐레벌떡 뛰어오고 있는(夂) 남편의 모습.
타인을 자신보다 아끼는 마음(心)인 사랑을 말함.

UPGRADE!

07

확인문제

한자표기 **다음 단어의 한자 표기로 적당한 것을 고르세요.**

01 ふうとう ① 封筒 ② 肘筒 ③ 附筒

02 しんとう ① 侵透 ② 浸秀 ③ 浸透

03 ふはい ① 府敗 ② 附敗 ③ 腐敗

04 だとう ① 妥当 ② 采当 ③ 彩当

05 しきさい ① 色彩 ② 色妥 ③ 色采

한자읽기 **다음 한자의 읽는 법을 고르고 빈칸에 뜻을 적으세요.**

06 隠居 ① ぎんきょ ② いんきょ ③ おんきょ [ ]

07 縁側 ① えんがわ ② ねんがわ ③ おんがわ [ ]

08 侵入 ① ちんにゅう ② しんにゅう ③ いんにゅう [ ]

09 逮捕 ① だいほ ② たいほ ③ ていほ [ ]

10 寝台 ① しんだい ② ちんだい ③ ひんだい [ ]

정 답 01 ① 봉투 02 ③ 침투 03 ③ 부패 04 ① 타당 05 ① 색채 06 ② 은거 07 ① 툇마루 08 ② 침입 09 ② 체포 10 ① 침대

08

입 관련 한자(30자)

0460

막을 고

錮

상급한자 | 고등 이상 | 부수 金

錮 錮

성을 독단으로 점거해 반역을 꾀한 노장(固)을 감옥(金)에 가둔 모습.

음독 こ

禁錮 きんこ 금고, 가둠

0461

낱 개

箇

JLPT N1 | 중, 고등 | 부수 竹

箇 箇

성(口) 밖에 주둔하고 있는 적이 안으로 들어올 것을 대비하여, 시민들이 사용할 죽창(竹)을 준비하고 있는 늙은(古) 장수의 모습. 개수를 세다. 수 개월을 넘게 전투하다.

음독 か

箇所·個所 かしょ 개소, 장소, 곳, 부분

箇条書き かじょうがき 항목별로 씀

재미있는 한자 이야기

굳을 고

노련한 노장(古)이 수비하는 견고한 성(口)을 나타냄.

예 고

10년도(十) 더 된 시절의 이야기를 늘어놓고(口) 있는 노인의 모습. 전쟁에 참여했던 이야기를 풀음.

0462

의거할 거

据

JLPT N1 | 중, 고등 | 부수 手 扌

정성껏 상을 차린 후(扌) 마을의 어르신(古)를 초대해 느긋하게 앉아(尸) 대화를 나눔. 목을 빳빳이 하며 옷자락을 고침. 자신의 삶의 경험을 토대로 뭔가를 잘난 듯이 말함.

훈독 すえる

据える すえる (타) 놓다, 설치하다, 배치하다

すわる

据わる すわる (자) 자리잡다, 안정되다

살 거

죽을 때(古)까지 안전하게 살 수 있는 집(尸)인 거주지를 말함.

0463

혀 설

舌

JLPT N4 | 초등 6학년 | 부수 舌

혀를 열심히 놀려가며 뭐라뭐라 지시를 내리고 있는 사람의 모습. 원래는 뱀의 혀를 나타낸 한자임.

음독 ぜつ

筆舌 ひつぜつ 글과 말

훈독 した

舌 した 혀　　舌先 したさき 혀 끝

猫舌 ねこじた (고양이에 비유) 뜨거운 음식을 잘 못 먹는 체질

0464

묶을 괄

括

JLPT N1 | 중, 고등 | 부수 手 扌

현장 감독(舌)이 인부들로 하여금 특정한 기준에 따라 물품을 분류시킴(扌).

음독 かつ

一括 いっかつ 일괄　　包括 ほうかつ 포괄　　括弧 かっこ 괄호

0465

기릴 예

誉

JLPT N1 | 중, 고등 | 부수 言

훌륭한 공을 세운 사람을 기리기 위해 가마를 태우고(⺌) 축사를(言) 읊고 있는 벼슬아치의 모습.

음독 **めいよ** 名誉 めいよ 명예　　栄誉 えいよ 명예

훈독 **ほまれ** 誉れ ほまれ 명예, 자랑거리

0466

깨달을 오

悟

JLPT N1 | 중, 고등 | 부수 心 忄

하늘과 땅이 교차(五)하는 세상의 중심에서 만물의 이치를 깨달아(忄) 탄성(口)을 내지르고 있는 사람의 모습.

음독 **ご** 覚悟 かくご 각오

훈독 **さとる** 悟る さとる (타) 깨닫다, 이해하다, 득도하다

0467

새길 명

銘

JLPT N1 | 중, 고등 | 부수 金

이름(名)이 써져 있는 쇠(金)로 만든 명찰을 나타냄. 이름이 새겨져 있음. 소유권이 있음.

음독 **めい** 銘銘 めいめい 각자, 저마다　　銘柄 めいがら (상품이나 주식의) 이름, 브랜드, 종목

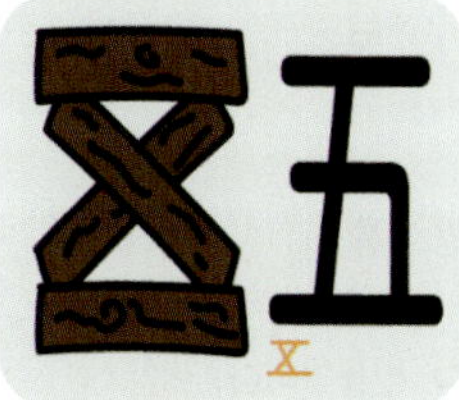

다섯 오

다섯을 표기한 모습.
막대기로 표현하기엔 5개는 너무 많아 교차해서 표시함.

이름 명

아무것도 안 보이는 밤(夕)에도 이름(口)을 부르면 상대가 누군지 알 수 있음.

0468

뜻 지

旨

JLPT N1 | 중, 고등 | 부수 日

맛있는 걸 보고 입(曰)을 크게 벌리며 손을 뻗고(匕) 있는 아기의 모습. 본능의 수준에서 오는 뜻이나 생각 등을 말함.

음독 し

要旨 ようし 요지　　趣旨 しゅし 취지　　本旨 ほんし 본래의 취지

훈독 むね

旨 むね 취지, 뜻, 중심이 되는 것

비수 비

숟가락을 향해 손을 뻗는 아이의 모습. 아이에겐 숟가락도 비수가 될 수 있으니 조심해야함. 옛 숟가락은 마감이 좋지 않았음.

가로 왈

이빨이 보일 정도로 뭔가를 열심히 말하고 있는 사람의 모습.

0469

이를 예

詣

JLPT N1 | 중, 고등 | 부수 言

한 치의 불손함 없이, 순진한 아이(匕)의 마음으로 신을 찬양(曰)하고 기림(言). 잡념 하나 없이 무언가에 몰입한 상태를 말함.

음독 けい

参詣 さんけい 참배　　造詣 ぞうけい 조예, 한 분야에 깊은 전문성이 있음

훈독 もうでる

詣でる もうでる (자) 참배하다　　初詣 はつもうで 새해 첫 참배

0470

기름 지

脂

JLPT N2 | 중, 고등 | 부수 肉 月

기름이 좔좔 흐르는 맛있는 고기(月)를 보며 손을 뻗고 있는 아이(旨)의 모습.

음독 し

脂肪 しぼう 지방　　油脂 ゆし 유지, 동식물에서 채취한 기름

훈독 あぶら

脂 あぶら 기름　　脂ぎる あぶらぎる (자) 기름지다, 번들거리다

0471

무리 조

曹

JLPT N1 | 중, 고등 | 부수 曰

하소연(曰) 하는 죄인을 냉정하게 심판하는 사람들의 모습. 주로 법적인 무력을 가진 집단을 말함.

음독 **そう**

曹　そう　조, 무리

法曹界　ほうそうかい　법조계

0472

만날 조

遭

JLPT N1 | 중, 고등 | 부수 辵 辶

길(辶)을 가다가 죄인을 심판(曹)하는 광경을 목격한 나그네의 모습. 주로 좋지 않은 것과의 만남을 의미함.

음독 **そう**

遭遇　そうぐう　조우

遭難　そうなん　조난

훈독 **あう**

遭う　あう　(자) (어떤 일을) 당하다, 겪다

0473

구유 조

槽

JLPT N1 | 중, 고등 | 부수 木

죄인을 화형(曹)에 처할 때 사용하는 거대한 나무(木) 기름통을 말했으나, 현재는 사람의 몸이 들어갈 정도의 큰 통을 말함.

음독 **そう**

浴槽　よくそう　욕조

水槽　すいそう　수조

油槽　ゆそう　유조, 가솔린 등을 담아 두는 통

0474

달 감

甘

JLPT N2 | 중, 고등 | 부수 甘

달콤한 감초 과자를 먹으며 행복해 하는 사람의 모습.

음독 **かん**　　甘味料　かんみりょう　감미료　　甘言　かんげん　감언

훈독 **あまい**　　甘い　あまい　달다

あまえる　　甘える　あまえる　(자) 응석 부리다, 어리광 부리다

あまやかす　　甘やかす　あまやかす　(타) 응석을 받아 주다

0475

감색 감

紺

JLPT N1 | 중, 고등 | 부수 糸

감초 과자(甘)의 색깔인 감색을 나타냄. 감색으로 염색한 실(糸)의 모습. 감청색, 곤색 등.

음독 **こん**　　紺色　こんいろ　감색, 남색, 짙은 파랑

0476

아무 모

某

JLPT N1 | 중, 고등 | 부수 木

옛날 동양에서 과자처럼 먹었던 감초 과자와 매실 장아찌(木)는 아무나 잘 맛있게(甘) 먹었음.

음독 **ぼう**　　某氏　ぼうし　어떤 사람　　某国　ぼうこく　어떤 나라

0477

꾀 모

謀

JLPT N1 | 중, 고등 | 부수 言

매실 장아찌(某)처럼 달콤한 말로 다른 사람을 자신의 뜻대로 꼬드김(言).

음독	ぼう	無謀 むぼう 무모	謀略 ぼうりゃく 모략	
	む	謀反 むほん 모반, 배반을 꾀함		
훈독	はかる	謀る はかる (타) 꾀하다, 꾸미다		

0478

중매 매

媒

JLPT N1 | 중, 고등 | 부수 女

달콤한 말(某)로 어떤 여자(女)와 결혼해볼 것을 권유하고 있는 중매인의 모습.

음독	ばい	媒介 ばいかい 매개	媒体 ばいたい 매체	触媒 しょくばい 촉매

0479

심할 심

甚

JLPT N1 | 중, 고등 | 부수 甘

몸에는 달지만 맛은 지독함.

음독	じん	甚大 じんだい 몹시 큼	激甚 げきじん 극심한, 심각한
훈독	はなはだ	甚だ はなはだ 매우, 몹시, 심히	
	はなはだしい	甚だしい はなはだしい 정도가 매우 심하다, 막대하다	

0480

견딜 감

堪

JLPT N1 | 중, 고등 | 부수 土

너무 맛없지만 일단 꼭 먹어야 되서, 음식의 제일 맛없는 부분(甚)을 바닥(土)에 버림.

음독 かん

堪忍 かんにん 화를 참고 용서함　　堪能 かんのう·たんのう 인내력

훈독 たえる

耐える·堪える たえる (자) 견디다, 참다

0481

헤아릴 감

勘

JLPT N1 | 중, 고등 | 부수 力

적국의 간첩이라 추정되는 자를 강제로(力) 붙잡고 독(甚)을 먹이며 심문함.
"내 직감 상 넌 범인이야."

음독 かん

勘 かん 감, 직감력　　勘定 かんじょう 계산, 지불　　勘違い かんちがい 착각

勘弁 かんべん (잘못 등을) 용서함, 인내함

0482

칡 갈

葛

상급한자 | 고등 이상 | 부수 艸 艹

심한 가뭄 때문에 먹을 게 없어 풀뿌리(艹)를 먹으며 배를 채움. 아이(匕)에게 줄 음식이 없어 절규(曰)하는 어머니(勹)의 모습.

음독 かつ

葛藤 かっとう 갈등　　葛飾区 かつしかく 가쓰시카쿠 (도쿄 내 23개 특별구 중 하나)

훈독 くず

葛 くず 칡, 칡뿌리

어찌 갈

심한 가뭄으로 인해 아이(匕)에게 먹일 것이
없어 아이를 끌어 안고(勹) 절규(曰)함.

0483

목마를 갈

渇

JLPT N1 | 중, 고등 | 부수 氵

渇 渇

심한 가뭄(曷)으로 물(氵)이 말라 절규하는 어머니의 모습. 아이에게 먹일 물조차 없음.

음독 **かつ**

枯渇 こかつ 고갈　　渇望 かつぼう 갈망

훈독 **かわく**

渇く かわく (자) 목이 마르다, 갈증이 나다

0484

갈색 갈

褐

JLPT N1 | 중, 고등 | 부수 衣衤

褐 褐

심한 가뭄(曷)으로 입을 것이 없어, 칡으로 엮은 갈색 옷(衣)을 입고 다니는 사람들의 모습.

음독 **かつ**

褐色 かっしょく 갈색

옷 의

0485

꾸짖을 갈

喝

JLPT N1 | 중, 고등 | 부수 口

喝 喝

아이가 굶주려 절규하는 어머니에게 시끄럽다고 소리치는(口) 행인의 모습. 심한 가뭄(曷)으로 다들 굶주려 성격이 횡포해짐.

음독 **かつ**

恐喝 きょうかつ 공갈, 협박　　一喝 いっかつ 한번 큰 소리로 꾸짖음

喝采 かっさい 갈채

0486

뵐 알

謁

JLPT N1 | 중, 고등 | 부수 言

謁 謁

가뭄(曷)으로 죽어가는 아이를 데리고 높은 사람에게 찾아가 도움을 구함(言). 알현하다.

음독 えつ

謁見 えっけん 알현　　拝謁 はいえつ (높은 사람을) 삼가 뵘

0487

높이 들 게

掲

JLPT N1 | 중, 고등 | 부수 手扌

掲 掲

알현을 허가하는 깃발(扌)을 높게 게양하자 굶주려(曷) 죽어가는 아이를 데리고 온 어머니의 모습.

음독 けい

掲示 けいじ 게시　　掲載 けいさい 게재　　掲揚 けいよう 게양

훈독 かかげる

掲げる かかげる (타) 내걸다, 게양하다

0488

엿볼 사

伺

JLPT N3 | 중, 고등 | 부수 人亻

伺 伺

질문을 하려고 상사(司)의 눈치를 살피고 있는 직원(亻)의 모습.

음독 し

伺候 しこう 신분이 높은 사람을 곁에서 모심

훈독 うかがう

伺う うかがう (타) 삼가 묻다, 여쭙다 (자) 찾아 뵙다

伺い うかがい 여쭙기, 찾아뵘

맡을 사

윗사람에게 명령을 받고
일을 시키고 있는 직장
상사의 모습.

0489

이을 사

嗣

상급한자 | 중, 고등 | 부수 口

嗣 嗣

왕(司)이 자신의 권력을 이을 자식을 기록(冊)에 남기라고 신하에게 명령(口)함.

음독 し

後嗣 こうし 후사, 상속인 참고어휘

UPGRADE!

08

확인문제

한자표기 **다음 단어의 한자 표기로 적당한 것을 고르세요.**

01	いっかつ	① 一舌	② 一括	③ 一据
02	めいよ	① 名誉	② 名銘	③ 名謀
03	かくご	① 覚語	② 覚悟	③ 覚誉
04	ようし	① 要詣	② 要脂	③ 要旨
05	あまい	① 紺い	② 某い	③ 甘い

한자읽기 **다음 한자의 읽는 법을 고르고 빈칸에 뜻을 적으세요.**

06	勘定	① かんじょう	② がんじょう	③ たんじょう	
07	恐喝	① きょうかつ	② きょうがつ	③ きょうはつ	
08	掲示	① げいじ	② けじ	③ けいじ	
09	悟る	① はとる	② きとる	③ さとる	
10	脂	① あぶら	② まぶら	③ あふら	

정 답 01 ② 일괄 02 ① 명예 03 ② 각오 04 ③ 요지 05 ③ 달다 06 ① 계산 07 ① 공갈 08 ③ 게시 09 ③ 깨닫다 10 ① 기름

메모 メモ

배운 내용을 자유롭게 적어가며 복습해보세요!

제3장에서 배우는 JLPT N1 레벨 고급 한자 229자를 익히면,

실무, 유학, 시험 대비까지 다방면에서 강한 실력을 갖출 수 있습니다.

JLPT N1 레벨이나 EJU에서의 고득점은 물론,

일본 현지에서 실제로 활용되는 독해력과 표현력까지 자연스럽게 길러집니다.

제3장

JLPT N1 레벨 필수 한자(3) 229자

01

발 관련 한자1(27자)

0490

꾀할 기

企

JLPT N1 | 중, 고등 | 부수 人亻

아무 생각 없이 적진으로 달려가는 병사를 멈춰 세우고(止) 작전을 전달하는 참모(人)의 모습.

음독 き　　企画 きかく 기획　　企業 きぎょう 기업

훈독 くわだてる　　企てる くわだてる (타) 계획하다, 꾀하다, (음모 등을) 꾸미다

0491

즐길 긍

肯

JLPT N2 | 중, 고등 | 부수 肉月

느긋하게 육포(肉)를 씹으며 목적지를 향해 나아가고 있는(止) 사람의 모습.

음독 こう　　肯定 こうてい 긍정　　首肯 しゅこう 수긍

재미있는 한자 이야기!

그칠 지

목적지에 도착해 발걸음을 멈춤.
원래는 발을 그린 한자로 '나아가다'
라는 뜻을 가지고 있었으나, 현재는
'멈추다'라는 뜻으로 사용됨.

0492

풀 사

卸

JLPT N1 | 중, 고등 | 부수 卩

공장 주인(人)에게 기시(止) 물건을 싸게 산 후, 시상에 쭈그려 앉아(卩) 비싸게 팜. 물건을 품. 도매하다.

훈독 **おろす** 卸す おろす (타) 도매하다

おろし 卸売り おろしうり 도매 卸商 おろししょう 도매상

0493

거느릴 어

御

JLPT N2 | 중, 고등 | 부수 彳

무수히 많은 도매상인(卸)들을 데리고 다니는(彳) 큰 어르신의 모습.

음독 **ぎょ** 制御 せいぎょ 제어

ご 御 ご 체언을 높히는 접두어, 상대의 행위나 물건을 높임 御連絡 ごれんらく 연락

御飯 ごはん 식사 御座る ござる (자) 계시다

훈독 **おん** 御中 おんちゅう 귀중, 우편물을 받을 단체의 이름 아래에 붙이는 말

0494

칠 척

捗

상급한자 | 고등 이상 | 부수 手 扌

지휘관의 지도(扌)하에 조금씩 차근차근(歩) 일을 진척시켜 나아감.

음독 **ちょく** 進捗 しんちょく 진척

걸음 보

조금씩(少) 목적지를 향해 걸어 나아감(止).

병부 절

무릎을 꿇고 앉아(卩) 있는 듯한 모습. 팔에 힘을 주고 뭔가를 누름.

0495

건널 섭

渉

JLPT N1 | 중, 고등 | 부수 氵

어떤 신하가 타국에 왕의 뜻을 전달하기 위해 바다(氵)를 건넌 후, 배에서 걸어(歩) 내려오고 있는 모습.

음독 **しょう**

干渉 かんしょう 간섭　　交渉 こうしょう 교섭　　渉外 しょうがい 섭외

0496

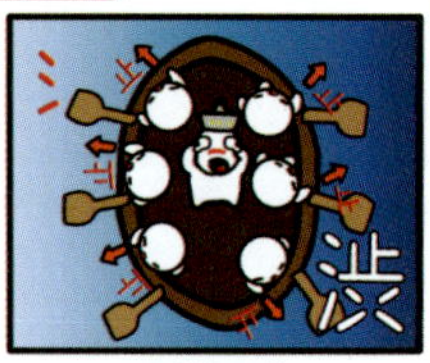

떫을 삽

渋

JLPT N1 | 중, 고등 | 부수 氵

바다(氵) 한가운데서 선원들이 모두 이쪽 길(止)이 맞다고 우기고 있는 모습. 사공이 많아 일이 진척이 안됨.

음독 **じゅう**

渋滞 じゅうたい 정체, 밀림

훈독 **しぶ**

渋 しぶ 떫음, 묵직함　　渋谷 しぶや 시부야 (도쿄를 대표하는 번화가 중 하나)

しぶい

渋い しぶい 떫다, 중후하다, 시큰둥하다

しぶる

渋る しぶる 꺼리다, 주저하다

0497

자주 빈

頻

JLPT N1 | 중, 고등 | 부수 頁

매일 같이 집에 놀러 와(歩) 얼굴(頁)이 아주 익숙함.

음독 **ひん**

頻繁 ひんぱん 빈번　　頻度 ひんど 빈도　　頻発 ひんぱつ 빈발

머리 혈

원래는 전신을 그렸으나
현재는 사람의 머리를 말함.

0498

손 빈

賓

JLPT N1 | 중, 고등 | 부수 貝

초대 받은 집(宀)으로 선물(貝)을 들고 찾아온(步) 귀빈의 모습.

음독 ひん

来賓 らいひん 내빈 　 貴賓 きひん 귀빈

0499

클 위

偉

JLPT N1 | 중, 고등 | 부수 人亻

수많은 상인(亻)들이 왔다 갔다 하는 매우 큰 수도의 성벽(韋)을 나타냄.

음독 い

偉大 いだい 위대 　 偉業 いぎょう 위업 　 偉人 いじん 위인

훈독 えらい

偉い えらい 훌륭하다, 지위가 높다

0500

씨줄 위

緯

JLPT N1 | 중, 고등 | 부수 糸

엄청 기다란 줄(糸)로 성벽(韋)의 가로 길이를 재는 모습.

음독 い

緯度 いど (지리학) 위도 　 経緯 けいい 경위, 어떤 일의 과정

예외 経緯 いきさつ (일, 사건 등의) 경과, 전말

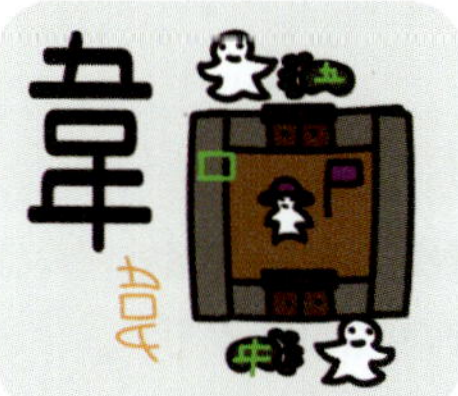

가죽 위

성벽(口) 주변을 왔다 갔다(中) 하고 있는 가죽 상인들의 모습.

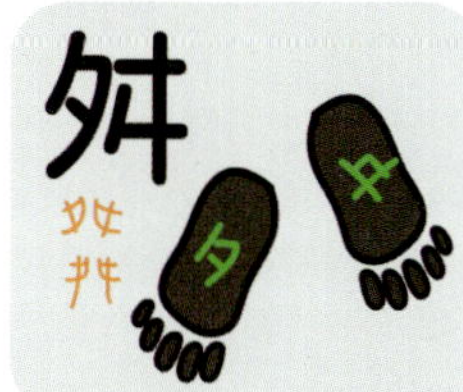

어그러질 천

사람들의 발자국(舛)이 이리저리 얽혀있는 모습.

0501

나라 한

韓

상급한자 | 고등 이상 | 부수 韋

아직 이른 아침(艹, 日)인 데도 성 안팎을 오가며(韋) 활발하게 일하고 있는 사람들의 모습. 부지런하고 일 처리가 빠름. 현재는 한국(韓国)을 지칭하는 한자로 사용됨.

음독 **かん**　韓国 かんこく 한국　韓国語 かんこくご 한국어

0502

어긋날 위

違

JLPT N3 | 중, 고등 | 부수 辵辶

성문(韋)이 비슷하게 생겨 실수로 반대쪽으로 나간(辶) 상인의 모습.

음독 **い**　違反 いはん 위반　相違 そうい 상이, 서로 다름　違和感 いわかん 위화감

훈독 **ちがう**　違う ちがう (자) 다르다

ちがえる　違える ちがえる (타) 다르게 하다, 틀리다

0503

춤출 무

舞

JLPT N2 | 중, 고등 | 부수 舛

무대 위에서 춤추는 아름다운 여성(無)과 즐겁게 춤추며 떠도는(舛) 관중들의 모습.

음독 **ぶ**　舞台 ぶたい 무대　舞踊 ぶよう 무용

훈독 **まい**　舞 まい 춤, 무용

まう　舞う まう (자) 우아하게 춤추다, 흩날리다　舞い上がる まいあがる (자) 날아 올라가다

햇빛 간

햇빛(日)이 초목(艹)을 비추고 있는 모습.

없을 무

무대 위에서 춤추는 여성이 너무나도 아름다워 말 한 마디 없이 집중하고 있는 관중들의 모습.

0504

뛰어날 걸

傑

JLPT N1 | 중, 고등 | 부수 人亻

나무(木) 위를 마치 땅인 듯 자유롭게 왔다 갔다(舛) 하는 영웅(亻)의 모습.

음독 **けつ**

豪傑 ごうけつ 호걸　　傑作 けっさく 걸작

0505

눈 깜짝일 순

瞬

JLPT N1 | 중, 고등 | 부수 目罒

책상(冖) 앞에 앉아, 밤에 책장을 넘기며(爫) 글을 읽고 있던 선비 앞으로 횃불을 든 사람이 슉하고 지나감(舛). 순간(瞬間) 눈(目)을 깜빡임.

음독 **しゅん**

瞬間 しゅんかん 순간　　一瞬 いっしゅん 한순간

瞬時 しゅんじ 아주 짧은 순간, 즉

훈독 **またたく**

瞬く またたく (자) 눈을 깜빡이다, 뭔가가 반짝이다

瞬き またたき 반짝임　　예외 瞬き まばたき 눈 깜빡임

0506

이웃 린

隣

JLPT N1 | 중, 고등 | 부수 阜阝

언덕(阝) 위에서 보니 자그마한 횃불(炎)들이 이리저리 움직이고(舛) 있음. 언덕 위에서 한눈에 다 보일 정도로 건물들이 인접해 있음. (炎 -> 米)

음독 **りん**

隣接 りんせつ 인접　　近隣 きんりん 가까운 이웃

훈독 **となり**

となる

隣 となり 이웃

隣り合う となりあう (자) 서로 이웃하다, 나란히 있다

도깨비불 린

캄캄한 밤에 사람들이 횃불을 들고 돌아다니니(舛), 마치 도깨비불(炎)이 왔다 갔다 하는 듯함.

0507

모자랄 핍

乏

JLPT N1 | 중, 고등 | 부수 丿

너무 먼 거리를 여행했더니 식량도 돈도 모자람. 발을 쩔뚝거리며 앞으로 나아감. (止의 변형)

음독 ぼう　　貧乏 びんぼう 가난함, 빈곤　　窮乏 きゅうぼう 궁핍　　欠乏 けつぼう 결핍

훈독 とぼしい　　乏しい とぼしい 모자라다, 가난하다

0508

지초 지

芝

JLPT N1 | 중, 고등 | 부수 艸 艹

먼 거리를 여행하다가 슬슬 허기가 들고 지칠(乏) 때 쯤, 몸에 아주 좋은 영지버섯(艹)과 약초를 발견함. 현재는 잔디라는 의미로 주로 사용됨. 영지버섯의 지(芝).

훈독 しば　　芝 しば 잔디　　芝生 しばふ 잔디밭　　芝居 しばい 연극, 무대 공연

0509

의거할 거

拠

JLPT N1 | 중, 고등 | 부수 手 扌

짐승이 습격했다는 장소(処)를 향해 무기를 들고(扌) 출동함. 어떤 내용에 근거해 목적을 달성함.

음독 きょ　　根拠 こんきょ 근거　　占拠 せんきょ 점거　　拠点 きょてん 거점
依拠 いきょ 의거

こ　　証拠 しょうこ 증거

곳 처
마을에 호랑이가 습격(夂)해 쉬고(几) 있던 사냥꾼에게 의뢰를 맡김. 어딘지 주소를 말하시오. 처리하다. 처치하다.

안석 궤
몸을 기댈 때 사용하는 방석이나 작은 책상을 그린 모습(几)

0510

준걸 준

俊

JLPT N1 | 중, 고등 | 부수 人亻

俊 俊

누구보다 빨리 도움이 필요한(厶) 사람(人)에게 물품을 전달하러 가는(夂) 준민한 사람(亻)의 모습. 유능하고 대처가 빠름.

음독 **しゅん**

俊敏 しゅんびん 날렵함

俊秀 しゅんしゅう 준수

俊才 しゅんさい 비상한 인재

0511

부추길 사

唆

JLPT N1 | 중, 고등 | 부수 口

唆 唆

권력자에게 아부(口)를 하며, 가지고 있던(厶) 비싼 물건을 뇌물로 주러 가는(夂) 사람(人)의 모습. 꼬드기다.

음독 **さ**

教唆 きょうさ 교사, 사주함, 부추김

示唆 しさ 시사, 암시함

훈독 **そそのかす**

唆す そそのかす (타) 꼬드기다, 부추기다

唆し そそのかし 꼬드김, 사주함

0512

뇌물 뢰

賂

상급한자 | 고등 이상 | 부수 貝

賂 賂

이득을 챙기기 위해 여기저기 뇌물(貝)을 주러 다님(各).

음독 **ろ**

賄賂 わいろ 뇌물

뒤져올 치

늦어서 뒤어감. 원래는 발을 그린 한자였음.

각각 각

각각 모두 다른 뜻(口)을 가진 사람들이 어딘가로 뛰쳐나가는(夂) 모습.

0513

쇠젖 락

酪

JLPT N1 | 중, 고등 | 부수 酉

우유를 발효(酉)해서 만든 식품들을 먹으니 힘이 솟아남. 기운을 차린 병사들이 우렁찬 구호와 함께 뛰쳐나감(各).

음독 **らく** 　 酪農業　らくのうぎょう　낙농업

0514

이을 락

絡

JLPT N3 | 중, 고등 | 부수 糸

중요한 일을 보고하기 위해 왕에게 전령(各)을 보냄. 줄(糸)처럼 정보를 이어나감.

음독 **らく** 　 連絡　れんらく　연락　　脈絡　みゃくらく　맥락

훈독 **からむ** 　 絡む　からむ　(자) 얽히다, 휘감기다

からまる 　 絡まる　からまる　(자) 복잡하게 뒤얽히다

からめる 　 絡める　からめる　(타) 휘감다, 관련시키다

0515

신을 리

履

JLPT N1 | 중, 고등 | 부수 尸

몸의 회복(复)이 끝난 사람이 의자에 걸터앉아(尸) 신발을 신은 후, 병문안을 해준 사람들에게 감사인사를 전하러 감(彳).

음독 **り** 　 履歴書　りれきしょ　이력서　　草履　ぞうり　짚신, 샌들　　履行　りこう　이행

훈독 **はく** 　 履く　はく　(타) (신발 등을) 신다

회복할 복

병이 완치(复)된 사람이 자신을 도와줬던 사람들을 찾아다니며(彳) 감사의 인사를 전하고 있는 모습.

회복할 복 부수

기적같이 몸이 완치되어 이리저리 뛰어다니며(夂) 기뻐하는(日) 사람(人)의 모습. 집 밖을 맴돎.

0516

다시 복

覆

JLPT N1 | 중, 고등 | 부수 襾 西 覀

병이 나아(复) 기뻐서 여기저기 뛰어 다니다가(彳) 크게 넘어져 다침. 다시 이불을 덮고(覀) 요양하게 됨.

음독 **ふく**　　覆面 ふくめん 복면　　転覆 てんぷく (배, 차량의) 전복, (정권, 체제의) 붕괴

훈독 **おおう**　　覆う おおう (타) 덮다, 가리다

くつがえす　　覆す くつがえす (타) 뒤엎다, 전복시키다

くつがえる　　覆る くつがえる (자) 뒤집히다, 전복되다

덮을 아

뭔가를 천으로 덮고 있는 사람의 모습.

닭 유, 술독 유

술독에서 새어 나온 술을 마시다 기절해 버린 닭의 모습. 십이지의 닭을 말하기도 함.

UPGRADE!

01

확인문제

한자표기 다음 단어의 한자 표기로 적당한 것을 고르세요.

01 きかく ① 捗画 ② 卸画 ③ 企画

02 こうてい ① 肯定 ② 企定 ③ 渉定

03 こうしょう ① 交捗 ② 交渉 ③ 交渋

04 ひんど ① 頻度 ② 賓度 ③ 渉度

05 いだい ① 緯大 ② 韓大 ③ 偉大

한자읽기 다음 한자의 읽는 법을 고르고 빈칸에 뜻을 적으세요.

06 緯度 ① いど ② りど ③ にど [ ]

07 乏しい ① とぼしい ② けわしい ③ いとしい [ ]

08 衛生 ① えせい ② へいせい ③ えいせい [ ]

09 舞台 ① むたい ② ぶたい ③ ふたい [ ]

10 傑作 ① けっさく ② げっさく ③ ねっさく [ ]

정 답 01 ③ 기획 02 ① 긍정 03 ② 교섭 04 ① 빈도 05 ③ 위대 06 ① 위도 07 ① 모자라다, 가난하다 08 ③ 위성 09 ② 무대 10 ① 걸작

02

발 관련 한자 2(17자)

0517

재촉할 촉

促

JLPT N1 | 중, 고등 | 부수 人亻

약속 시간에 늦은 사람에게 빨리 나가라고(足) 옆에서 재촉하고 있는 사람(亻)의 모습.

음독	**そく**	催促 さいそく 재촉	促進 そくしん 촉진	督促 とくそく 독촉
훈독	**うながす**	促す うながす (타) 재촉하다, 유도하다		

0518

잡을 착

捉

상급한자 | 고등 이상 | 부수 手扌

소지품을 두고 나가는(足) 손님을 뒤에서 붙잡음(扌).

음독	**そく**	捕捉 ほそく 포착
훈독	**とらえる**	捉える とらえる (타) (개념, 의미, 기회를) 잡다, 이해하다

재미있는 한자 이야기

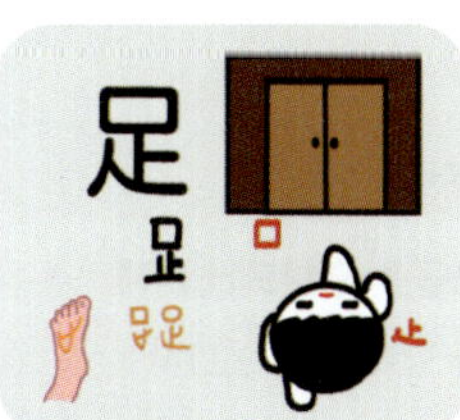

발 족

입구(口)나 출구를 향해 발걸음을 옮기는(止) 사람의 모습. 인력의 수를 뜻하기도 함. 부족하다. 만족하다.

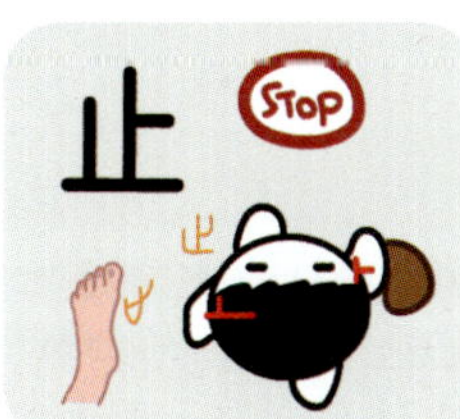

그칠 지

목적지에 도착해 발걸음을 멈춤. 원래는 발을 그린 한자로 '나아가다'라는 뜻을 가지고 있었으나, 현재는 '멈추다'라는 뜻으로 사용됨.

0519

자취 종

踪

상급한자 | 고등 이상 | 부수 足

성문 밖으로 나가려는(足) 탈옥수를 엄청 높은 망루(宗) 위에서 찾고 있는 모습.

음독 そう

失踪 しっそう 실종　　踪跡 そうせき 종적, 흔적

0520

밟을 답

踏

JLPT N1 | 중, 고등 | 부수 足

문 밖으로 나오다가(足) 흙탕물(水)을 밟아 으악 소리침(曰). 어떤 사건을 직접 경험해봄.

음독 とう

踏破 とうは 완주함　　踏襲 とうしゅう 답습

훈독 ふまえる

踏まえる ふまえる (타) (어떤 것에) 근거하다, 기반하다

ふむ

踏む ふむ (타) 밟다, 디디다

踏切 ふみきり 철도 건널목

0521

칠 정

征

JLPT N1 | 중, 고등 | 부수 彳

여기 저기서 쳐들어 오는 적군들을 바로 잡기 위해(正) 바삐 움직임 (彳).

음독 せい

征服 せいふく 정복　　遠征 えんせい 원정

出征 しゅっせい 출정, 전쟁터로 출발함

마루 종

왠만한 집(宀)보다 높은, 제단(示) 중에서도 가장 높은 제단의 모습. 어떤 신이나 신념을 섬기는 무리를 뜻하기도 함.

바를 정

침략자들을 무찌르기 위해 적군을 향해 돌진(止)하는 병사의 모습. 혼란을 바로잡음. 그러는 게 올바름.

0522

증거 증

証

JLPT N3 | 초등 5학년 | 부수 言

証 証

과거 전쟁터에 나가서 입은 상처를 보여주며 정직(正)한 자신의 말(言)을 믿으라 함.

음독 **しょう**

証明 しょうめい 증명　証拠 しょうこ 증거　保証 ほしょう 보증

証言 しょうげん 증언　証人 しょうにん 증인

훈독 **あかし**

証 あかし 증거, 증표, 징표

0523

증세 증

症

JLPT N1 | 중, 고등 | 부수 疒

症 症

과거 병사 시절 전쟁터에 나갔다가(正) 입은 상처가 은퇴 후에도 계속 아픔(疒).

음독 **しょう**

症状 しょうじょう 증상　重症 じゅうしょう 중증　炎症 えんしょう 염증

症候群 しょうこうぐん 증후군

0524

터질 탄

綻

JLPT N1 | 중, 고등 | 부수 糸

綻 綻

중요한 계약을 확정(定)시키기 위해 선물로 비싼 비단 옷을 들고 갔는데, 옷의 실밥(糸)이 다 터져 있어 매우 곤란해 하고 있는 사람의 모습.

음독 **たん**

破綻 はたん 파탄

훈독 **ほころびる**

綻びる ほころびる (자) (바느질, 천 등이) 풀리다, (표정이) 풀리다, (상태가) 무너지기 시작하다

정할 정

중요한 계약을 결정짓기 위해 거래하기로 한 사람의 집(宀)으로 선물을 들고 찾아감(疋).

짝 필

선물로 비단을 들고 어딘 가에 찾아감(止). 비단 한 필(疋).

0525

덩이 정

錠

JLPT N1 | 중, 고등 | 부수 金

錠 錠

자물쇠(金)로 문을 잠가 계약을 하지 않으려는 사람과, 그런 그를 설득하기 위해 비싼 비단과 알약, 신선로(金)를 선물로 들고 가는(定) 사람의 모습.

음독 **じょう**

錠 じょう 자물쇠, 알약　　手錠 てじょう 수갑　　錠前 じょうまえ 자물쇠

錠剤 じょうざい 알약

0526

둑 제

堤

JLPT N1 | 중, 고등 | 부수 土

堤 堤

해가 지기 전 성을 점령하려고 하는(是) 병사들과 그들을 막기 위해 둑(土)을 쌓아 방어하는 병사들의 모습.

음독 **てい**

堤防 ていぼう 제방

훈독 **つつみ**

堤 つつみ 제방, 둑

0527

사위 서

婿

JLPT N1 | 중, 고등 | 부수 女

婿 婿

신부(女)의 집으로 선물로 비싼 고기(肉)를 들고 가는(疋) 신랑의 모습.

음독 **せい**

女婿 じょせい 딸의 남편, 사위　**참고어휘**　현대 일본어에서는 사용하지 않아요.

훈독 **むこ**

婿 むこ 사위, 신랑

옳을 시

성문 밖은 매우 위험하니 해(日)가 지기 전까지 안으로 들어가는(疋) 것이 올바름. 일본에서는 상사에게 부디 올바른 판단을 하게 해달라는 의미에서 제발이라는 의미도 가짐. 시비를 가리다.

0528

엉길 응

凝

JLPT N1 | 중, 고등 | 부수 冫

추운 겨울(冫) 날 비수(匕)와 화살(矢)로 너덜너덜해 진 갑옷을 입고 귀환(疋)하고 있는 병사들의 모습. 갑옷에 얼음이 엉기어 있음.

음독 ぎょう

凝縮 ぎょうしゅく 응축　　凝固 ぎょうこ 응고　　凝視 ぎょうし 응시

훈독 こらす

凝らす こらす (타) 집중하다, 정성을 쏟다

こる

凝る こる (자) (근육이) 뻐근하다, 몰두하다

0529

비길 의

擬

JLPT N1 | 중, 고등 | 부수 手扌

비수(匕)와 화살(矢)로 너덜너덜해 진 갑옷을 입고, 지팡이(扌)를 짚은 채 귀환(疋) 하고 있는 병사들을 철 없이 따라하고 있는 아이들의 모습. 흉내내다.

음독 ぎ

模擬 もぎ 모의　　擬音語 ぎおんご 의성어　　擬人法 ぎじんほう 의인법

0530

졸할 졸

拙

JLPT N1 | 중, 고등 | 부수 手扌

조금만 지적(扌)해도 화내거나 울면서 뛰쳐나가는(出) 졸렬한 사람을 말함.

음독 せつ

拙劣 せつれつ 졸렬　　拙速 せっそく 졸속

훈독 つたない

拙い つたない 졸렬하다, 무능하다

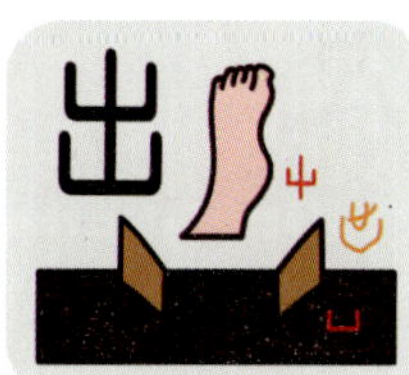

날 출

0531

굽힐 굴

屈

JLPT N1 | 중, 고등 | 부수 尸

출구가 엄청 작아 몸을 웅크려야(尸) 나갈(出) 수 있음. 몸을 굽힘. 갑갑함.

음독 くつ

屈辱 くつじょく 굴욕

卑屈 ひくつ 비굴

退屈 たいくつ 따분함, 무료함

窮屈 きゅうくつ 갑갑함, 어려움

不屈 ふくつ 불굴

理屈 りくつ 이치, 논리, 궤변

0532

굴 굴

堀

JLPT N1 | 중, 고등 | 부수 土

수로를 만들기 위해 몸을 굽혀(屈) 성 근처의 땅(土)을 전력으로 파냄.

훈독 ほり

堀 ほり 땅을 파서 만든 수로

外堀 そとぼり 성 바깥 둘레의 수로

0533

동굴 굴

窟

상급한자 | 고등 이상 | 부수 穴

삽으로 땅을 파 사람이 몸을 굽혀(屈) 겨우 들어갈 수 있을 정도의 구멍(穴)을 만듦.

음독 くつ

洞窟 どうくつ 동굴

巣窟 そうくつ 소굴

구멍 혈

넓은 동굴의 입구.
또는 지푸라기로 엮은
움집을 그린 모습.

UPGRADE!

02

확인문제

한자표기 **다음 단어의 한자 표기로 적당한 것을 고르세요.**

01	そくしん	① 促進	② 捉進	③ 踪進
02	せいふく	① 症服	② 証服	③ 征服
03	しょうめい	① 症明	② 征明	③ 証明
04	しょうじょう	① 征状	② 症状	③ 証状
05	ていぼう	① 是防	② 婿防	③ 堤防

한자읽기 **다음 한자의 읽는 법을 고르고 빈칸에 뜻을 적으세요.**

06	退屈	① たいぐつ	② たいくつ	③ たいこつ	
07	促す	① うながす	② うまがす	③ あまがす	
08	踏む	① くむ	② ほむ	③ ふむ	
09	証	① あかし	② まかし	③ ゆかし	
10	手錠	① てしょう	② てじょう	③ てじょ	

정답 01 ① 촉진 02 ③ 정복 03 ③ 증명 04 ② 증상 05 ③ 제방 06 ② 따분함 07 ① 재촉하다 08 ③ 밟다 09 ① 증거 10 ② 수갑

03 눈 관련 한자(17자)

0534

눈썹 미

眉

JLPT N1 | 중, 고등 | 부수 目 罒

눈(目)과 눈썹을 그린 모습.

음독 み　眉間 みけん 미간

び　焦眉 しょうび 초미, 매우 급함

훈독 まゆ　眉 まゆ 눈썹　眉毛 まゆげ 눈썹 (眉보다 실생활 표현)

0535

무릅쓸 모

冒

JLPT N1 | 중, 고등 | 부수 曰

모험을 하기 전에 결연한 눈빛(目)으로 두건을 꽉 동여매는 사람의 모습.

음독 ぼう　冒険 ぼうけん 모험　冒頭 ぼうとう 서두, 첫머리

훈독 おかす　冒す おかす (타) (위험을) 무릅쓰다, (금기, 명령 등을) 범하다

0536

모자 모

帽

JLPT N2 | 중, 고등 | 부수 巾

모험(冒)을 떠나기 전에 결연한 눈빛으로 두건을 동여매고, 그 위에 모자를 쓰려 하는 사람의 모습. 천(巾) 위에 천을 덮음.

음독 ぼう　帽子 ぼうし 모자　脱帽 だつぼう 모자를 벗음

0537

밀가루 면

麺

상급한자 | 고등 이상 | 부수 麥麦

麺 麺

국수를 만들다 보면 얼굴(面)에 자주 밀가루(麦)가 묻음.

음독 **めん**

麺 めん 면　　麺類 めんるい 면류

0538

비름 현

寛

JLPT N1 | 중, 고등 | 부수 宀

寛 寛

집(宀)에서 화초(艹)에게 물을 주며 싱긋 웃고 있는 사람(見)의 모습. 자신보다 작고 약한 생물에게 잘해줌.

음독 **かん**

寛容 かんよう 관용　　寛大 かんだい 관대

훈독 **くつろぐ**

寛ぐ くつろぐ (자) 느긋하게 쉬다, 편하게 지내다

0539

항목 항

項

JLPT N1 | 중, 고등 | 부수 頁

項 項

꼼꼼하게 필요한 재료들을 확인(頁)하며 물건을 만들고 있는 장인(工)의 모습.

음독 **こう**

項 こう 항, 조항　　条項 じょうこう 조항　　項目 こうもく 항목

事項 じこう 사항

보리 맥

보리를 그린 모습.

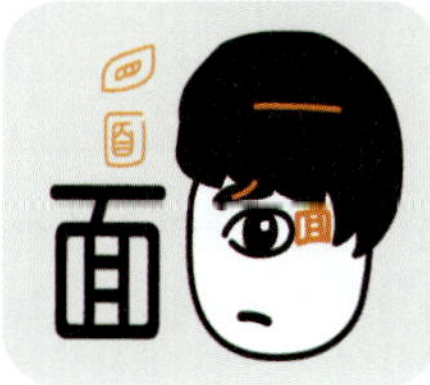

낯 면

사람의 얼굴을 그린 모습.
국수를 만들 때 밀가루가 자주 묻는
부위. 얼굴이나 어떤 사물의 면을 뜻함.

머리 혈

머리, 눈, 팔 다리 전반을
뜻했으나 현재는 머리를 지칭함.

0540

번거로울 번

煩

JLPT N1 | 중, 고등 | 부수 火 灬

머리(頁) 높이 까지 불씨(火)들이 마구 치솟아 올라와 매우 번거로움.

음독 はん　煩雑　はんざつ　번잡

ぼん　煩悩　ぼんのう　번뇌

훈독 わずらう　煩う　わずらう　(자) 병들다, 고민하다

煩わしい　わずらわしい　귀찮다, 번거롭다

わずらわす　煩わす　わずらわす　(타) 번거롭게 하다, 성가시게 하다

0541

턱 악

顎

상급한자 | 고등 이상 | 부수 頁

유명한 작가의 작품(亐)이 경매에 올라오자 자기가 사겠다고 고함(吅)을 치는 사람들의 모습. 작가(頁)가 턱을 치켜 세우며 그것을 흐뭇하게 바라봄.

음독 がく　下顎　かがく　아래턱

훈독 あご　顎　あご　턱

참고어휘

공교할 교

어딘 가에 글자나 문양을 공교하게 새김(丂,亐,亐).

0542

잠깐 경

頃

상급한자 | 고등 이상 | 부수 頁

잠깐 밭일에 나가 있던 사이에 잠들어 있던 아이(匕)가 깨어 곤란해 하는 부모(頁)의 모습. 너도 어렸을 땐 말이야 저렇게 온종일 울었단다.

훈독 ころ　頃　ころ　때, 무렵, 쯤　一頃　ひところ　한 때　日頃　ひごろ　평소, 늘

0543

기울 경

傾

JLPT N2 | 중, 고등 | 부수 人亻

傾 傾

어머니(亻)가 아이(匕)를 조심히 기울여 아버지(頁)에게 건네는 모습.

음독 **けい**　傾向 けいこう 경향　傾斜 けいしゃ 경사

훈독 **かたむく**　傾く かたむく (자) 기울다, 비스듬해지다

かたむける　傾ける かたむける (타) 기울이다, 비스듬히 하다

0544

모름지기 수

須

JLPT N1 | 중, 고등 | 부수 彡

須 須

모름지기 사람이라면 얼굴(頁)에 털(彡)이 날 수 밖에 없음. 어린아이가 마침내 수염이 나 제구실을 함.

음독 **す**　必須 ひっす 필수

0545

근심 우

憂

JLPT N1 | 중, 고등 | 부수 心忄

憂 憂

아픈 자식이 걱정(心)되어, 식탁(冖) 위로 몸에 좋은 것을 이것저것 가져오고 있는(夊) 부모(頁)의 모습.

음독 **ゆう**　憂慮 ゆうりょ 우려　憂鬱 ゆううつ 우울

훈독 **うれい**　憂い·愁い うれい 근심, 우려

うれえる　憂える·愁える うれえる (타) 근심하다, 우려하다

うい　物憂い ものうい 나른하고 우울하다

0546

적을 과

寡

JLPT N1 | 중, 고등 | 부수 宀

전쟁으로 남편을 잃어 집(宀)에 혼자 밖에 없는 과부가, 그저 허망하게 의자에 걸터앉아(夏) 거리에서 뛰노는 아이들을 지켜보고 있는 모습.

음독 か

寡黙 かもく 과묵　　寡婦 かふ 과부

0547

삼갈 신

慎

JLPT N1 | 중, 고등 | 부수 心 忄

제사를 준비하는 신관이 신중히(心) 제기(真)에 성수를 채우고 있는 모습.

음독 しん

慎重 しんちょう 신중　　謹慎 きんしん 근신

훈독 つつしむ

慎む つつしむ (타) 삼가다, 조심하다

참 진

순진한 눈빛(目)을 가진 신관이, 국자(匕)로
제사용 제기(鼎)에 맑은 물을 채우고 있는 모습.
그 마음에 거짓이 없음.

0548

진압할 진

鎮

JLPT N1 | 중, 고등 | 부수 金

제사(眞)에 쓸 고기를 만들기 위해 솥뚜껑(金) 위에 돌을 올려놓음. 불이 너무 세서 증기에 뚜껑이 날라갈까봐 돌을 올려놓음.

음독 ちん

鎮圧 ちんあつ 진압　　鎮痛 ちんつう 진통　　鎮静 ちんせい 진정

훈독 しずまる

鎮まる しずまる (자) 진정되다, 가라앉다

しずめる

鎮める しずめる (타) 가라앉히다, 진정시키다

0549

메울 전

塡

상급한자 | 고등 이상 | 부수 土

제사용 제기(眞)에 흙(土)을 채운 후 향을 꽂음.

현대 일본어에서는 거의 사용되지 않는 한자로 의미만 확인해주세요.

음독 てん

補塡 ほてん 보전, 보충

装塡 そうてん 장전, 탄약을 채움

0550

불릴 식

殖

JLPT N1 | 중, 고등 | 부수 歹 歺

병사(直)들을 시켜 적군들을 죽이게 하고(歹) 자국의 시민들을 데려와 살게 함.

음독 しょく

繁殖 はんしょく 번식

利殖 りしょく 이식

増殖 ぞうしょく 증식

훈독 ふえる

殖える ふえる (자) (생물, 재산 등이) 늘어나다, 증식되다

ふやす

殖やす ふやす (타) (생물, 재산 등을) 늘리다, 증식시키다

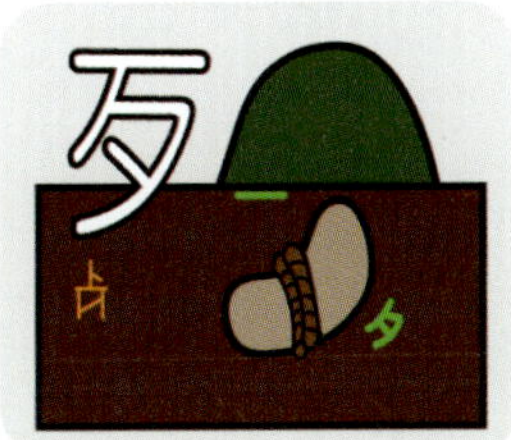

살바른 뼈 알

부러진 뼈 또는 시신(歹)이
땅 아래 묻혀있음.

UPGRADE! 03

확인문제

한자표기 **다음 단어의 한자 표기로 적당한 것을 고르세요.**

01	ぼうけん	① 某険	② 帽険	③ 冒険
02	はんしょく	① 繁殖	② 煩殖	③ 煩植
03	かんよう	① 克容	② 寛容	③ 観容
04	こうもく	① 傾目	② 項目	③ 頃目
05	けいこう	① 傾向	② 須向	③ 顎向

한자읽기 **다음 한자의 읽는 법을 고르고 빈칸에 뜻을 적으세요.**

		①	②	③	뜻
06	慎重	① じんちょう	② ちんちょう	③ しんちょう	
07	眉	① なゆ	② まつ	③ まゆ	
08	顎	① あご	② あこ	③ あぐ	
09	傾く	① がたむく	② かたむく	③ たかむく	
10	慎む	① つうしむ	② ととしむ	③ つつしむ	

정답 01 ③ 모험 02 ① 번식 03 ② 관용 04 ② 항목 05 ① 경향 06 ③ 신중 07 ③ 눈썹 08 ① 턱 09 ② 기울다 10 ③ 삼가다

04 코, 귀 관련 한자(10자)

0551

쉴 게

憩

JLPT N1 | 중, 고등 | 부수 心忄

혀(舌)가 보일 정도로 크게 하품하며, 하던 일을 멈추고 산공기를 마시며(自) 느긋하게(心) 휴식함.

음독	**けい**	休憩 きゅうけい	휴게
훈독	**いこい**	憩い いこい	푹 쉼, 휴식
	いこう	憩う いこう	(자) 푹 쉬다, 휴식하다

0552

냄새 취

臭

JLPT N1 | 중, 고등 | 부수 自

악취(自)가 심각한 개(犬) 때문에 눈살을 찌푸림. (원래 한자 부수는 '개 견'이었음.)

음독	**しゅう**	悪臭 あくしゅう	악취		
훈독	**くさい**	臭い くさい	고약한 냄새가 나다, 수상하다	面倒臭い めんどくさい	귀찮다, 번거롭다
	におう	臭う におう	(자) 냄새가 나다, 낌새가 풍기다		

재미있는 한자 이야기

스스로 자

코를 그린 모습. 영혼(숨)이 오가는 부위라 생각해 고대 동양인은 자신을 가리킬 때 코를 가리키곤 했음.

혀 설

혀를 열심히 놀려가며 뭐라뭐라 지시를 내림. 원래는 뱀의 혀를 나타낸 한자였음.

0553

맡을 후

嗅

상급한자 I 고등 이상 I 부수 口

냄새(自)를 맡고 음식을 향해 달려가며 짖는(口) 개(犬)의 모습.

음독 **きゅう** 嗅覚 きゅうかく 후각

훈독 **かぐ** 嗅ぐ かぐ (타) 냄새를 맡다

0554

미끼 이

餌

상급한자 I 고등 이상 I 부수 食 飠

밥(食)이 다 됐다는 소리를 듣자(耳)마자 바로 달려오는 사람의 모습.

음독 **じ** 食餌 しょくじ 식이, 영양 섭취　食餌療法 しょくじりょうほう 식이요법

훈독 **え** 餌 え 먹이, 사료, 미끼

えさ 餌 えさ 먹이, 사료, 미끼 (え보다 좀 더 일상적인 표현)

0555

당길 섭

摂

JLPT N1 I 중, 고등 I 부수 手 扌

중요한 작전을 의논하기 위해 지휘관이 지휘봉(扌)을 휘두르며 신하(聶)들을 모음.

음독 **せつ** 摂取 せっしゅ 섭취　摂生 せっせい (건강을 위해) 절제함　包摂 ほうせつ 포섭

0556

부끄러울 치

恥

JLPT N2 | 중, 고등 | 부수 心 忄

귀(耳)가 빨개질 정도로 부끄러워함(心).

음독 **ち**

無恥 むち 염치를 모름 　 恥辱 ちじょく 치욕 　 羞恥 しゅうち 수치

훈독

はずかしい	恥ずかしい	はずかしい	부끄럽다, 창피하다
はじ	恥	はじ	창피, 수치
はじらう	恥じらう	はじらう	(자) 부끄러워하다, 수줍어하다
はじる	恥じる	はじる	(자) 부끄러이 여기다

0557

부끄러울 수

羞

상급한자 | 고등 이상 | 부수 羊

수갑(丑)을 찬 채 땅에 엎드려 있는 죄수가 보리(麦)로 얼굴을 가리며 부끄러워함.

음독 **しゅう**

羞恥 しゅうち 수치

보리 맥

보리를 그린 모습.

수갑 추

옛 수갑을 그린 모습

0558

모을 촬

撮

JLPT N1 | 중, 고등 | 부수 手 扌

사진을 찍기(扌) 위해 사람들을 불러 모음(最).

음독 **さつ** 撮影 さつえい 촬영

훈독 **とる** 撮る とる (타) 찍다, 촬영하다

가장 최

가장 권력이 센 사람이 사람들을 불러(日, 耳) 모으고 있는(又) 모습.

0559

감히 감

敢

JLPT N1 | 중, 고등 | 부수 攵/攴

범죄자의 귀(耳)를 끌어와 벌(攵)을 주고 있는 용감(敢)한 경찰의 모습.

음독 **かん** 勇敢 ゆうかん 용감 果敢 かかん 과감

훈독 **あえて** 敢えて あえて 굳이, 일부러, 감히

0560

엄할 엄

厳

JLPT N2 | 6학년 | 부수 ⺍

흉악한 범죄자를 보안이 철저한 형장에 끌고 와(敢) 엄벌을 내림. 곡소리(⺌厂)가 건물 밖까지 새어나옴.

음독 **げん**

厳重 げんじゅう 엄중　厳格 げんかく 엄격　尊厳 そんげん 존엄

厳密 げんみつ 엄밀　厳選 げんせん 엄선　威厳 いげん 위엄

厳禁 げんきん 엄금　厳守 げんしゅ 엄수

ごん

華厳 けごん 화엄 (불교 용어로 '득도의 경지'를 뜻함) 참고어휘

훈독 **きびしい**

厳しい きびしい 엄하다, 심하다

おごそか

厳か おごそか 엄숙함

UPGRADE!

04

확인문제

한자표기 **다음 단어의 한자 표기로 적당한 것을 고르세요.**

01	きゅうけい	① 休嗅	② 休憩	③ 休臭
02	あくしゅう	① 悪臭	② 悪憩	③ 悪嗅
03	かぐ	① 憩ぐ	② 臭ぐ	③ 嗅ぐ
04	さつえい	① 敢影	② 撮影	③ 摂影
05	ゆうかん	① 勇敢	② 勇摂	③ 勇厳

한자읽기 **다음 한자의 읽는 법을 고르고 빈칸에 뜻을 적으세요.**

06	厳格	① けんかく	② げんかく	③ ごんかく	
07	厳しい	① きびしい	② ひびしい	③ しびしい	
08	撮る	① おる	② とる	③ さる	
09	恥	① はじ	② ねじ	③ もち	
10	餌	① えさ	② あさ	③ えしゃ	

정답 01 ② 휴게, 휴식 02 ① 악취 03 ③ 냄새를 맡다 04 ② 촬영 05 ① 용감 06 ② 엄격 07 ① 엄하다 08 ② 찍다 09 ① 창피 10 ① 먹이

05

나무, 목재 가구 관련 한자(41자)

0561

성씨 씨

氏

JLPT N3 | 초등 4학년 | 부수 氏

절벽에 드러난 나무 뿌리를 그린 모습. 같은 뿌리를 가진 사람들을 말함.

음독 し　　氏 し ~씨　　氏名 しめい 성과 이름　　彼氏 かれし 남자친구

훈독 うじ　　氏 うじ 가문, 문벌

0562

막을 저

抵

JLPT N1 | 중, 고등 | 부수 手 扌

산사태(氏)를 막기 위해 나무 판자를 들고 와(扌) 덧댐.

음독 てい　　抵抗 ていこう 저항　　大抵 たいてい 대부분, 대개

0563

집 저

邸

JLPT N1 | 중, 고등 | 부수 邑 阝

산사태(氐)와 침수 걱정이 없는 언덕(阝) 위의 저택을 그린 모습.

음독 てい　　邸宅 ていたく 저택　　公邸 こうてい 공저, 관저

0564

베풀 진

陳

JLPT N1 | 중, 고등 | 부수 阜 阝

해가 아직 나무에 걸쳐 있는 이른 아침(東), 한 장수가 전장에 나가기 전에 언덕(阝) 위에서 연설로 병사들의 마음을 진정시키고 있는 모습.

음독 **ちん** 陳列 ちんれつ 진열 開陳 かいちん 개진, (생각이나 의지 등을) 펼쳐 보임

동녘 동
동쪽에서 아침 해(日)가 나무(木) 뒤로 떠오르고 있는 모습. 또는 어떤 뭉치를 나타냄.

0565

마룻대 동

棟

JLPT N1 | 중, 고등 | 부수 木

나무에 해가 걸쳐있는 것(東)처럼 목조 건물(木)의 가장 높은 부분에 해가 걸쳐 있는 모습.

음독 **とう** ~棟 ~とう ~동 (집수를 세는 말) 病棟 びょうとう 병동, 병원 건물

훈독 **むね** 別棟 べつむね 별동, 별채

むな 棟木 むなぎ 마룻대로 쓰는 목재

0566

단련할 련

錬

JLPT N1 | 중, 고등 | 부수 金

쇠(金)의 뭉치(東)를 단단하게 만들기 위해 화로 위에 올려놓은 모습.

음독 **れん** 鍛錬 たんれん 단련 精錬 せいれん 정제 錬金術 れんきんじゅつ 연금술

0567

난간 란

欄

JLPT N1 | 중, 고등 | 부수 木

방금 막 일어난 사람이 문(門)을 열고 나와, 나무 난간(木)에 몸을 기댄 채 아침 해(東)를 바라보고 있는 모습.

음독 **らん**　　欄　らん　칸, 항목, 코너　　欄干　らんかん　난간　　空欄　くうらん　공란

0568

얼 동

凍

JLPT N3 | 중, 고등 | 부수 冫

추운 겨울 해가 아직 나무에 걸쳐 있는 이른 아침(東), 아직 땅의 모든 것이 전부 얼어(冫) 있는 모습.

음독 **とう**　　凍結　とうけつ　동결　　冷凍　れいとう　냉동　　凍死　とうし　동사

훈독 **こおる**　　凍る　こおる　(자) 얼다, 얼어붙다　　氷·凍り　こおり　얼음

こごえる　　凍える　こごえる　(자) 얼다, 추워서 몸에 감각이 없어지다

0569

삼나무 삼

杉

JLPT N1 | 중, 고등 | 부수 木

털처럼 생긴 잎을 가진 나무인 삼나무를 말함.

훈독 **すぎ**　　杉　すぎ　삼나무

0570

옻 칠

漆

JLPT N1 | 중, 고등 | 부수 氵

옻나무(木)에서 아주 귀중한 진액(氵)인 옻 진액(桼)이 나오고 있는 모습. 옻 진액은 방수 코팅 및 디자인 등 아주 다양한 용도로 사용되었음.

음독 しつ

漆器 しっき 칠기 (옻칠한 그릇, 또는 물건들)

훈독 うるし

漆 うるし 옻나무, 옻

0571

무릎 슬

膝

상급한자 | 고등 이상 | 부수 肉 月

아주 귀중한 옻나무 진액(桼)을 한 방울이라도 흘릴까 봐 바닥에 무릎(肉)을 붙이고 통을 내밈. 무릎, 슬개골 등을 말함.

훈독 ひざ

膝 ひざ 무릎　　膝枕 ひざまくら 무릎 베개

옻나무 칠

옻나무(木)에서 아주 귀중한
옻 진액(水)이 흘러나오고 있는 모습.

0572

책력 력

暦

JLPT N1 | 중, 고등 | 부수 日

산기슭(厂) 수풀(林) 너머로 해(日)가 뜨고 짐. 하루가 흘러감.

음독 れき

西暦 せいれき 서력, 서기　　還暦 かんれき 환갑

훈독 こよみ

暦 こよみ 달력　　暦の上では(달력상으로는)의 형태로 자주 사용해요.

0573

楼

JLPT N1 | 중, 고등 | 부수 木

나무(木)로 만든 누각에서 예쁜 시녀(女)들과 함께 밥(米)을 먹고 있는 권력자의 모습.

음독 **ろう**

楼閣 ろうかく (전통 건축물) 누각　　望楼 ぼうろう (감시용) 망루

0574

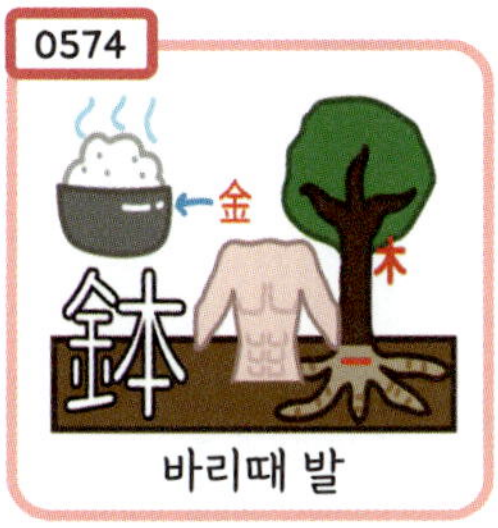

鉢

JLPT N1 | 중, 고등 | 부수 金

쇠(金)로 만든 밥사발에 밥을 가득 담음. 밥을 먹으니 몸에서 힘이 남(本).

음독 **はち**

鉢 はち 사발, 화분　　小鉢 こばち 작은 그릇, 곁들이 반찬

はつ

衣鉢 いはつ (불교 용어) 가르침을 계승함 참고어휘

0575

繰

JLPT N1 | 중, 고등 | 부수 糸

목화(喿)로 실(糸)을 만듦. 씨아를 돌려 목화에서 씨를 뽑아낸 다음, 실패에 목면을 연결한 채 물레에 돌리면 실이 완성되었음. 감다. 굴리다. 반복하다.

훈독 **くる**

繰る	くる	(타) 1. (실·밧줄을) 감다, 당기다　2. (책장, 달력을) 넘기다
繰り返す	くりかえす	(타) 반복하다
引っ繰り返る	ひっくりかえる	(자) (사람, 물건 등이) 뒤집히다, (상황, 결과가) 뒤바뀌다

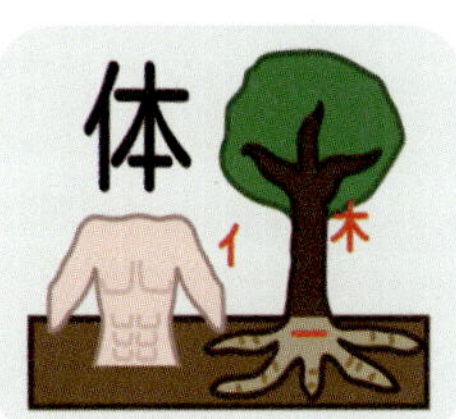

몸 체

나무의 뿌리(本)처럼 사람(人)이라는 존재의 근본이 되는 것, 신체.

울 조

나무(木) 위에서 새들이 울고(品) 있는 모습. 혹은 그렇게 생긴 식물들을 말함.

0576

마름 조

藻

JLPT N1 | 중, 고등 | 부수 艸 艹

뱃놀이를 하며 물(氵)에서 나는 아름다운 수초(艹) 중 하나인 마름(喿)을 구경함. 유유히 시를 읊음. 현대엔 해조류 전반을 가리키는 한자로도 사용됨.

음독 **そう**　海藻類　かいそうるい　해조류　　詞藻　しそう　사조, 문장을 꾸미는 말

훈독 **も**　藻草　もぐさ　해초, 수초

0577

불을 자

滋

JLPT N2 | 초등 4학년 | 부수 氵

비가 많이 내려 물(氵)이 버드나무 이파리(茲) 마냥 흘러 넘침. 좋은 것이 늘어남.

음독 **じ**　滋養　じよう　자양, 영양　　滋味　じみ　깊은 맛, 맛이 좋은 음식

예외　滋賀県　しがけん　시가현 (일본 킨키 지방 동북부에 있는 현)

0578

사랑 자

慈

JLPT N1 | 중, 고등 | 부수 心 忄

잎이 무성한 버드나무 이파리(茲)처럼 사랑의 마음(心)을 여기저기 흩뿌림.

음독 **じ**　慈善　じぜん　자선　　慈悲　じひ　자비　　慈愛　じあい　자애

훈독 **いつくしむ**　慈しむ　いつくしむ　(타) 자비를 베풀다, 따뜻한 마음으로 돌보다

무성할 자

마치 줄(幺)처럼 잎(艹)이 무성하게
자라 있는 버드나무과의 나무를 말함.

0579

붉을 주

朱

JLPT N1 | 중, 고등 | 부수 木

朱 朱

자르면 내부가 붉은색인 주목나무를 그림. 열매도 붉은색이었음.

음독 **しゅ**

朱肉　しゅにく　인주, 도장에 묻히는 붉은 염료

0580

구슬 주

珠

JLPT N1 | 중, 고등 | 부수 玉 王

珠 珠

주목나무(朱)로 만든 붉은 구슬(玉)을 말함. 스님들이 들고 다니는 붉은 염주의 주재료였음.

음독 **しゅ**

真珠　しんじゅ　(조개의) 진주

珠玉　しゅぎょく　주옥 (아름다움을 찬양하는 표현)

0581

다를 수

殊

JLPT N1 | 중, 고등 | 부수 歹 歺

殊 殊

고대인은 주목나무(朱)의 붉은 안쪽 부분을 보며, 나무 안에 조상님(歹)의 영혼이 깃들어 피를 머금고 있는 게 아닐까 상상했음. 함부로 건드려선 안되는 특수한 나무.

음독 **しゅ**

特殊　とくしゅ　특수

殊勲　しゅくん　수훈, 빼어난 공훈

훈독 **こと**

殊更　ことさら　일부러, 유난히, 작위적으로

0582

침 타

唾

상급한자 | 고등 이상 | 부수 口

버드나무 잎사귀(垂) 마냥 입(口)에 침이 주렁주렁 매달려 있는 모습.

음독 だ　　唾液　だえき　타액, 침

훈독 つば　　唾　つば　침

드리울 수

수양버들의 긴 잎사귀가 치렁치렁 드리워져 있는 모습. 수직(垂).

0583

졸음 수

睡

JLPT N1 | 중, 고등 | 부수 目 罒

살랑살랑 흔들리는 수양버들(垂) 잎사귀 소리를 듣고 있자니 눈(目)이 절로 감김.

음독 すい　　睡眠　すいみん　수면　　一睡　いっすい　한 잠　　熟睡　じゅくすい　숙면

0584

빛날 화

華

JLPT N1 | 중, 고등 | 부수 艸 艹

수양버들(垂)에 꽃(艹)이 화려하게 피어있는 모습.

음독 か　　豪華　ごうか　호화　　繁華街　はんかがい　번화가　　中華　ちゅうか　중화, 중국식

け　　華厳　けごん　(불교) 화엄　참고어휘

훈독 はな　　華やか　はなやか　밝고 화려함

華々しい　はなばなしい　눈부시게 화려하다, 찬란하다, 대단하다

0585

남을 잉

剩

JLPT N1 | 중, 고등 | 부수 刀 刂

剩 剩

나무(乗) 위로 올라가 칼(刂)로 과일을 따서 가져감. 먹고도 남음.

음독 じょう

剩余 じょうよ 잉여　　過剰 かじょう 과잉

0586

어두울 매

昧

상급한자 | 고등 이상 | 부수 日

昧 昧

아직 해(日)가 조금(未) 밖에 나오지 않아 밤도 아닌 것이 낮도 아님. 애매함.

음독 まい

曖昧 あいまい 애매　　愚昧 ぐまい 우매, 어리석고 사리에 어두움

0587

지울 말

抹

JLPT N1 | 중, 고등 | 부수 手 扌

抹 抹

도끼를 잡아(扌) 나무를 패 끝(末)을 땅에 닿게 함. 인근의 장애물들을 말소함.

음독 まつ

抹消 まっしょう 말소　　抹殺 まっさつ 말살　　一抹 いちまつ 일말, 아주 약간

아닐 미

나무(木)의 줄기(一)가 뿌리보다 작음. 아직 미성숙함.

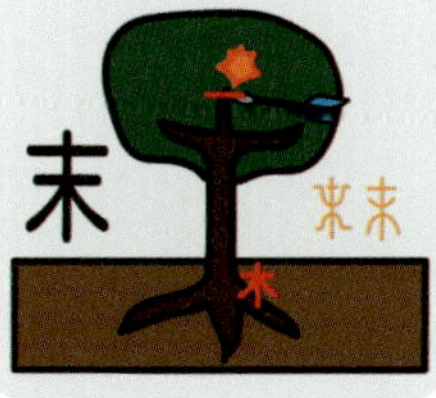

끝 말

나무의 끝 부분을 지칭함. 끝, 꼭대기, 말기.

0588

칙서 칙

勅

JLPT N1 | 중, 고등 | 부수 力

勅 勅

어기면 무력(力)으로 구속(束)될 정도로 강력한 힘을 가진 명령, 칙령을 말함.

勅는 일왕의 명령과 관련된 고어로 일상 회화에서는 거의 쓰이지 않아요.

음독 **ちょく**

勅令 ちょくれい 칙령, 일왕이 내리던 명령 참고어휘

勅語 ちょくご 칙어, 왕의 공식 발언 참고어휘

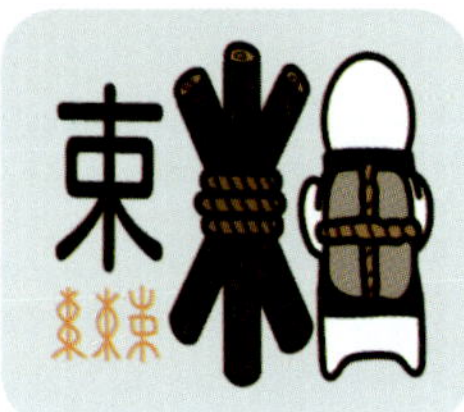

묶을 속

장작더미를 줄로 묶어 놓은 모습.

또는 짐을 잔뜩 동여맨 사람의 모습.

0589

성길 소

疎

JLPT N1 | 중, 고등 | 부수 疋

疎 疎

아무도 못 오게 만들기 위해(疋) 주변에 장애물(束)을 쌓음. 선물조차 못하게 함.

음독 **そ**

過疎 かそ 과소, 드묾　　疎遠 そえん 소원, 서먹해짐　　疎外 そがい 소외

훈독 **うとい**

疎い うとい 소원하다, 친하지 않다

うとむ

疎む うとむ (타) 싫어하다, 멀리하다

0590

매울 랄

辣

상급한자 | 고등 이상 | 부수 辛

구속(朿)된 범죄자를 고문(辛)하며 죄목을 신랄(辣)하게 비판함.

음독 らつ

辛辣 しんらつ 신랄, 매우 날카롭고 예리함

0591

여울 뢰

瀬

JLPT N1 | 중, 고등 | 부수 氵

굉장히 센 물살(氵) 속 부러진 나무들이 서로 얽혀 있음(朿). 강을 건너지 못해 고개만(頁) 내밀며 바라봄.

훈독 せ

瀬 せ 여울

浅瀬 あさせ 얕은 여울

瀬戸物 せともの 일본식 전통 도자기

일본 아이치현에 위치한 세토 지역은 도자기 제작으로 유명한 곳입니다.
그곳의 물건이라 하여 이런 이름이 붙게 되었습니다.

0592

꾀 책

策

JLPT N1 | 중, 고등 | 부수 竹

죽간(竹)을 뒤적이며 대책을 마련하고 있는 신하와, 가시(朿) 돋친 말로 엄히 재촉하고 있는 임금의 모습.

음독 さく

策 さく 계획, 계략

対策 たいさく 대책

政策 せいさく 정책

方策 ほうさく 방책

策略 さくりゃく 책략

가시 자

가시나무를
그린 모습.

0593

법 범

範

JLPT N1 | 중, 고등 | 부수 竹

무릎 꿇고 앉아(卩) 대나무(竹)로 수레(車) 모형을 만듦. 모범적인 방법이 있음.

음독 **はん**　　模範 もはん 모범　　範囲 はんい 범위　　広範囲 こうはんい 광범위

대나무 죽

대나무를 그린 모습.

0594

절구 구

臼

상급한자 | 고등 이상 | 부수 臼

절구통을 그린 모습. 또는 절구처럼 생긴 것.

음독 **きゅう**　　脱臼 だっきゅう 뼈마디가 퉁겨짐, 탈골 참고어휘

훈독 **うす**　　石臼 いしうす 돌절구, 맷돌

0595

개펄 석

潟

JLPT N1 | 중, 고등 | 부수 氵

절구질(臼)한 떡처럼 매우 끈적끈적한 흙으로 이루어진 개펄을 말함. 개펄(氵)에 들어갔더니 팔다리가 진흙 속으로 빠짐(舄).

훈독 **かた**　　潟 かた 개펄, 얕은 바다 참고어휘

新潟県 にいがたけん 니가타현 (일본 혼슈 중북부에 위치한 현)

0596

쓸데없을 용

冗

JLPT N1 | 중, 고등 | 부수 冖

집 안(冖)에서 편하게 방석을(几) 끌어 안고 있는 주인이 시종에게 쓸데없는 농담(冗)이나 던지고 있는 모습.

음독 じょう　　冗談 じょうだん 농담　　冗費 じょうひ 쓸데없는 비용

0597

주릴 기

飢

JLPT N1 | 중, 고등 | 부수 食 飠

오랫동안 굶주려(食) 기어 다닐 힘도 없음. 돌을 붙들며(几) 엎드려 있음.

음독 き　　飢饉 ききん 기근　　飢餓 きが 기아, 굶주림

훈독 うえる　　飢える うえる (자) 굶주리다, 간절히 원하다

0598

살 기

肌

JLPT N2 | 중, 고등 | 부수 肉 月

새로 산 방석과 책상을(几) 마음에 들어 하며 손바닥으로(肉) 슥슥 문지르고 있는 모습.

훈독 はだ　　肌 はだ 피부, 살갗　　肌着 はだぎ 내의, 속옷　　肌色 はだいろ 살색, 피부색

안석 궤

몸을 기댈 때 사용하는 방석이나 작은 책상을 그린 모습.

0599

씩씩할 장

壮

JLPT N1 | 중, 고등 | 부수 士

壮 壮

맨손으로 평상(爿)을 부숴버리는 용맹한 장수(士)의 모습.

음독 そう

壮大 そうだい 장대　　壮健 そうけん 장건　　悲壮 ひそう 비장

0600

별장 장

荘

JLPT N1 | 중, 고등 | 부수 艸 艹

荘 荘

아름다운 꽃밭(艹)이 있는 별장에서 한가롭게 여유를 즐기는 사관(士)의 모습.
평상(爿)에 맛있는 음식을 늘어놓고 즐김.

음독 そう

別荘 べっそう 별장　　荘厳 そうごん 장엄　　荘重 そうちょう 엄숙하고 장엄함

0601

권장할 장

奨

JLPT N1 | 중, 고등 | 부수 大

奨 奨

훌륭한 일을 한 병사(大)에게 큰 상을 주는 대장(将)의 모습.

음독 しょう

奨励 しょうれい 장려　　奨学金 しょうがくきん 장학금

推奨 すいしょう 추천하여 장려함

장수 장

장수가 평상(爿) 위의 있는 전리품을 병사들에게 나눠 주고 있는(爫) 모습. 그걸 받아 감(寸).

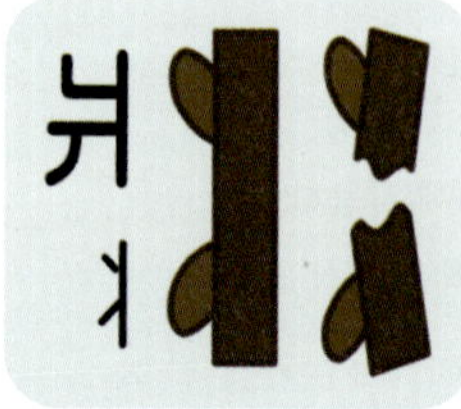

나뭇조각 장

책상, 옷걸이 등 나무로 만든 물건을 나타냄.

UPGRADE!

05

확인문제

한자표기 **다음 단어의 한자 표기로 적당한 것을 고르세요.**

		①	②	③
01	もはん	① 模範	② 膜範	③ 模策
02	ていこう	① 抵抗	② 低抗	③ 邸抗
03	ていたく	① 低宅	② 抵宅	③ 邸宅
04	ちんれつ	① 棟列	② 陳列	③ 錬列
05	れいとう	① 冷欄	② 冷凍	③ 冷陳

한자읽기 **다음 한자의 읽는 법을 고르고 빈칸에 뜻을 적으세요.**

		①	②	③	뜻
06	膝	① ひじ	② びざ	③ ひざ	
07	暦	① こおみ	② こよみ	③ ごおみ	
08	慈善	① さぜん	② じぜん	③ ざせん	
09	特殊	① とくしゅう	② とくしゅ	③ とくず	
10	睡眠	① すいみん	② ずいみん	③ すみん	

정 답 01 ① 모범 02 ① 저항 03 ③ 저택 04 ② 진열 05 ② 냉동 06 ③ 무릎 07 ② 달력 08 ② 자선 09 ② 특수 10 ① 수면

06

식물 유래 한자(41자)

0602

골풀 심

芯

상급한자 | 고등 이상 | 부수 艸 艹

뽑아도 뿌리만 남아있으면 계속 자라는 풀(艹)의 마음(心)처럼 어떤 것의 심(芯)이 되는 부분을 말함.

음독 **しん**

芯 しん 심, 사물의 중심

0603

새벽 효

暁

JLPT N1 | 중, 고등 | 부수 日

무성한 풀(卉) 틈 사이로 해(日)가 떠오르는 걸 보고 있는 사람(人)의 모습.

음독 **ぎょう**

暁天 ぎょうてん (주로 불교, 자연 등의 문맥에서) 새벽 하늘 참고어휘

훈독 **あかつき**

暁 あかつき 새벽, 새벽녘

재미있는 한자 이야기

풀 훼

무성히 자란 풀과
꽃들을 그린 모습.

0604

달릴 분

奔

JLPT N1 | 중, 고등 | 부수 大

급한 일로 광분한 성인(大)이 꽃밭(卉)을 헤쳐나가며 달림.

음독 ほん

奔走 ほんそう 분주　　奔放 ほんぽう 분방

0605

무덤 분

墳

JLPT N1 | 중, 고등 | 부수 土

조상님의 고분(土) 앞에 꽃다발(卉)과 귀중한 재물(貝)을 헌상함.

단독 사용은 거의 없고, 주로 복합어로 쓰여요.

음독 ふん

墳墓 ふんぼ 분묘, 무덤　　古墳 こふん 고분

0606

뿜을 분

噴

JLPT N1 | 중, 고등 | 부수 口

풀밭(卉)에서 휘날리는 꽃가루 때문에, 지갑(貝)을 떨어뜨릴 정도로 크게 재채기(口)를 함.

음독 ふん

噴火 ふんか 분화　　噴水 ふんすい 분수　　噴出 ふんしゅつ 분출

훈독 ふく

噴く ふく (자) 뿜어 나오다

噴き出す ふきだす (자) (물리적, 감정적으로) 뿜어져 나오다, 터지다

0607

분할 분

憤

JLPT N1 | 중, 고등 | 부수 心 忄

憤 憤

화(心)를 내며 자신의 재산(貝)을 가지고 도망치는 도둑을 쫓아감. 당황한 도둑이 훔친 것을 풀밭(卉)에 던지고 도망침.

음독 **ふん**　　憤慨 ふんがい 분개

훈독 **いきどおる**　　憤る いきどおる (자) 분개하다, 격노하다

0608

희생 생

牲

JLPT N1 | 중, 고등 | 부수 牛 牜

牲 牲

신에게 소(牛)를 제물로 바치며 비를 내리게 해달라고, 작물(生)이 자랄 수 있게 해달라고 빔.

음독 **せい**　　犠牲 ぎせい 희생　　犠牲者 ぎせいしゃ 희생자

0609

깰 성

醒

상급한자 | 고등 이상 | 부수 酉

醒 醒

술(酉)에 진탕 취해 바닥에서 자고 일어났더니 별(星)이 보임.

음독 **せい**　　覚醒 かくせい 각성

닭 유, 술독 유

술독(酉)에서 새어 나온 술을 마시다 기절해 버린 닭의 모습.

별 성

풀(生)들 사이에 태양(日)처럼 빛나는 작은 별(星)들이 떠있음.

0610

아재비 숙

叔

JLPT N1 | 중, 고등 | 부수 又

叔 叔

밭을 가는 큰아버지와 콩을 심는 것(赤)을 도와주고(又) 있는 숙부의 모습. 그 정도의 숙련도를 가진 존재, 부모의 동생을 나타냈음.

음독 **しゅく**

叔母　しゅくぼ　숙모, 고모, 이모 (=おば)　　叔父　しゅくふ　숙부, 삼촌 (=おじ)

💡 일상에서는 おば、おじ 를 더 많이 써요.

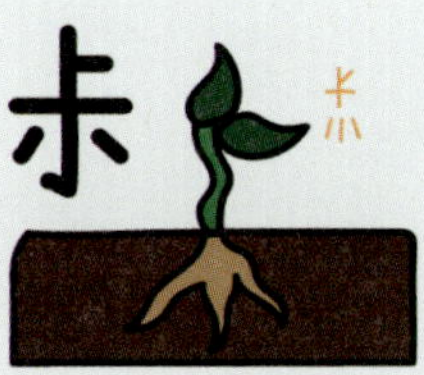

콩 숙

콩의 묘목을 나타낸 모습.
같은 뿌리를 가진 친척을
나타내기도 함.

0611

고요할 적

寂

JLPT N1 | 중, 고등 | 부수 宀

寂 寂

모두 밭으로 콩을 심으러 가니(叔) 집(宀)이 매우 고요함.

음독 **じゃく**

静寂　せいじゃく　정적　　閑寂　かんじゃく　한적

せき

寂漠　せきばく　적막

훈독 **さび**

寂　さび　고요함, 쓸쓸함　💡 단독보다는 단어로 활용되는 경우가 많아요.

さびしい

寂しい　さびしい　쓸쓸하다, 허전하다

さびれる

寂れる　さびれる　(자) 쇠퇴하다, 쓸쓸해지다

0612

맑을 숙

淑

JLPT N1 | 중, 고등 | 부수 氵

콩에게 맑은 물(氵)을 주며 잘 자라길 바라는 마음씨 좋은 숙부(叔)의 모습. 작은 생명(尗)에게도 정성(又)을 다하는 물(氵)처럼 맑은 사람을 말함.

음독 しゅく

淑女 しゅくじょ 숙녀　　貞淑 ていしゅく 정숙

0613

감독할 독

督

JLPT N1 | 중, 고등 | 부수 目 罒

관리자가 매의 눈(目)으로 농부(叔)들의 밭일을 관찰하며 효율적인 지시를 내림.

음독 とく

監督 かんとく 감독　　督促 とくそく 독촉

0614

목숨 수

寿

상급한자 | 중, 고등 | 부수 寸

새순(丰)에게 물을 주며 오래 살라고 어루만져줌(寸).

음독 じゅ

寿命 じゅみょう 수명　　長寿 ちょうじゅ 장수

훈독 ことぶき

寿 ことぶき 장수, 경사, 축하 (격식 있는 축하 표현)

예외 寿司 すし (음식) 스시, 초밥

풀 봉

새순 또는 가시를
그린 모습.

0615

불릴 주

鋳

JLPT N1 | 중, 고등 | 부수 金

쇠(金)로 녹여 원하는 물건을 만들기 위해 불에 잡초(丰)를 넣어(寸) 화력을 증강함.

음독 **ちゅう**

鋳造 ちゅうぞう 주조, 쇳물을 굳혀 원하는 물건을 만듦

훈독 **いる**

鋳る いる (타) 주조하다

0616

본디 소

素

JLPT N3 | 초등 5학년 | 부수 糸

풀(丰)을 꼬아 줄(糸)을 만듦. 어떤 도구의 원료가 되는 것.

음독 **そ**

要素 ようそ 요소	酸素 さんそ 산소	素質 そしつ 소질
水素 すいそ 수소	素材 そざい 소재	質素 しっそ 질소
簡素 かんそ 간소	炭素 たんそ 탄소	元素 げんそ 원소
素養 そよう 소양	素朴 そぼく 소박	

す

素直 すなお 솔직함, 있는 그대로의 모습

素早い すばやい 재빠르다

素晴らしい すばらしい 훌륭하다, 대단하다

素敵·素的 すてき 멋짐

예외 素 もと 원료

素人 しろうと 초심자, 아마추어

0617

나라 방

邦

JLPT N1 | 중, 고등 | 부수 邑阝

邦 邦

마을 특산 작물(丰)의 상태를 언덕 위(阝)에서 살핌. 자국의 것을 강조하는 한자임.

음독 **ほう**　連邦 れんぽう 연방　邦人 ほうじん (공식적, 외교적 의미로) 자국민, 일본인

0618

꿰맬 봉

縫

JLPT N1 | 중, 고등 | 부수 糸

縫 縫

풀이 무성하게 자라 있는 길(辶)을 달려 나가다(夆) 옷이 가시에 찢어져 실(糸)로 꿰맴.

음독 **ほう**　裁縫 さいほう 재봉　縫製 ほうせい 봉제

훈독 **ぬう**　縫う ぬう (타) 꿰매다, 바느질하다　縫い目 ぬいめ 바느질 자리

0619

봉우리 봉

峰

JLPT N1 | 중, 고등 | 부수 山

峰 峰

적이 몰려오는 것을 수도에 알리기 위해 횃불을 들고 산꼭대기(山)에 있는 봉화로 달려감(夆).

음독 **ほう**　高峰 こうほう 높은 봉우리, 최고 수준　連峰 れんぽう 이어진 산봉우리

훈독 **みね**　峰 みね 산꼭대기, 칼등

끌 봉

짐을 끌고 풀(丰)이 무성하게
자라 있는 길을 가로지름(夂).

0620

벌 봉

蜂

JLPT N1 | 중, 고등 | 부수 虫

꿀벌(虫)이 몸에 꽃가루를 묻힌 채 풀숲 사이를 돌아다니는 모습(夆).

음독 ほう

養蜂 ようほう 양봉

蜂起 ほうき 봉기, (다수가 격렬하게) 들고 일어남

훈독 はち

蜂 はち 벌

蜂蜜 はちみつ 벌꿀

0621

청할 청

請

JLPT N1 | 중, 고등 | 부수 言

새순처럼 여리고 아는 것이 없는 신참(青)이 경력자에게 도움을 구하고 있는(言) 모습.

음독 せい

申請 しんせい 신청

要請 ようせい 요청

請求書 せいきゅうしょ 청구서

しん

普請 ふしん 건축, 토목 공사 참고어휘

훈독 うける

請ける うける (타) (일, 주문, 용역 등을) 맡다, 인수하다

こう

請う こう (타) 청하다, 바라다

푸를 청

새순(丰)처럼 싱싱하고 우물(井)에 비치는 달빛(月)처럼 맑은 것을 말함.

우물 정

우물에서 물을 퍼 밭에 물을 줌. 부수로 쓰일 땐 마을 공동체를 나타내기도 함.

0622

빚 채

債

JLPT N1 | 중, 고등 | 부수 人亻

債 債

채권자(亻)가 채무자에게 돈을 갚으라고 질책(責)하고 있는 모습.

음독 **さい**

債務 さいむ 채무　　債権 さいけん 채권　　負債 ふさい 부채

0623

담글 지

漬

JLPT N1 | 중, 고등 | 부수 氵

漬 漬

소금물(氵)에 나물(丰)과 조개(貝)를 절이고 있는 모습.

훈독 **つかる**

漬かる つかる (자) 액체 속에 잠기다, 맛이 들다

つける

漬ける つける (타) (채소 등을) 담그다, 절이다　　漬物 つけもの 절임 요리

0624

쌓을 적

積

JLPT N3 | 초등 4학년 | 부수 禾

積 積

창고에 벼(禾)와 약초(丰)와 돈(貝)을 쌓아 놓음.

음독 **せき**

容積 ようせき 용적　　体積 たいせき 부피　　面積 めんせき 면적

훈독 **つむ**

積む つむ (타) 쌓다

つもる

積る つもる (자) 쌓이다

見積る みつもる (타) 눈대중으로 재다, 어림하다

꾸짖을 책

가시(丰) 돋친 돈(貝)인 빚을 잔뜩 져 아버지에게 질책(責)받는 아들의 모습.

조개 패

조개(貝)를 그린 모습. 고대 사회엔 조개를 화폐로 썼기에 재물이라는 의미를 가짐. 특히 마노 조개는 보석처럼 광택이 있고 구하기 힘들었음.

0625

다스릴 할

轄

JLPT N1 | 중, 고등 | 부수 車

수레(車)를 끌고 신고가 접수된 범죄 현장(害)을 향해 출동함. 관할 구역을 다스림.

단독보다는 복합어로 자주 쓰이며, 주로 행정이나 조직 관리 등의 문맥에서 등장해요.

음독 **かつ**

管轄 かんかつ 관할　　分轄 ぶんかつ 나눠서 관할함

所轄 しょかつ 소관, 관할 부서

0626

외로울 고

孤

JLPT N1 | 중, 고등 | 부수 子

나무에 매달려 있는 오이(瓜)처럼 덩그러니 혼자 남겨져 있는 아이(子)의 모습.

음독 **こ**

孤独 こどく 고독　　孤児 こじ 고아　　孤立 こりつ 고립

0627

활 호

弧

JLPT N1 | 중, 고등 | 부수 弓

활(弓)과 오이의 나무 대(瓜)처럼 곡선 모양으로 휘어져 있는 것.

음독 **こ**

弧 こ 호, 반달 모양　　括弧 かっこ 괄호

해할 해

가시(丰)처럼 날카로운 칼을 든 도둑이 집 안(宀)에 침입해 금품을 요구함(口).

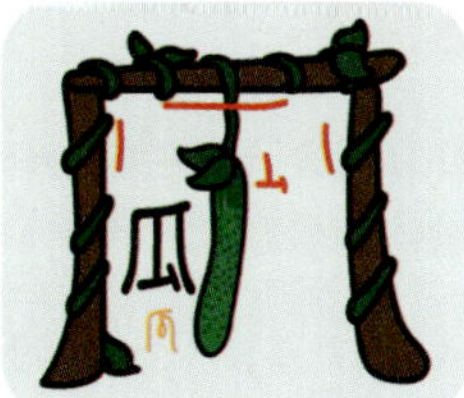

오이 과

나무 대에 매달려 있는 오이의 모습.

0628

바칠 헌

献

JLPT N1 | 중, 고등 | 부수 犬 犭

献 献

남쪽(南)의 왕이 대국의 황제에게 맛있는 과일과 잘 훈련된 개(犬)를 바침. 과일은 특산물을, 개는 충성을 의미함.

음독 **けん** 文献 ぶんけん 문헌　貢献 こうけん 공헌　献身的 けんしんてき 헌신적

こん 献立 こんだて 식단, 메뉴

남녘 남

남쪽 열대지방으로
갈수록 과일들이
무성하게 자라 있음.

0629

근심 수

愁

JLPT N1 | 중, 고등 | 부수 心 忄

愁 愁

건조한 가을(秋)에 작물들이 전부 불타버린 탓에 겨울을 어찌 보낼 지 걱정(心)함.

음독 **しゅう** 郷愁 きょうしゅう 향수　哀愁 あいしゅう 애수　憂愁 ゆうしゅう 우수, 슬픔

훈독 **うれい** 愁い うれい 근심, 걱정, 슬픔

うれえる 愁える うれえる (타) 슬픔에 잠기다

0630

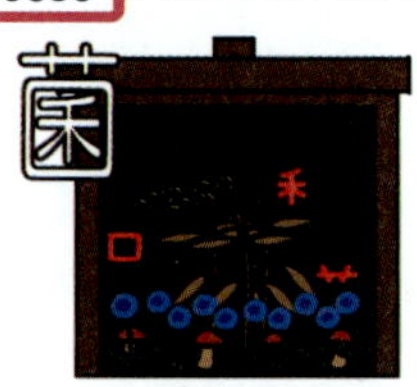

버섯 균

菌

JLPT N1 | 중, 고등 | 부수 艸 艹

菌 菌

창고 속(囗) 작물(禾) 근처에 버섯과 곰팡이(艹)가 핀 모습.

음독 **きん** 菌類 きんるい 균류　殺菌 さっきん 살균　細菌 さいきん 세균

0631

시들 위

萎

상급한자 | 고등 이상 | 부수 艸 艹

맡겼던 작물(委)들이 다 시들었음. 관리를 안했더니 쓸모없는 풀(艹)이 됨.

음독 い　　萎縮　いしゅく　위축

훈독 なえる　　萎える　なえる　(자) 1. (식물 등이) 시들다　2. (몸, 근육이) 힘을 잃다　3. (의욕, 기분이) 사라지다

맡길 위

벼(禾) 수확은 힘이 많이 필요해 주로
남자가 했고, 수확한 벼를 관리하고
손질하는 건 주로 여자(女)가 했음.

0632

배 리

梨

JLPT N2 | 초등 4학년 | 부수 木

가을에 벼를 수확(利)할 때쯤 나무(木)에서 열리는 열매인 배를 말함.

훈독 なし　　梨　なし　배　　山梨県　やまなしけん　야마나시현 (일본 혼슈 중남부에 위치한 현)

0633

이질 리

痢

JLPT N1 | 중, 고등 | 부수 疒

썩은 작물(禾)을 베어(刂) 먹었더니 배탈(疒)이 남.

음독 り　　下痢　げり　설사

0634

수수께끼 미

謎

상급한자 | 고등 이상 | 부수 言

謎 謎

길 위(辶)에 보리, 조 등 쌀(米)처럼 생긴 것들을 늘어놓아 어느 것이 진짜 쌀인지 맞춰보라 함(言).

훈독 **なぞ** 謎 なぞ 수수께끼 謎めく なぞめく 수수께끼처럼 보이다, 미스터리하다

0635

탄식할 탄

嘆

JLPT N1 | 중, 고등 | 부수 口

嘆 嘆

진흙 속에 핀 아름다운 꽃(堇)을 보고 감탄하다가, 이내 시든 것을 보고 탄식(口)하고 있는 사람의 모습.

음독 **たん** 嘆息 たんそく 탄식 驚嘆 きょうたん 놀라며 감탄함 感嘆 かんたん 감탄

훈독 **なげかわしい** 嘆かわしい なげかわしい 개탄스럽다, 한탄스럽다

なげく 嘆く なげく (타) 탄식하다, 슬퍼하다

0636

겨우 근

僅

상급한자 | 고등 이상 | 부수 人亻

僅 僅

형편이 어려워 식물 뿌리(堇)를 먹고 있는 가난한 사람(亻)의 모습. 근근히 살아감.

음독 **きん** 僅差 きんさ 근소한 차이

훈독 **わずか** 僅か わずか 얼마 안 되는 모양, 아주 약간, 근소함

진흙 근

진흙 속에 핀 아름다운 꽃의 모습.

0637

삼갈 근

謹

JLPT N1 | 중, 고등 | 부수 言

임금의 옷에 진흙(堇)이 묻을까 봐 오지 말라고 소리치고 있는(言) 신하의 모습. 그런 존재를 대하는 자세를 말함.

음독 きん

謹慎 きんしん 근신

훈독 つつしむ

謹む つつしむ (타) 공손하게 ~하다

謹んで つつしんで (부사) 삼가

0638

맑을 징

澄

JLPT N1 | 중, 고등 | 부수 氵

콩이 담긴 제사용 제기(豆)를 들고 제단 위로 올라가기(癶) 전에, 물(水)로 몸의 부정적인 기운을 깨끗이 씻어냄.

음독 ちょう

清澄 せいちょう 맑고 깨끗함

훈독 すます

澄ます すます (타) (귀, 마음 등을) 깨끗이 하다, 맑게 하다

すむ

澄む すむ (자) (공기, 물, 소리 등이) 맑아지다, 투명해지다

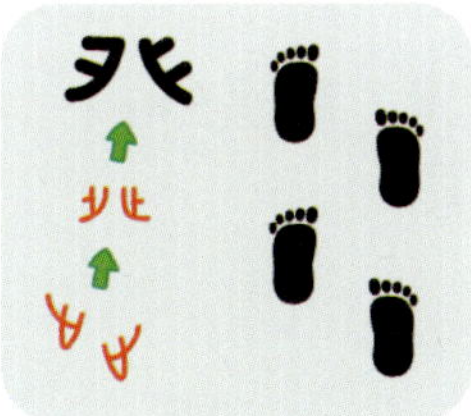

등질 발

앞으로 나아가니
뭔가를 등지게 됨.

콩 두

제사용 제기에 콩을 담은 모습.
콩은 척박한 땅에 심어도 잘 자라
신이 내린 선물이라 생각했었음.
악귀를 쫓을 때도 콩을 뿌림.

오를 등

콩이 가득 담긴 제기(豆)
를 들고 제단 위로 올라가고
있는(癶) 신관의 모습.

0639

싸울 투

鬪

JLPT N1 | 중, 고등 | 부수 門

신이 내린 신성한 콩(豆)을 문(門) 앞에 뿌려(寸) 악귀가 오지 못하게 함. 악귀와 싸운다는 뜻이 투쟁의 의미로 이어짐.

음독 とう

奮鬪 ふんとう 분투　　戦鬪 せんとう 전투　　鬪争 とうそう 투쟁

健鬪 けんとう 건투

훈독 たたかう

鬪う たたかう (자) (전쟁, 병, 불공정 등에 맞서) 싸우다, 투쟁하다

0640

역질 두

痘

JLPT N1 | 중, 고등 | 부수 疒

심한 병(疒)에 걸려 온 몸에 콩(豆)처럼 생긴 반점이 나타남.

음독 とう

水痘 すいとう 수두　　天然痘 てんねんとう 천연두

0641

불을 팽

膨

JLPT N1 | 중, 고등 | 부수 肉 月

머리카락(彡)을 휘날리며 신나게 북(壴)을 두들기는 연주자와 고기(肉)를 먹으며 축제를 즐기는 사람의 모습. 배가 부풀음.

음독 ぼう

膨張 ぼうちょう 팽창　　膨大 ぼうだい 방대

훈독 ふくらむ

膨らむ ふくらむ (자) 부풀어 오르다, 규모가 커지다

ふくれる

膨れる ふくれる (자) 불룩하다, 삐치다

북 주

북을 그린 모습.

0642

북 고

鼓

JLPT N1 | 중, 고등 | 부수 鼓

鼓 鼓

북채(支)로 북(壴)을 연주함.

음독 こ — 太鼓 たいこ 태고, 북

훈독 つづみ — 鼓 つづみ 장구, 북

지탱할 지

막대기(十)를 들고(又) 떨어지는 뭔가를 지탱함.

UPGRADE!

06

확인문제

한자표기 **다음 단어의 한자 표기로 적당한 것을 고르세요.**

01	ぎせい	① 犠牲	② 犠牧	③ 儀牲
02	ふく	① 噴く	② 暁く	③ 憤く
03	じゅみょう	① 鋳命	② 寿命	③ 邦命
04	ようそ	① 要寿	② 要素	③ 要索
05	しんせい	① 申債	② 申積	③ 申請

한자읽기 **다음 한자의 읽는 법을 고르고 빈칸에 뜻을 적으세요.**

06	督促	① とくそく	② とくぞく	③ とくさく	
07	容積	① ようぜき	② よせき	③ ようせき	
08	管轄	① かんかつ	② かんがつ	③ かんこつ	
09	孤立	① ごりつ	② ごうりつ	③ こりつ	
10	文献	① ぶんげん	② ぶんけん	③ むんけん	

정답 01 ① 희생 02 ① 뿜어 나오다 03 ② 수명 04 ② 요소 05 ③ 신청 06 ① 독촉 07 ③ 용적 08 ① 관할 09 ③ 고립 10 ② 문헌

07 황실, 귀족의 권위 관련 한자(39자)

0643

왕성할 왕

旺

JLPT N1 | 중, 고등 | 부수 日

태양(日)과도 같은 절정의 권력(王)을 가진 왕을 나타냄.

음독	おう	旺盛 おうせい	왕성

0644

미칠 광

狂

JLPT N1 | 중, 고등 | 부수 犬犭

미친 개(犭)처럼 권력(王)을 제멋대로 휘두르고 있는 왕의 모습.

음독	きょう	狂気 きょうき	광기	熱狂 ねっきょう	열광
훈독	くるう	狂う くるう	(타) 미치다, 어긋나다, 고장나다		
	くるおしい	狂おしい くるおしい	미칠 듯하다		

재미있는 한자 이야기

임금 왕

양날 도끼는 왕(王)의 권력을, 외날 도끼는 신하(士)의 권력을 상징했음.

선비 사

왕의 힘은 양날 도끼(王)로, 신하들의 힘은 외날 도끼(士)로 비유되었음.

0645

희롱할 롱

弄

상급한자 | 고등 이상 | 부수 廾

권력을 빼앗긴 왕(王)이 신하들에게 우롱(廾) 당하는 모습.

음독 ろう　　愚弄 ぐろう 우롱

훈독 もてあそぶ　　弄ぶ もてあそぶ (타) 가지고 놀다, 농락하다

0646

마개 전

栓

JLPT N1 | 중, 고등 | 부수 木

왕궁 내에(全) 사람들이 함부로 들어오지 못하게 나무 빗장(木)을 검. 지금은 마개나 밸브를 나타내는 말로 이용됨.

음독 せん　　栓 せん 마개　　水栓 すいせん 수도꼭지

0647

설명할 전

詮

상급한자 | 고등 이상 | 부수 言

궐 안에서(全) 어떤 중요한 안건에 대해 신하들에게 자세한 설명(言)을 듣고 있는 왕의 모습.

음독 せん　　詮索 せんさく 탐색함, 파고 듦

재미있는 한자 이야기

받들 공

뭔가를 두 손으로 받듦.

온전 전

궁 내에 현명한 왕이 있어 나라가 온전함.

0648

아롱질 반

斑

상급한자 | 고등 이상 | 부수 文

붓으로 글씨를 쓰다가(文) 먹물이 보석(玉)에 튀어 반점이 생김.

음독 はん　　斑点 はんてん 반점

구슬 옥
아주 귀한 보석인 옥을 그린 모습.

0649

맑은 유리 류

瑠

JLPT N1 | 고등 이상 | 부수 玉 王

아주 값비싼(玉) 유리를 제작하는 마을에 들어가기 전, 보안을 위해 보초병이 방문객의 무기를(留) 잠시 맡아 놓고 있는 모습.

복합어 형태로만 등장하며, 의미만 가볍게 확인하는 것을 추천해요.

음독 る　　瑠璃 るり 푸른 보석 (유리처럼 맑고 푸른) 참고어휘

0650

유리 리

璃

JLPT N1 | 중, 고등 | 부수 玉 王

보석(玉)만큼 비싼 유리를 깰까 봐 근처에 있는 새들을 그물로 잡고(离) 있는 모습.

복합어 형태로만 등장하며, 의미만 가볍게 확인하는 것을 추천해요.

음독 り　　瑠璃 るり 푸른 보석 (유리처럼 맑고 푸른) 참고어휘

머무를 류
이국의 마을(田)에 입장하기 전, 보안을 위해 울타리(卯) 앞에서 보초를 서고 있는 경비병에게 칼(刀)을 맡김.

떠날 리
손에서 그물이 떠남. 그물이 날아오는 걸 보고 새가 도망감.

0651

옥새 새

璽

상급한자 | 중, 고등 | 부수 玉 王

璽 璽

꽃처럼 화려한 황제의 옷(爾)과, 황제의 도장인 옥새(玉)를 그린 모습.

음독 じ

御璽 ぎょじ 일왕의 인장 참고어휘

너 이 (爾)

꽃처럼 화려한 옷을 입은 사람이
누군가를 부르고 있는 모습.
"음... 어이 너. 그래 너 말이다."

들 칭 (爯)

손으로 생선을 잡아 들어 올림.
생활에 필요한 자원을 확보함.

두 한자의 약자가 동일하게 생긴 경우입니다.

0652

두루 미

弥

JLPT N1 | 중, 고등 | 부수 弓

弥 弥

활(弓)로 물고기를 낚아 빈자를 도운 후, 활시위를 풂. 가지고 있는 힘을 사람을 구할 때만 쓰는 존재, 미륵(弥勒) 보살을 말함. 두루 좋은 영향을 끼침.

훈독 や

弥生 やよい 양력 3월의 예스러운 말 참고어휘

弥生時代 やよいじだい 야요이 시대 (일본 역사 시대)

0653

일컬을 칭

称

JLPT N1 | 중, 고등 | 부수 禾

称 称

생활에 필요한 자원(禾)을 가장 많이 생산(尔)한 사람에게 명예로운 호칭(称)을 줌.

음독 しょう

名称 めいしょう 명칭　　通称 つうしょう 통칭　　称賛 しょうさん 칭찬, 찬양

0654

임금 제

帝

JLPT N1 | 중, 고등 | 부수 巾

帝 帝

신의 아들인 황제가 제단 앞에서 제사를 지내는 모습.

음독 **てい**　　皇帝 こうてい 황제　　帝国 ていこく 제국　　帝王 ていおう 제왕

0655

살필 체

諦

상급한자 | 고등 이상 | 부수 言

諦 諦

나라의 현실을 명확하게 파악해 무리한 계획을 세우는 황제(帝)에게 따끔한 조언(言)을 하고 있는 재상의 모습. 잘 살펴보고 체념시킴.

음독 **てい**　　諦念 ていねん 체념　　諦観 ていかん 체관, 본질을 봄

훈독 **あきらめる**　　諦める あきらめる (타) 체념하다, 포기하다

0656

맺을 체

締

JLPT N1 | 중, 고등 | 부수 糸

締 締

황제(帝)와 타국의 신하가 어떤 연(糸)을 맺은 모습.

음독 **てい**　　締結 ていけつ 체결

훈독 **しまる**　　締まる しまる (자) 조여지다, 단단해지다　　取り締まり とりしまり 단속, 감독

しめる　　締める しめる (타) 조이다, 잠그다, 매다

0657

아이 밸 임

妊

JLPT N1 | 중, 고등 | 부수 女

임신한 아내(女)를 옆에서 지극정성 간호하고 있는 남편(壬)의 모습.

음독 **にん**

妊娠 にんしん 임신　　妊婦 にんぷ 임산부

북방 임

어떤 장인(工)의 조수,
또는 최측근(壬)을
그린 모습.

0658

드릴 정

呈

JLPT N1 | 중, 고등 | 부수 口

상급자가 구해오라고 명령한(口) 물건을 가져다 주고 있는 측근(壬)의 모습.

음독 **てい**

贈呈 ぞうてい 증정　　進呈 しんてい (겸손하게) 드림, 증정함

0659

음란할 음

淫

상급한자 | 고등 이상 | 부수 氵

이성(壬)을 옆에 끼고(爫) 술(氵)을 흘려가며 음란하게 놀고 있는 사람들의 모습.

음독 **いん**

淫乱 いんらん 음란

훈독 **みだら**

淫ら みだら 음란함, 외설스러움, 추잡함

0660

성인 성

聖

JLPT N2 | 초등 6학년 | 부수 耳

聖 聖

행색이 초라한 거지가 가까이 와도(壬) 꺼려하지 않으며 그들의 이야기(口)를 경청(耳)하고 있는 성인 군자의 모습.

음독 **せい** 神聖 しんせい 신성　聖書 せいしょ 성서, 성경　聖人 せいじん 성인

0661

조정 정

廷

JLPT N1 | 중, 고등 | 부수 廴

廷 廷

임금과 측근(壬)들을 활을 들고 호위하고 있는 병사(廴)들의 모습. 그런 존재들이 모이는 곳, 궁정.

음독 **きゅう** 宮廷 きゅうてい 왕궁, 궁전　法廷 ほうてい 법정

0662

배 정

艇

JLPT N1 | 중, 고등 | 부수 舟

艇 艇

활을 든 호위병들이(廷) 잔뜩 있는 임금의 배(舟)를 말함.

음독 **てい** 艦艇 かんてい 함정　漕艇 そうてい (스포츠) 조정

競艇 きょうてい 경정, 보트 경주

길게 걸을 인

활을 등에 메고 순찰하고 있는 궁수들의 모습.

0663

길할 길

吉

JLPT N1 | 중, 고등 | 부수 口

조상님의 무덤 앞에서 올해의 행운을 빌고(口) 있는 사관(士)의 모습.

음독 きち　吉 きち 길　大吉 だいきち 대길, 운이 매우 좋음　吉日 きちじつ 길일, 좋은 날

きつ　不吉 ふきつ 불길

0664

한 일

壱

JLPT N1 | 중, 고등 | 부수 士

엄청난 집중력으로 공부(冖)하고 있어, 옆에 아이(匕)가 울고 있는 줄도 모르고 있는 선비(士)의 모습. 어떤 하나의 일에 전념함.

음독 いち　壱 いち 일, 하나, 맨 처음

숫자 1은 기본적으로 一이지만, 공문서나 법률 혹은 금전 문서에서는 壱를 사용해요.

0665

부탁할 탁

託

JLPT N1 | 중, 고등 | 부수 言

경험자에게 어떤 문제에 대한 조언(言)을 달라고 부탁하고 있는 사람(乇)의 모습.

음독 たく　委託 いたく 위탁　結託 けったく 결탁　託児所 たくじしょ 탁아소, 어린이집

훈독 たくす　託す たくす (타) 맡기다, 부탁하다

부탁할 탁, 풀잎 탁

뭔가를 부탁하고 있는 사람의 모습.

0666

또 차

且

JLPT N1 | 중, 고등 | 부수 一

공경했던 조상님의 묘비 앞에 제물들을 차곡차곡 쌓아 올림.

훈독 かつ

且つ かつ 또한, 더불어, 동시에

0667

마땅 의

宜

JLPT N1 | 중, 고등 | 부수 宀

조상님(且)의 제삿날에 큰 집(宀)에 모여 모임을 가지는 친척들의 모습. 모이기에 시의(時宜) 적절한 날.

음독 ぎ

適宜 てきぎ 적절함, 적당함　　便宜 べんぎ 편의

예외 宜しくお願いします よろしくおねがいします 잘 부탁드립니다 (인사말)

0668

원숭이 저

狙

JLPT N1 | 중, 고등 | 부수 犬 犭

조상님의 묘(且) 앞에서 제사를 지내는 사람들의 모습. 원숭이(犭)가 몰래 음식을 훔쳐먹으려고 노려보고 있음.

음독 そ

狙撃 そげき 저격

훈독 ねらう

狙う ねらう (타) 노리다, 엿보다　　狙い ねらい 목표, 의도, 목적

0669

막힐 조

阻

JLPT N1 | 중, 고등 | 부수 阜阝

엄청나게 높은 언덕(阝)에 진지를 구축해놓은 모습. 적군의 무덤(且)들이 즐비함.

음독 **そ**

阻止 そし 저지　　阻害 そがい 저해

훈독 **はばむ**

阻む はばむ (타) 방해하다, 막다, 저지하다

0670

조세 조

租

JLPT N1 | 중, 고등 | 부수 禾

늙어 죽어 무덤(且)에 들어갈 때까지 세금(禾)을 납부함.

음독 **そ**

租税 そぜい 조세, 세금

0671

거칠 조

粗

JLPT N1 | 중, 고등 | 부수 米

무덤(且)의 풀들을 사슴들이 밥(米)인 줄 알고 다 먹어 치움. 관리가 허술해 거칠고 조잡함.

음독 **そ**

粗末 そまつ 거칠고 허술함, 변변치 않음　　粗密 そみつ 거칠고 조밀함

훈독 **あらい**

粗い あらい (물리적, 성격적으로) 거칠다, 조잡하다, 성급하다

粗筋 あらすじ 대강의 줄거리, 개요

0672

겹쳐질 첩

畳

JLPT N2 | 중, 고등 | 부수 田

조상님의 묘(且)의 제단(冖) 위에 밭(田)에서 수확한 농작물을 첩첩이 쌓아 올림. 일본에선 주로 반으로 접은 후, 벽장에 쌓아 올려 보관하는 다다미(일본식 바닥재)를 가리킴.

음독 じょう

畳 じょう (다다미를 세는 단위) 장

훈독 たたみ

畳 たたみ 다다미, 속에 짚을 넣은 일본식 돗자리

たたむ

畳む たたむ (타) 접다, 개다

보통 다다미를 보관할 땐 종이처럼 반으로 접은 후, 차곡차곡 창고에 쌓아 올립니다.

0673

언덕 애

崖

상급한자 | 고등 이상 | 부수 山

높은 산(山) 절벽 끄트머리(厂)에서 국경의 상태를 살펴보고 있는 제후(圭)의 모습.

음독 がい

断崖 だんがい 깎아지른 절벽, 낭떠러지

훈독 がけ

崖 がけ 낭떠러지, 벼랑, 절벽

서옥 규

제후를 봉할 때 주는 옥으로 만든 증표인 규장을 그린 모습.

0674

물가 애

涯

JLPT N1 | 중, 고등 | 부수 氵

외적의 침입에 대비하기 위해 해안(氵)의 절벽 위(厂)에서 바다를 살피고 있는 제후(圭)의 모습. 물가인 수애(水涯)를 의미하나, 생애(生涯)처럼 인간의 끝없는 인생과도 같은 넓은 풍경을 말하기도 함.

음독 がい

生涯 しょうがい 생애, 일생, 평생

0675

아름다울 가

佳

JLPT N1 | 중, 고등 | 부수 人亻

佳 佳

미녀라 칭송 받는 제후(圭)의 딸(人)을 그린 모습. 귀하게 자라 흠집 하나 없음.

음독 **か**

佳人 かじん 가인, 아름다운 사람

佳作 かさく 가작, 우수한 작품

0676

걸 괘

掛

JLPT N3 | 중, 고등 | 부수 手扌

掛 掛

제후(圭)가 점(卜)을 치기 위해 비싼 거북이 등딱지를 들고 나와 화로 위에 올려놓음(扌). 또는 의식이나 사건에 관계되다.

훈독 **かかり**
かかる
かける

掛かり	かかり	(무언가를) 걸기
掛かる	かかる	(자) 걸리다, (어떤 작용을) 받다
掛ける	かける	(타) 걸다, (어떤 작용을) 가하다
出掛ける	でかける	(자) 외출하다
見掛ける	みかける	(타) 가끔 보다, 우연히 만나다
腰掛ける	こしかける	(자) 걸터앉다
仕掛ける	しかける	(타) (공격, 행동을) 시작하다, 설치하다
掛け算	かけざん	곱셈
掛け持ち	かけもち	겸임, 동시에 맡음

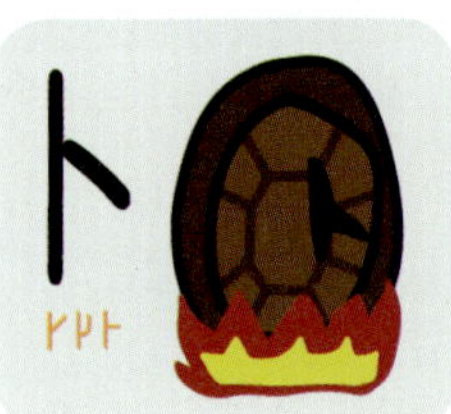

점 복

고대 동양의 주술사들은 거북이 등딱지를 불에 태운 다음, 그 갈라진 틈의 모양을 보고 점을 쳤음.

0677

아가씨 희

姫

JLPT N1 | 중, 고등 | 부수 女

어떤 권위 있는 사람(臣)의 귀한 따님(女)을 그린 모습.

훈독 **ひめ**

姫 ひめ 공주, 귀인의 딸　　歌姫 うたひめ 가희, 가요계의 디바 참고어휘

신하 신

누구보다 넓은 시야와
관록을 가진, 경험과 지식이
풍부한 신하를 의미함.

0678

굳을 견

堅

JLPT N1 | 중, 고등 | 부수 土

갑옷 끈을 손(又)으로 너무 세게 조여서 숨이 막혀 바닥(土)에 엎어진 신하(臣)의 모습.

음독 **けん**

堅固 けんご 견고　　堅実 けんじつ 견실　　中堅 ちゅうけん 중견, 중심인물

훈독 **かたい**

堅い かたい (정신적으로) 단단하다, 엄격하다, 확고하다

0679

긴할 긴

緊

JLPT N1 | 중, 고등 | 부수 糸

전장에 나가기 전 손(又)으로 갑옷 끈(糸)을 꽉 조이고 있는 신하(臣)의 모습.

음독 **きん**

緊張 きんちょう 긴장　　緊急 きんきゅう 긴급　　緊迫 きんぱく 긴박

緊密 きんみつ 긴밀　　緊縮 きんしゅく 긴축

0680

콩팥 신

腎

상급한자 | 고등 이상 | 부수 肉 月

腎 腎

신하가(臣) 갑옷 끈을 꽉 조일 때(又), 끈에 압박되는 부위에 있는 신체 장기(肉)인 신장을 말함.

음독 じん

腎臓 じんぞう 신장　　肝心·肝腎 かんじん 가장 중요한 것

0681

머뭇거릴 주

躊

상급한자 | 고등 이상 | 부수 足

躊 躊

마을에서 제일 명망 높은 어르신(士)이 그렇게 하는 게 아니라고 이야기(口) 하니 정말 그런 것 같음. 하던 일(工)을 멈추고, 발걸음(足)을 멈추고 가만히 들어봄.

음독 ちゅう

躊躇 ちゅうちょ 주저

목숨 수

마을에서 제일 나이가 많은 명망 높은 어르신이 일에 관해서 이것저것 훈수하고 있는 모습.

나타날 저

늘 일정한 시간에 뜰(艹)에 나와 경구를 읊으며 공부와 창작을 게을리하지 않는 현자(者)의 모습. 저술하다. 저명하다.

머뭇거릴 저, 건너뛸 착

공부에 열중하고 있는 저명한 어르신의 옆을 지나갈지 말지 고민함. 발소리를 내지 않고 조심히 나아감. 자갈 등 시끄러운 것을 건너뜀.

UPGRADE!

07

확인문제

한자표기 **다음 단어의 한자 표기로 적당한 것을 고르세요.**

01	くるう	① 旺う	② 狂う	③ 弄う
02	そまつ	① 粗末	② 租末	③ 阻末
03	めいしょう	① 名弥	② 名証	③ 名称
04	あきらめる	① 締める	② 諦める	③ 帝める
05	きんちょう	① 腎張	② 緊張	③ 堅張

한자읽기 **다음 한자의 읽는 법을 고르고 빈칸에 뜻을 적으세요.**

06	神聖	① しんせ	② しんぜい	③ しんせい	
07	大吉	① だいきん	② だいきつ	③ だいきち	
08	委託	① いとく	② いだく	③ いたく	
09	便宜	① べんぎ	② べんい	③ べんり	
10	狙う	① ねらう	② えらう	③ ねろう	

정 답 01 ② 미치다 02 ① 소홀히 함 03 ③ 명칭 04 ② 포기하다 05 ② 긴장 06 ③ 신성 07 ③ 대길 08 ③ 위탁 09 ① 편의 10 ① 노리다

08 천문, 점술 관련 한자(21자)

0682

떨칠 진

振

JLPT N1 | 중, 고등 | 부수 手 扌

사다리 위에서 별의 거리를 계산(辰) 하다가 균형을 잃어, 직각자를 내던지고 난간을 잡음(扌).

음독 しん	振動 しんどう 진동	不振 ふしん 부진	振興 しんこう 진흥

훈독 ふる	振る	ふる	(타) 흔들다, 휘두르다
	振る舞い	ふるまい	(타) 행동, 거동, 행동거지
	振り込み	ふりこみ	계좌 입금
ふるう	振るう	ふるう	(타) 휘두르다, 발휘하다 (자) (세력, 힘 등이) 왕성해지다
ふれる	振れる	ふれる	(자) (외부 영향으로) 흔들려 움직이다, 떨리다, 동요하다

0683

아이 밸 신

娠

JLPT N1 | 중, 고등 | 부수 女

황제의 아이를 밴 황후(女)와 별의 거리를 계산해 아이의 운세를 보고(辰) 있는 천문학자의 모습.

음독 しん	妊娠 にんしん 임신

별 진

사다리를 타고 올라가 직각자로 별의 거리를 재며 날씨와 운세를 예측함. 주로 진성, 시간 측정의 기준으로 삼는 별을 말함.
"오늘은 일진(운세)이 좋군."

0684

짙을 농

濃

JLPT N3 | 중, 고등 | 부수 氵

성공적인 수확(曲)을 위해 별의 거리를 계산해(辰) 날씨를 예측해야 하는 데, 물안개(氵)가 짙게 껴 보이지가 않음.

음독 のう　濃厚 のうこう 농후　濃度 のうど 농도　濃密 のうみつ 농밀

훈독 こい　濃い こい 짙다, 진하다

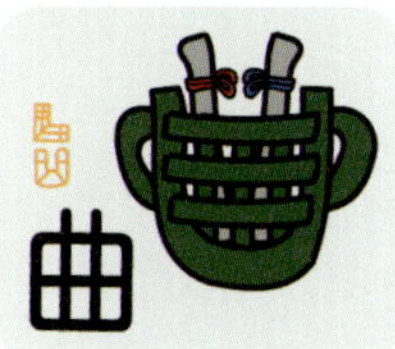

굽을 곡

식물의 줄기를 굽혀 만든 기다란 바구니.

악보처럼 기다란 물건을 담기 좋았음. 굽다. 악곡, 곡선(曲).

0685

입술 순

唇

JLPT N1 | 중, 고등 | 부수 口

최악의 운세(辰)가 나와 입술(口)을 파르르 떨고 있는 점성술사와 빨리 결과를 말하라고 재촉하는 황제의 모습. 현재는 단순히 입술을 뜻함.

음독 しん　口唇 こうしん 구순, 입술 (의학적 표현) 참고어휘

훈독 くちびる　唇 くちびる 입술

0686

욕될 욕

辱

JLPT N1 | 중, 고등 | 부수 辰

점성술사(辰)가 아첨하지 않고 황제의 악행을 있는 그대로 고발하자 자신을 모욕하냐며 칼을 뽑아 듦(寸).

음독 じょく　侮辱 ぶじょく 모욕　雪辱 せつじょく 설욕　屈辱 くつじょく 굴욕　恥辱 ちじょく 치욕

훈독 はずかしめる　辱める はずかしめる (타) 욕보이다, 창피를 주다

0687

볼 감

監 JLPT N1 | 중, 고등 | 부수 皿

전쟁을 치르기 전, 신하(臣)와 제사장(人)이 그릇(皿)에 물을 떠 놓고 점을 치고 있는 모습.

음독 **かん**

監督 かんとく 감독　　監視 かんし 감시　　監獄 かんごく 감옥

監禁 かんきん 감금　　監査 かんさ 감사

그릇 명

비싼 그릇을 그린 모습. 현대 일본에선
접시 쪽에 가까운 의미로 쓰임.

0688

큰 배 함

艦 JLPT N1 | 중, 고등 | 부수 舟

군함(舟) 위에서 바다의 상태를 살피고 있는(監) 장수의 모습.

음독 **かん**

軍艦 ぐんかん 군함　　艦船 かんせん 함선

0689

거울 감

鑑 JLPT N1 | 중, 고등 | 부수 金

물그릇으로 점을 칠 때 자신의 모습이 잘 보이는(監) 것처럼, 스스로의 모습이 잘 보이는 청동거울(金)을 말함. 거울은 영혼을 비춘다고 생각하여 의례용으로 많이 사용했음. 인계와 신계의 통로, 거울.

음독 **かん**

鑑賞 かんしょう 감상　　図鑑 ずかん 도감　　印鑑 いんかん 인감

年鑑 ねんかん 연감, 연례 간행물

0690

넘칠 람

濫

JLPT N1 | 중, 고등 | 부수 氵

濫 濫

점을 보는 물그릇(監)에 쇠구슬을 던짐. 물(氵)이 튀기는 위치로 점을 침.

음독 らん　　氾濫 はんらん 범람　　濫用 らんよう 남용

0691

쪽 람

藍

JLPT N1 | 중, 고등 | 부수 艸 艹

藍 藍

점을 보는 물그릇(監)에 쪽잎(艹)을 우림. 물이 남색이 됨.

음독 らん　　藍青 らんせい 남청, 남청색

훈독 あい　　藍 あい 쪽, 남빛　　藍色 あいいろ 남색

0692

어질 현

賢

JLPT N2 | 중, 고등 | 부수 貝

賢 賢

빈자에게 돈(貝)을 나눠 주고(又) 있는 어진 신하(臣)를 그린 모습.

음독 けん　　賢明 けんめい 현명함　　賢者 けんじゃ 현자

훈독 かしこい　　賢い かしこい 현명하다, 영리하다

0693

부고 부

訃

상급한자 | 고등 이상 | 부수 言

죽은 자의 명복(卜)을 빌고 있는(言) 모습.

음독 ふ

訃報 ふほう 부고, 사망 소식

0694

순박할 박

朴

상급한자 | 고등 이상 | 부수 木

점(卜)을 칠 때 타닥타닥 소리를 내며 타는 거북이 등껍질처럼, 불에 아주 잘 타는 나무인 후박나무(木)를 말함. 소박하게 모닥불로 요리를 하며 조용히 지냄.

음독 ぼく

素朴 そぼく 소박　　純朴 じゅんぼく 순박

0695

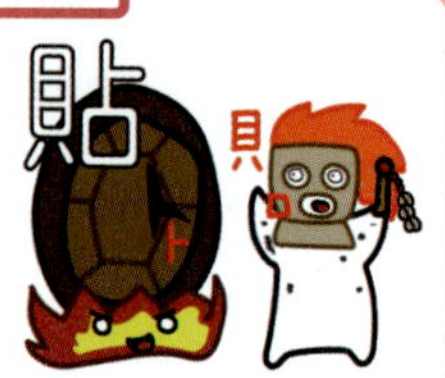

붙일 첩

貼

상급한자 | 고등 이상 | 부수 木

얼굴에 조개(貝) 가면을 쓰고 점(占)을 보고 있는 점술사의 모습.

음독 ちょう

貼付 ちょうふ 부착, 붙임

훈독 はる

張る·貼る　はる　(타) 붙이다

張り付く·貼り付く　はりつく　(자) 달라붙다

점 복

고대 동양의 주술사들은 거북이 등딱지를 불에 태운 다음, 그 갈라진 틈의 모양을 보고 점을 치곤 했음.

점칠 점

새로운 지역을 점령하고 앞으로의 운세를 점치고 있는 모습. 점술, 점령.

0696

붙을 점

粘

JLPT N1 | 중, 고등 | 부수 米

粘 粘

쌀(米)로 악귀를 쫓으며 점(占)을 치고 있는 점술사의 모습. 쌀알이 얼굴에 달라붙음.

음독 ねん

粘性 ねんせい 점성　　粘着 ねんちゃく 접착, 집착함　　粘度 ねんど 점도

粘土 ねんど 점토　　粘液 ねんえき 점액

훈독 ねばる

粘る ねばる (자) 잘 달라붙다, 끈득거리다

0697

곧을 정

貞

JLPT N1 | 중, 고등 | 부수 貝

貞 貞

솥에 거북이 껍질을 넣고 점(卜)을 치는 사람의 모습. 점을 치기 전에 몸과 마음을 정결히 함.

음독 てい

貞操 ていそう 정조　　貞淑 ていしゅく 정숙

0698

염탐할 정

偵

JLPT N1 | 중, 고등 | 부수 人亻

偵 偵

염탐꾼(人)이 적국의 점(貞) 결과를 훔쳐봄.

음독 てい

探偵 たんてい 탐정　　偵察 ていさつ 정찰　　内偵 ないてい 내부 조사

0699

眺

JLPT N1 | 중, 고등 | 부수 目 罒

거북이 등껍질의 금간 틈(兆)을 유심히 살피며(目) 나라의 운명을 점침.

음독 ちょう　　眺望 ちょうぼう 조망

훈독 ながめる　　眺める ながめる (타) 바라보다, 전망하다, 응시하다

억조 조

100만 대군이 쳐들어 온다고 해, 거북이 등껍질을 태워 갈라진 틈을 보고 나라의 운을 점침. 압도적인 수를 말함. 원래는 100만이었으나 현재는 1조로 바뀜.

0700

跳

JLPT N1 | 중, 고등 | 부수 足

엄청난 점괘(兆)에 놀란 점쟁이가 결과를 보고하기 위해 헐레벌떡 왕에게 뛰어감(足).

음독 ちょう　　跳躍 ちょうやく 도약

훈독 とぶ　　跳ぶ とぶ (자) 뛰다, 점프하다

はねる　　跳ねる はねる (자) 튀어 오르다, 튀다

0701

挑

JLPT N1 | 중, 고등 | 부수 手 扌

조(兆)의 군대가 몰려온다는 절망적인 점괘(兆)에도 불구하고, 창을 잡고(扌) 끝까지 도전함.

음독 ちょう　　挑戦 ちょうせん 도전　　挑発 ちょうはつ 도발

훈독 いどむ　　挑む いどむ (타) 도전하다, 정면으로 맞서다

0702

복숭아 도

桃

JLPT N1 | 중, 고등 | 부수 木

桃 桃

신의 과일이라 칭해지던 천도(天桃) 복숭아를 제물로 바치며 점(兆)을 침.

음독 **とう**　白桃　はくとう　백도

훈독 **もも**　桃　もも　복숭아　桃色　ももいろ　분홍빛

UPGRADE!

08

확인문제

한자표기 **다음 단어의 한자 표기로 적당한 것을 고르세요.**

01	しんどう	① 振動	② 濃動	③ 辱動
02	にんしん	① 妊辱	② 妊振	③ 妊娠
03	のうど	① 濃度	② 農度	③ 震度
04	かんし	① 鑑視	② 藍視	③ 監視
05	ずかん	① 図鑑	② 図藍	③ 図艦

한자읽기 **다음 한자의 읽는 법을 고르고 빈칸에 뜻을 적으세요.**

06	賢明	① げんめい	② けんめい	③ へんめい	
07	粘る	① えばる	② ねばる	③ ねはる	
08	眺める	① ながめる	② あがめる	③ ねがめる	
09	挑戦	① ちょせん	② しょうせん	③ ちょうせん	
10	賢い	① はしこい	② かしこい	③ けしこい	

정 답 01 ① 진동 02 ③ 임신 03 ① 농도 04 ③ 감시 05 ① 도감 06 ② 현명 07 ② 잘 달라붙다 08 ① 바라보다 09 ③ 도전 10 ② 현명하다

09 교통수단 관련 한자(16자)

0703

빛날 휘

輝

JLPT N1 | 중, 고등 | 부수 車

輝 輝

밤을 환하게 밝히고(光) 있는 병사들의 진영(軍)을 나타냄.

음독 き　　光輝　こうき　눈부신 빛, 영광

훈독 かがやく　　輝く　かがやく　(자) 빛나다, 반짝이다

0704

바퀴 자국 궤

軌

JLPT N1 | 중, 고등 | 부수 車

軌 軌

말고삐를 잡고(九) 마차(車)를 운전할 때나 사람이 기어갈 때 뒤에 남는 자국, 궤도를 말함.

음독 き　　軌道　きどう　궤도

재미있는 한자 이야기

빛 광

주인의 옆에서 횃불로 밤길을 밝히고 있는 시종의 모습.

아홉 구

엄청 많은 구슬들이 바닥에 떨어져 팔을 구부려 주우려는 사람의 모습. 1의 자리 중 가장 큰 숫자, 구(九)를 말함.

0705

휘두를 휘

揮

JLPT N2 | 초등 6학년 | 부수 手 扌

군사(軍)들에게 지시(扌)를 내리고 있는 지휘관의 모습.

음독 **き**

発揮 はっき 발휘　　指揮 しき 지휘　　揮発 きはつ 휘발

揮発油 きはつゆ 휘발유

0706

진칠 진

陣

JLPT N1 | 중, 고등 | 부수 阜 阝

병사와 전차(車)들을 모아 진(陣)을 만듦. 언덕(阝) 위에서 지시를 내림.

음독 **じん**

出陣 しゅつじん 출격　　退陣 たいじん 퇴진　　陣営 じんえい 진영, 세력

陣痛 じんつう 진통 (출산 시의)

0707

배 박

舶

JLPT N1 | 중, 고등 | 부수 舟

촛불(白)로 어둠을 밝히며 거대한 화물들을 배(舟) 밖으로 실어 나르고 있는 선원들의 모습. 물자가 많아 밤까지 일해야 하는 거대한 선박을 말함.

음독 **はく**

船舶 せんぱく 선박　　舶来 はくらい 바다 건너 온 것, 외래

배 주

배를 그린 모습.

달 월

달(月)을 그린 모습. 고기 육(肉)과 배 주(舟)가 부수로 쓰일 때 月의 모양을 가지므로 주의해야함.

0708

달일 전

煎

상급한자 | 고등 이상 | 부수 火 灬

煎 煎

적들이 육지에 상륙(前) 하기 전에 불화살로 배를 태워(灬) 버리려는 병사들의 모습. 현재는 현재는 단순히 '요리 재료를 볶는다'라는 의미로 사용됨.

음독 せん

煎茶 せんちゃ (뜨거운 물에 우려 마시는) 일본식 녹차

훈독 いる

煎る いる (타) (물 없이) 볶다

앞 전

배(舟)의 선두에 서서 칼(刀)을 뽑고 적진을 향해 뛰어드는(止) 솜씨 좋은(腕前) 병사의 모습.

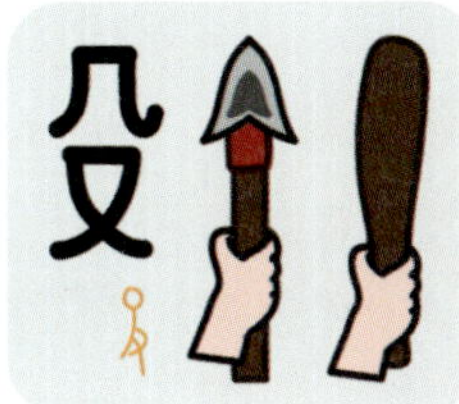

몽둥이 수

무시무시한 무기를 손으로 쥐고 있는 모습.

0709

소반 반

盤

JLPT N1 | 중, 고등 | 부수 皿

盤 盤

화물선(般)이 흔들려도 내용물이 흘러 넘치지 않게 바닥을 넓게 만든 그릇(皿)인 소반을 말함. 평평한 토대, 기반을 말하기도 함.

음독 ばん

基盤 きばん 기반　　地盤 じばん 지반　　碁盤 ごばん 바둑판

0710

옮길 반

搬

JLPT N1 | 중, 고등 | 부수 手 扌

搬 搬

화물선(般) 안팎으로 짐을 옮기는(扌) 선원과 도둑을 감시하고 있는 보초병의 모습.

음독 はん

搬送 はんそう 반송, 운송　　搬入 はんにゅう 반입　　搬出 はんしゅつ 반출

0711

무릇 범

凡

JLPT N1 | 중, 고등 | 부수 几

두루두루 쓰이는 돛 달린 배를 그린 모습. 옛 동서양에서 일반적으로 쓰이던 주요 교통 수단.

음독 ぼん　平凡 へいぼん 평범함　凡人 ぼんじん 평범한 사람

はん　凡例 はんれい 범례

0712

넓을 범

汎

상급한자 | 고등 이상 | 부수 氵

돛 달린 배(凡)를 타고 바다(氵) 건너의 세상을 여행함.

음독 はん　汎用 はんよう 범용

0713

돛 범

帆

JLPT N1 | 중, 고등 | 부수 巾

매우 두껍고 질긴 천(巾)으로 만든 돛단배의 돛(凡)을 말함.

음독 はん　帆船 はんせん 범선　出帆 しゅっぱん 출범

훈독 ほ　帆 ほ 돛

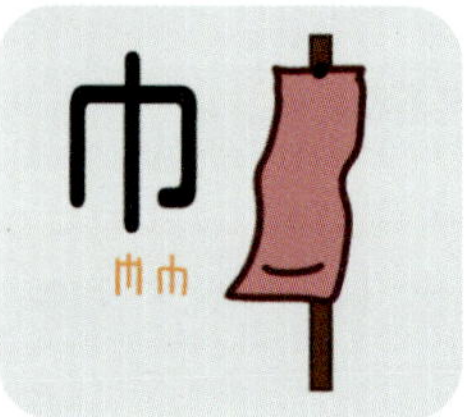

수건 건

막대기에 매달려 있는
수건을 그린 모습.

0714

두려울 공

恐

JLPT N2 | 중, 고등 | 부수 心 忄

달구(工)로 땅을 다지고 있는 업자가 지붕(凡) 작업을 하고 있는 인부 때문에, 건물이 무너지지 않을까 두려워(心) 하는 모습.

음독 **きょう**

恐怖 きょうふ 공포　　恐喝 きょうかつ 공갈　　恐慌 きょうこう 공황

恐竜 きょうりゅう 공룡　　恐縮 きょうしゅく 폐를 끼친 걸 죄송스럽게 여김

훈독 **おそれる**

恐れる おそれる (자) 두려워하다

おそろしい

恐ろしい おそろしい 두렵다, 무섭다

0715

즐거울 유

愉

JLPT N1 | 중, 고등 | 부수 心 忄

뱃길을 나서는 김에 유쾌하게 노래를 부르며 악기를 연주하는 사람의 모습. 공장(亼)에서 만든 물건을 배(舟)에 싣고 물길(川)로 나감.

음독 **ゆ**

愉快 ゆかい 유쾌　　不愉快 ふゆかい 불쾌

대답할 유

공장(亼)에서 만든 물건을 배(舟)에 실어 물길(川)로 나가는 사람의 모습. 잘 갔다오라는 동료의 말에 대답함.

0716

타이를 유

諭

JLPT N1 | 중, 고등 | 부수 言

배(舟)가 좌초되지 않을까 걱정하는 사람을 잘 타이르며(言) 항해(川)를 계속함. 집을(亼) 떠나 바다로 나감.

음독 ゆ

説諭　せつゆ　(법적, 공적 상황에서) 엄중히 훈계함

훈독 さとす

諭す　さとす　(타) 잘 타이르다, 훈계하다

0717

깨우칠 유

喩

상급한자 | 고등 이상 | 부수 口

항해(兪)에 필요한 지식을 비유적으로 잘 설명(口)해 깨우치게 함. 새로 알아갈 때마다 기뻐함.

음독 ゆ

比喩　ひゆ　비유　　　隠喩　いんゆ　은유

0718

병 나을 유

癒

JLPT N1 | 중, 고등 | 부수 疒

바다 건너 나라에서 수입(兪)해 온 아주 비싼 특효약을 먹이니 병(疒)이 순식간에 나음(心).

음독 ゆ

快癒　かいゆ　쾌유　　　治癒　ちゆ　치유

훈독 いえる

癒える　いえる　(자) 병이 낫다, 아물다

いやす

癒やす　いやす　(타) 치유하다, 고치다

UPGRADE!

09

확인문제

한자표기 **다음 단어의 한자 표기로 적당한 것을 고르세요.**

01	かがやく	① 揮く	② 輝く	③ 陣く
02	きどう	① 執道	② 陣道	③ 軌道
03	せんぱく	① 船舶	② 船盤	③ 船搬
04	しき	① 指陳	② 指揮	③ 指輝
05	きばん	① 基般	② 基搬	③ 基盤

한자읽기 **다음 한자의 읽는 법을 고르고 빈칸에 뜻을 적으세요.**

06	平凡	① へいぼん	② へほん	③ へぼん	
07	恐れる	① あそれる	② おそれる	③ ゆそれる	
08	愉快	① よかい	② よがい	③ ゆかい	
09	比喩	① びゆ	② ひゆ	③ひよ	
10	治癒	① ちゆ	② じゆ	③ ちゆう	

정답 01 ② 빛나다 02 ③ 궤도 03 ① 선박 04 ② 지휘 05 ③ 기반 06 ① 평범 07 ② 두려워하다 08 ③ 유쾌 09 ② 비유 10 ① 치유

제4장에서 배우는 JLPT N1 레벨 고급 한자 407자를 익히면,
문맥 속에서 단어의 의미를 스스로 추론하는 능력이 길러집니다.
처음 접하는 단어라도 한자의 구성과 조합을 통해
뜻을 자연스럽게 유추할 수 있게 되며,
이는 일본어 어휘 학습을 '암기' 중심에서
이해 기반의 체계적 학습으로 전환시키는 데 핵심적인 역할을 합니다.

제 4 장

JLPT N1 레벨 필수 한자(4) 407자

01 인간의 도구 관련 한자 1(36자)

0719

맏 백

伯

JLPT N1 | 중, 고등 | 부수 人亻

어두운 밤 촛불(白)을 들고 있는 사람(亻)의 모습. 어떤 무리 안에서 가장 큰 주도권을 가진 사람을 의미함.

음독 はく

伯仲 はくちゅう 장남과 차남, (실력 등이) 막상막하임　画伯 がはく 화백

예외 伯父 おじ 큰아버지, 백부

伯母 おば 큰어머니, 백모

0720

칠 박

拍

JLPT N1 | 중, 고등 | 부수 人亻

촛불(白)을 끄기 위해 불 근처에서 박수(扌)를 쳐 바람을 일으킴.

음독 はく

一拍 いっぱく 한 박자　拍手 はくしゅ 박수　脈拍 みゃくはく 맥박

拍車 はくしゃ 박차, 어떤 일을 촉진하려는 힘

훈독 ひょう

拍子 ひょうし 박자

재미있는 한자 이야기

흰 백

어둠을 하얗게 밝히는 촛불을 그린 모습.

손 수

손을 그린 모습.

0721

핍박할 박

迫

JLPT N1 | 중, 고등 | 부수 辵 辶

촛불(白)을 들고 밤길(辶)을 걷던 나그네가 도적 떼를 만난 모습.

음독 **はく**　　脅迫 きょうはく 협박　　迫力 はくりょく 박력　　切迫 せっぱく 절박

훈독 **せまる**　　迫る せまる (자) (기일 등이) 다가오다

0722

머무를 박

泊

JLPT N3 | 중, 고등 | 부수 氵

오랜 항해(水)에 지쳐 여관에서 하룻밤 머무르기 위해 배에서 촛불(白)을 들고 내려옴.

음독 **はく**　　一泊 いっぱく 1박　　宿泊 しゅくはく 숙박　　停泊 ていはく 정박
外泊 がいはく 외박

훈독 **とめる**　　泊める とめる (타) (상대를) 재우다, 머물게 하다
とまる　　泊まる とまる (자) (자신이) 머물다, 숙박하다

0723

비단 금

錦

JLPT N1 | 고등 이상 | 부수 金

거의 금값(金)과 필적할 정도의 매우 비싼 비단(帛)을 말함. 혹은 그정도로 아름다운 것.

음독 **きん**　　錦秋 きんしゅう 비단처럼 아름다운 가을

훈독 **にしき**　　錦 にしき 비단

비단 백
찬란하게 빛나는 (白) 최상급 비단 (巾)의 모습.

0724

샘 선

腺

상급한자 | 고등 이상 | 부수 肉 月

샘(泉)에서 흘러나오는 작은 물줄기처럼 몸(肉)에서 땀이 흘러나오는 통로인 땀샘을 의미함.

음독 **せん**

涙腺 るいせん 눈물샘　　汗腺 かんせん 땀샘

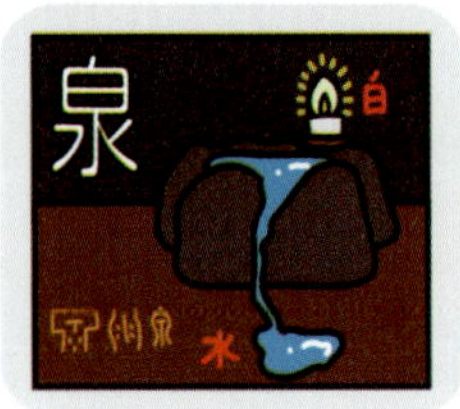

샘 천

밤에도 잘 보이게 샘(水)에
촛불(白)을 켜둔 모습.

0725

뽑을 추

抽

JLPT N1 | 중, 고등 | 부수 手 扌

촛불의 심지(由)가 너무 짧아 손가락으로 잡아(扌) 길게 뽑음.

음독 **ちゅう**

抽象 ちゅうしょう 추상　　抽出 ちゅうしゅつ 추출　　抽選 ちゅうせん 추첨

抽象的 ちゅうしょうてき 추상적

0726

소매 수

袖

상급한자 | 고등 이상 | 부수 衣 衤

자칫하다간 촛불(由)에 불탈 수도 있는 옷소매(衣)를 말함.

음독 **しゅう**

領袖 りょうしゅう 소매를 이끄는 사람, 즉 지도자 (문어체) 참고어휘

훈독 **そで**

袖 そで 소매　　半袖 はんそで 반팔 옷　　長袖 ながそで 긴팔 옷

0727

굴대 축

軸

JLPT N1 | 중, 고등 | 부수 車

촛불의 심지(由)처럼 마차(車) 바퀴의 축이 되어주는 굴대를 말함.

음독 じく

軸 じく 축　　車軸 しゃじく 차축　　地軸 ちじく 지구의 자전축

横軸 よこじく 가로축, X축　　縦軸 たてじく 세로축, Y축

0728

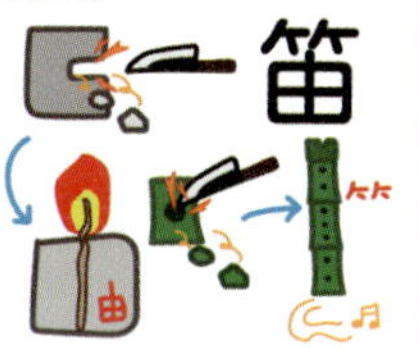

피리 적

笛

JLPT N1 | 초등 3학년 | 부수 竹

말린 동물기름에 구멍을 뚫어 촛불(由)을 만들듯이, 대나무(竹)에 구멍을 뚫어 피리를 만듦.

음독 てき

警笛 けいてき 경적, 경보음　　汽笛 きてき 기차・배의 경적

훈독 ふえ

笛 ふえ 피리, 호루라기

0729

스밀 비

泌

JLPT N1 | 중, 고등 | 부수 氵

마치 물(氵) 한 바가지(必)를 뒤집어 쓴 것처럼 몸에서 땀이 좔좔 흐르고 있는 모습.

음독 ひつ / ひ

分泌 ぶんぴつ・ぶんぴ 분비

泌尿器 ひにょうき 비뇨기

💡 ぶんぴつ는 학술 분야에서 제한적으로 사용하고 일반적으로는 ぶんぴ로 읽습니다.

반드시 필

우물에서 삶에 반드시 필요한 물을 박으로 푸는 모습.

0730

꿀 밀

蜜

상급한자 | 고등 이상 | 부수 虫

양봉장(宀)에서 벌(虫)들이 열심히 모은 꿀을 퍼먹음(必).

음독 **みつ**

蜂蜜 はちみつ 꿀, 벌꿀　　蜜月 みつげつ 밀월 여행, 허니문

0731

일찍 증

曽

상급한자 | 고등 이상 | 부수 曰

음식을 찔 때 사용하는 여러 층으로 된 시루의 모습. 일찍이 증기가 피어 오름.

음독 **ぞ**

未曽有 みぞう 전대미문, 지금까지 한 번도 본 적이 없는 것 참고어휘

そう

曽遊 そうゆう 예전에 유람했던 곳, 옛 추억의 장소 참고어휘

曽祖父 そうそふ 증조부, 증조할아버지

예외 曽て かつて 일찍이, 예전부터

0732

중 승

僧

JLPT N1 | 중, 고등 | 부수 人亻

육식을 해서는 안되는, 감자나 고구마같은 찜 요리(曽)를 주로 해먹는 스님(亻)을 말함.

음독 **そう**

僧 そう 스님, 승려　　僧侶 そうりょ 승려　　尼僧 にそう 여자 승려, 비구니

0733

미울 증

憎

JLPT N2 | 중, 고등 | 부수 心 忄

펄펄 끓어오르는 시루(曽)의 증기처럼 마음(心)의 증오가 끓어오르고 있는 사람의 모습.

음독 **ぞう**　憎悪　ぞうお　증오　　愛憎　あいぞう　애증

훈독 **にくい**　憎い　にくい　밉다, 증오스럽다

にくしみ　憎しみ　にくしみ　미움, 증오

にくむ　憎む　にくむ　(타) 미워하다

にくらしい　憎らしい　にくらしい　밉살스럽다, 얄밉다

0734

줄 증

贈

JLPT N2 | 중, 고등 | 부수 貝

스님이 가난한 자에게 감자와 같은 찜(曽) 요리와 약간의 돈(貝)을 기증함.

음독 **そう**　寄贈　きぞう　기증　💡 원래 そう 였던 것이 탁음화로 인해 ぞう가 된 경우입니다.

ぞう　贈呈　ぞうてい　증정　　贈与　ぞうよ　증여

훈독 **おくる**　贈る　おくる　(타) 선물하다, 증정하다, 보내다

0735

클 거

巨

JLPT N2 | 중, 고등 | 부수 工

너무 거대해서 자로 측정하기 어려움.

음독 **きょ**　巨人　きょじん　거인　　巨大　きょだい　거대　　巨匠　きょしょう　거장, 대가

0736

막을 거

拒

JLPT N1 | 중, 고등 | 부수 手 扌

엄청나게 많은 대군(巨)을 앞에 두고도 끝까지 칼을 잡고(扌) 싸우고 있는 병사의 모습.

음독 **きょ** 拒否 きょひ 거부 拒絶 きょぜつ 거절 抗拒 こうきょ 항거

훈독 **こばむ** 拒む こばむ (타) 거부하다, 막다, 거절하다

0737

상거할 거

距

JLPT N1 | 중, 고등 | 부수 足

집을 나와(足) 엄청나게 높은 산(巨)을 넘으며 굉장히 먼 거리를 이동하고 있는 사람의 모습.

음독 **きょ** 距離 きょり 거리 遠距離 えんきょり 원거리 近距離 きんきょり 근거리

0738

이에 내

乃

상급한자 | 고등 이상 | 부수 丿

낫으로 작물을 수확하고 있는 모습. 함께 일하고 있는 사람들, 나와 그대들.

이 한자는 현대에서는 거의 쓰이지 않고, 인명/지명, 고전문, 법률문 등에서 제한적으로 사용하고 있습니다.

음독 **だい** 乃父 だいふ 나의 아버지 (고문체) 참고어휘

ない 乃至 ないし 1. 내지, ~에서 ~까지 2. 또는, 혹은

훈독 **すなわち** 乃ち·即ち すなわち 즉, 다시 말해

の 乃木坂 のぎざか 노기자카, 도쿄 미나토구에 위치한 지명

0739

빼어날 수

秀

JLPT N1 | 중, 고등 | 부수 禾

키운 작물(禾) 중에서도 품질이 좋은 것들을 거둠(乃).

음독 **しゅう** 優秀 ゆうしゅう 우수 秀才 しゅうさい 수재 秀逸 しゅういつ 뛰어남

훈독 **ひいでる** 秀でる ひいでる (자) 빼어나다, 뛰어나다

0740

꾈 유

誘

JLPT N1 | 중, 고등 | 부수 言

매우 비싼 뇌물(秀)을 주며 자신의 편에 서길 권유(言)함.

음독 **ゆう** 誘導 ゆうどう 유도 勧誘 かんゆう 권유 誘惑 ゆうわく 유혹
誘拐 ゆうかい 유괴 誘発 ゆうはつ 유발

훈독 **さそう** 誘う さそう (타) 권유하다, 초대하다, 유발하다

0741

사무칠 투

透

JLPT N1 | 중, 고등 | 부수 辵 辶

길(辶)을 막는 작물(禾)들을 날붙이로 베며(乃) 앞으로 전진함.

음독 **とう** 透明 とうめい 투명 浸透 しんとう 침투 透視 とうし 투시
透過 とうか 투과 透写 とうしゃ 투사, 투명한 종이 위로 따라 그림

훈독 **すく** 透く すく (자) 틈이 나다, 속이 비치다
透き通る すきとおる (자) (유리나 물처럼) 투명하게 비치다
すかす 透かす すかす (타) 비춰보다, 엿보다, 속마음을 읽어내다
すける 透ける すける (자) 비치다, 속이 보이다

0742

卓

JLPT N1 | 중, 고등 | 부수 十

높이 있는 새를 잡기 위해 채를 휘두름.

음독 **たく**

食卓 しょくたく 식탁　　卓越 たくえつ 탁월　　卓球 たっきゅう 탁구

電卓 でんたく 전자식 탁상 계산기, 전자계산기

0743

悼

JLPT N1 | 중, 고등 | 부수 心 忄

어린 아이가 새를 잡으려고(卓) 무리하게 쫓아가다가 절벽에서 떨어져 죽음. 슬퍼하며(心) 애도함.

음독 **とう**

哀悼 あいとう 애도　　追悼 ついとう 추도

훈독 **いたむ**

悼む いたむ (타) 애도하다, 슬퍼하다

0744

釜

상급한자 | 고등 이상 | 부수 金

가마 앞에서 철(金)을 녹여 도구를 만들고 있는 솜씨 좋은 기술자(父)의 모습.

훈독 **かま**

釜 かま 가마, 솥　　釜飯 かまめし 가마솥밥 (전통 도자기 솥밥)

아비 부

공구를 들고 있는 힘센
아버지의 모습.

0745

부드러울 유

柔

JLPT N2 | 중, 고등 | 부수 木

창(矛)이 부러지지 않으려면 유연한 목재(木)로 창대를 만들어야 했음.

음독 **じゅう**　柔道 じゅうどう 유도　柔軟 じゅうなん 유연함　懐柔 かいじゅう 회유

優柔不断 ゆうじゅうふだん 우유부단

にゅう　柔弱 にゅうじゃく 유약 (마음의 체질 등이 나약하고 연약함)

훈독 **やわらか**　柔らか やわらか 부드러움, 유연함

やわらかい　柔らかい やわらかい 부드럽다, 연하다, (말투·성격 등이) 온화하다

0746

차례 서

序

JLPT N2 | 초등 5학년 | 부수 广

미리 수확한 곡식을(予) 차례차례 창고(广)에 쌓아 놓는 사람들의 모습.

음독 **じょ**　順序 じゅんじょ 순서　秩序 ちつじょ 질서　序論 じょろん 서론

序列 じょれつ 서열　序幕 じょまく 서막

창 모

찌르기도 좋고 베기에도 좋은 창인 '모'를 말함. (삼국지 상비의 장필사모)

미리 예

벌레가 곡식을 먹기 전에 미리미리 작물을 수확해 둠. 원래는 직기를 나타낸 한자였음.

0747

陷

JLPT N1 | 중, 고등 | 부수 阝

언덕(阝)에서 굴러 떨어져 머리(⺈) 높이까지 오는 구덩이(旧)에 빠짐.

음독 かん

欠陥 けっかん 결함　　陥落 かんらく 함락　　陥没 かんぼつ 함몰

훈독 おちいる / おとしいれる

陥る　おちいる　(자) (상태나 함정에) 빠지다, (위기에) 몰리다

陥れる　おとしいれる　(타) (함정에) 빠뜨리다, (속여서 나쁜 상황에) 몰아넣다

陥し穴　おとしあな　함정, 속임수

0748

稲

JLPT N1 | 중, 고등 | 부수 禾

벼(禾)를 수확해 탈곡한 다음, 절구나 넓은 통(旧)에 곡식의 낱알을 담아(爫) 보관함.

음독 とう

陸稲 りくとう 밭에서 기르는 벼, 밭벼 (농업 용어)

훈독 いね / いな

稲 いね 벼

稲光 いなびかり 번개　　稲妻 いなずま 번개 (빛)　　稲作 いなさく 벼농사

일본어로 번개를 왜 '벼의 아내(稲妻)'라고 부르나요?

번개가 치면 공기 중에 질소산화물이 많이 생성됩니다. 그리고 이 영양분이 비를 타고 내려오게 되면 땅이 아주 비옥해지고 작물이 잘 자라게 되죠. 실제 동서양 신화 속에서도 번개는 항상 풍작과 밀접한 관계를 맺어 왔습니다. 일본에서는 번개가 치면 농사가 잘 된다고 하여, 번개에게 '벼의 아내'라는 이름을 붙이게 되었죠.

옛 구

수리부엉이의 절구처럼 생긴 둥지를 그린 모습. 부엉이는 오래된 나무의 구멍이나 바위 틈에 둥지를 트는 습성이 있었음. 예전의 것임.

절구 구

절구통을 그린 모습.

0749

무너질 붕

崩

JLPT N1 | 중, 고등 | 부수 山

마노 조개 다발(朋)처럼 산(山)에서 흙과 바위가 우르르 무너져 내리고 있는 모습.

음독 **ほう**　崩壊　ほうかい　붕괴　　예외 雪崩　なだれ　눈사태

훈독 **くずす**　崩す　くずす　(타) 무너뜨리다

くずれる　崩れる　くずれる　(자) 무너지다, 붕괴하다　　山崩れ　やまくずれ　산사태

0750

사다리 붕

棚

JLPT N1 | 중, 고등 | 부수 木

마노 조개 다발(朋)처럼 생긴 나무(木) 사다리를 그린 모습. 현재 일본에선 사다리 모양의 선반을 말함.

훈독 **たな**　棚　たな　선반　　戸棚　とだな　찬장, 수납장 (문 달린 선반)

大陸棚　たいりくだな　대륙붕

0751

탈 탑

搭

JLPT N1 | 중, 고등 | 부수 手 扌

밥솥처럼 생긴 통(合) 안에 야채들을(艹) 집어 담고(扌) 있는 모습.

음독 **とう**　搭載　とうさい　탑재　　搭乗　とうじょう　탑승　　搭乗券　とうじょうけん　탑승권

벗 붕

급전이 필요한 친구에게 옛 돈다발인 마노 조개 다발을 빌려주고 있는 모습.

합할 합

밥솥을 그린 모습. 의견을 합하기 위해 식사 자리를 마련함.

0752

탑 탑

塔

JLPT N2 | 중, 고등 | 부수 土

부처님의 사리를 통 안에 넣어(合) 무덤에(土, 艹) 안치한 후, 그 위에 탑(塔)을 세움.

음독 とう

塔 とう 탑　　石塔 せきとう 석탑

0753

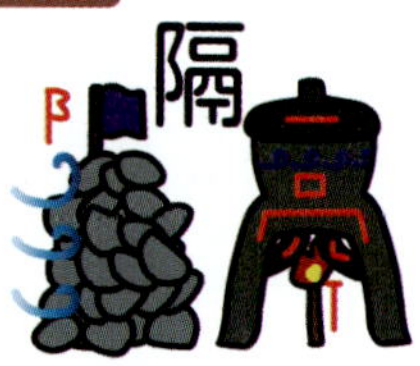

사이 뜰 격

隔

JLPT N1 | 중, 고등 | 부수 阜 阝

바람으로부터 불을 지키기 위해 세발솥(鬲) 옆에 돌 언덕(阝)을 쌓아놓은 모습.

음독 かく

間隔 かんかく 간격　　隔週 かくしゅう 격주　　隔離 かくり 격리

훈독 へだてる

隔てる へだてる (타) 사이를 떼다, 가로막다

へだたる

隔たる へだたる (자) (시공간적으로) 떨어지다, 멀어지다

0754

녹을 융

融

JLPT N1 | 중, 고등 | 부수 虫

벌레(虫)가 솥(鬲)에 빠져 녹음.

음독 ゆう

金融 きんゆう 금융　　融通 ゆうずう 융통　　融資 ゆうし 융자, 대출

融合 ゆうごう 융합　　融和 ゆうわ 융화　　融解 ゆうかい 융해, 녹음

좀콩 답

밥솥처럼 생긴 통 안에 야채와 콩 같은 것들이 담겨있음.

솥 력

다리가 긴 세발솥의 모습.

UPGRADE!

01

확인문제

한자표기 **다음 단어의 한자 표기로 적당한 것을 고르세요.**

01 はくしゅ ① 伯手 ② 迫手 ③ 拍手

02 はくりょく ① 拍力 ② 伯力 ③ 迫力

03 しゅくはく ① 宿迫 ② 宿泊 ③ 宿伯

04 ちゅうしょう ① 袖象 ② 抽象 ③ 軸象

05 そで ① 笛 ② 軸 ③ 袖

한자읽기 **다음 한자의 읽는 법을 고르고 빈칸에 뜻을 적으세요.**

06 憎悪 ① ぞうお ② そうお ③ ぞおう [ ]

07 寄贈 ① きそう ② ぎそう ③ きぞう [ ]

08 巨大 ① きょだい ② ぎょだい ③ きょうだい [ ]

09 拒否 ① きょひ ② ぎょうひ ③ きょうひ [ ]

10 透明 ① どめい ② とめい ③ とうめい [ ]

정답 01 ③ 박수 02 ③ 박력 03 ② 숙박 04 ② 추상 05 ③ 소매 06 ① 증오 07 ③ 기증 08 ① 거대 09 ① 거부 10 ③ 투명

02

인간의 도구 관련 한자 2(52자)

0755

자 척

尺

JLPT N1 | 초등 6학년 | 부수 尸

사람의 발목에서 무릎 정도 되는 길이인 척(尺)을 말함. 뭔가를 일정한 기준으로 측량함.

음독 しゃく

尺 しゃく 척, 길이의 단위 (1척 = 약 30.3cm)

尺度 しゃくど 척도, 기준

0756

가릴 택

択

JLPT N1 | 중, 고등 | 부수 手扌

어떤 것이 더 큰 지 재(尺)보고 무엇을 가질(扌)지 선택함.

음독 たく

選択 せんたく 선택

採択 さいたく 채택

択一 たくいつ 택일

択(가릴 택)은 일본식 약자로, 원래 본자는 擇(가릴 택)입니다.
일본에서 睪(못 택)은 획수가 많아 주로 尺(자 척)으로 축약해서 사용합니다.

재미있는 한자 이야기

못 택, 엿볼 역, 불알 고

흉악한 수배범을 붙잡고 행복해 함.
수갑(幸)을 채운 채 땅에 엎드리게 함.
고개를 들어 엿보니(罒) 불알이 보임.
바닥이 축축해 무릎이 젖음.

다행 행

흉악범을 잡는 데 성공해
수갑(幸)을 채우고 땅에 앉힘.
행복의 조건인 현재의 안전이
보장된 상태를 의미함.

0757

통변할 역

訳

JLPT N3 ㅣ 초등 6학년 ㅣ 부수 言

적의 전령을 사로잡아 고문해 암호문을 빼앗은 후, 이런 저런 기준(尺)으로 해석함(言).

음독 やく

訳 やく 역, 번역　　翻訳 ほんやく 번역　　通訳 つうやく 통역

훈독 わけ

訳 わけ 의미, 뜻, 이유　　内訳 うちわけ 내역, 명세

가릴 택 본자

누가 진범인지 가림.

통변할 역 본자

적의 전령에게 빼앗은 서찰을 통변함.

0758

못 택

沢

JLPT N1 ㅣ 중, 고등 ㅣ 부수 氵

날씨가 너무 더워, 무릎 높이 정도의 깊이(尺)를 가진 시원한 계곡물(氵)에 발을 담구며 비싼 술을 마심.

음독 たく

光沢 こうたく 광택　　潤沢 じゅんたく 윤택　　沢山 たくさん 많음, 충분함

贅沢 ぜいたく 사치

💡 贅 (혹 췌, 비상용한자)
오만방자(敖)한 부자가 돈다발(貝)을 혹처럼 이리저리 흔들고 다님.

훈독 さわ

沢 さわ 저습지, 계곡물

못 택 본자

범죄자를 체포한 후 축배를 들며 물놀이를 즐김.

거만할 오

우스꽝스러운 옷을 입은 사람이 칼과 방울을 휘두르며 남을 기만하고 있는 모습.

0759

풀 석

釈

JLPT N1 | 중, 고등 | 부수 釆

밭을 헤집고 도망간 동물의 발자국(釆)을 자(尺)로 재어보며 그 덩치를 추측해 봄.

음독 **しゃく**

解釈 かいしゃく 해석　　釈放 しゃくほう 석방　　注釈 ちゅうしゃく 주석

会釈 えしゃく 가볍게 고개를 숙이는 인사, 목례

분별할 변

어떤 짐승의 발자국인지
분별하고 있는 모습.

0760

다할 진

尽

JLPT N1 | 중, 고등 | 부수 尸

붓으로 글씨를 너무 많이 쓰다 보니 먹물을 다 씀.

음독 **じん**

無尽蔵 むじんぞう 무진장, 무한함, 끝없음

尽力 じんりょく 진력, 있는 힘을 다함

훈독 **つくす**

尽くす つくす (타) 전력을 다하다, (수단 등을) 강구하다

つきる

尽きる つきる (자) 없어지다, 끝나다, (돈 등이) 바닥나다, (희망 등이) 사라지다

つかす

尽かす つかす (타) 소진하다

풀 석, 기뻐할 역

사건의 실마리를 풀어 죄가
없음을 입증함. 석방이 되어
기뻐하는 용의자의 모습.

낮 주

해가 떠 있을 때(旦) 쓸 수 있는
만큼 최대한 글을 씀(尽).
등불 기름을 아끼기 위해 밤에
글을 쓰는 걸 지양함.

0761

잡을 집

執

JLPT N1 | 중, 고등 | 부수 土

범죄자를 집요하게 추적해 수갑을 채운 후, 땅(土)에 엎드리게(丸) 시킨 후 재판을 집행함.

음독 **しつ**

執筆 しっぴつ 집필 　 固執 こしつ 고집 　 執行 しっこう 집행

執務 しつむ 집무

しゅう

執着 しゅうちゃく 집착 　 執念 しゅうねん 집념

훈독 **とる**

執る とる (타) (업무를) 맡다, 취급하다, (붓 등을) 들다

0762

잡을 지

摯

상급한자 | 고등 이상 | 부수 手 扌

붙잡은 범죄자(執)를 아주 엄중한 자세로 대함(手).

음독 **し**

真摯 しんし 진지함, 성실함, 정직함

찌를 임

사람의 팔에 수갑을 채운 모습. 나무의 가시가 손목을 자꾸 쿡쿡 찌름.

다행 행

흉악범을 잡는 데 성공해 수갑(幸)을 채우고 땅에 앉힘. 행복의 조건인 현재의 안전이 보장된 상태를 의미함.

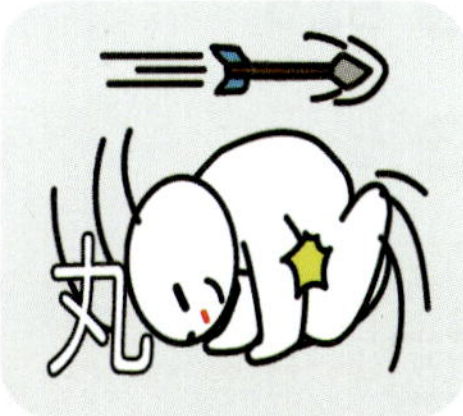

둥글 환

앞 구르기를 하기 위해 팔꿈치를 땅에 대고 몸을 둥글게 만 사람의 모습.

0763

술 부을 작

酌

JLPT N1 | 중, 고등 | 부수 酉

울분을 토하는 친구의 기분을 헤아리며 국자(勺)로 술(酉)을 따라줌. 친구의 기분을 참작함.

음독 **しゃく**　酌量 しゃくりょう 참작함, 고려함　晩酌 ばんしゃく 반주, 가벼운 저녁 술

훈독 **くむ**　酌む くむ (타) 1. 술을 따르다 2. (마음 등을) 헤아리다

구기 작

옛 국자를
나타낸 모습.

0764

낚을 조

釣

JLPT N1 | 중, 고등 | 부수 金

강물에 국자(勺)로 떡밥을 풀고 미끼가 달려 있는 낚시 바늘(金)을 던짐.

음독 **ちょう**　釣魚 ちょうぎょ 조어, 낚시질 참고어휘　釣艇 ちょうてい 낚시용 보트

훈독 **つる**　釣る つる (타) 낚다, 꾀다　釣り つり 낚시

0765

말 두

斗

JLPT N1 | 중, 고등 | 부수 斗

콩 한 말을 바가지로 퍼올리고 있는 모습.

음독 **と**　斗酒 としゅ 한 말의 술 (1斗 약 18리터)　北斗七星 ほくとしちせい 북두칠성

0766

되 승

升

JLPT N1 | 중, 고등 | 부수 十

작은 바가지로 쌀 한 되를 퍼 올리는 모습. 10되(升)는 1말(斗)임.

음독 **しょう**　一升 いっしょう 1되, 쌀, 간장, 술 등의 계량 단위 (1升 = 약 1.8리터)

훈독 **ます**　升 ます 나무로 된 정사각형 사케 잔　升目 ますめ 격자모양의 칸, 바둑판 등의 칸

0767

빠를 신

迅

JLPT N1 | 중, 고등 | 부수 辵辶

곡식을 훔쳐먹던 새가 사람이 오자 빠르게 날아(卂) 도망침(辶).

음독 **じん**　迅速 じんそく 신속함

빨리 날 신

곡식을 훔쳐먹던 새가
빠르게 날아오름.

0768

장군 부

缶

JLPT N2 | 중, 고등 | 부수 缶

음식을 담는 큰 그릇인 장군을 그린 모습. 일본에서는 금속 용기인 캔을 지칭함.

음독 **かん**　缶 かん 캔, 깡통　薬缶 やかん 주전자　缶詰 かんづめ 통조림

0769

질그릇 도

陶

JLPT N1 | 중, 고등 | 부수 阜 阝

도자기(缶)를 빚는 도공(勹)의 모습. 도자기를 만들기 위해선 강력한 화덕을 설치해야 했기 때문에 마을에서 조금 떨어진 언덕(阝) 위에 공방을 지었음.

음독 **とう**

陶器 とうき 도기, 도자기　　陶工 とうこう 도공　　陶芸 とうげい 도예

陶磁器 とうじき 도자기 (학술, 상업용 용어)　　陶酔 とうすい 도취

0770

흔들릴 요

揺

JLPT N1 | 중, 고등 | 부수 手 扌

음료가 든 통(缶)을 잡고(爫) 머리 위로 들어 올려(扌) 벌컥벌컥 마심.

음독 **よう**

動揺 どうよう 동요

훈독

ゆれる	揺れる	ゆれる	(자) (마음, 물체, 빛 등이) 흔들리다
ゆる	揺る	ゆる	(타) 흔들다 (자) 흔들리다 (고어)
ゆらぐ	揺らぐ	ゆらぐ	(자) (신념, 질서 등이) 동요하다, 흔들리다
ゆるぐ	揺るぐ	ゆるぐ	(자) 흔들리다 (문어체, 뉴스)
ゆする	揺する	ゆする	(타) 흔들다, 협박하다
ゆさぶる	揺さ振る	ゆさぶる	(타) 뒤흔들다, 동요시키다
ゆすぶる	揺すぶる	ゆすぶる	(타) "ゆさぶる"의 오래된 표기, 비표준어

0771

노래 요

謠

JLPT N1 | 중, 고등 | 부수 言

술통(缶)을 잡고(爫) 시와 노래를 부름(言).

음독 **よう**　歌謠 かよう 가요　童謠 どうよう 동요　民謠 みんよう 민요

훈독 **うたい**　謠　うたい　(전통극의) 창, 노래

うたう　謠う　うたう　(타) 노래하다

0772

답답할 울

鬱

상급한자 | 고등 이상 | 부수 鬯

장발(彡)의 노인이 숲(林)속 평상(冖) 위에서 나홀로 술(鬯)과 안주(缶)를 먹고 있는 모습.

음독 **うつ**　鬱病 うつびょう 우울증　憂鬱 ゆううつ 우울함, 울적함

鬱陶しい うっとうしい 음울하다, 귀찮다

모든 것이 다 의미없다 생각되어, 속세에서 벗어나 외진 곳에서 혼자 조용히 있고 싶음.

울창주 창

울금초를 우려 만든 술인 울창주를 말함.
향이 아주 독특해 제사를 지낼 때 주로 사용했음.

0773

딸 적

摘

JLPT N1 | 중, 고등 | 부수 手 扌

摘 摘

화분(商)의 꽃을 손(扌)으로 땀.

음독 てき　　指摘　してき　지적　　摘出　てきしゅつ　적출　　摘発　てきはつ　적발

훈독 つむ　　摘む　つむ　(타) (꽃, 열매 등을) 따다, (문제, 기회 등을) 꺾다

장사 상

아주 비싼 도자기를 책상
위에 올려놓고 호객을
하고 있는 상인의 모습.

0774

정실 적

嫡

JLPT N1 | 중, 고등 | 부수 女

嫡 嫡

궁궐에 전시 되어있는 아주 값비싼 화분(商)처럼, 궐 내에서 최고로 귀한 여자(女)인 적실을 말함.

음독 ちゃく　　嫡室　ちゃくしつ　정실 부인　참고어휘　　嫡子　ちゃくし　적자, 본처의 아들　참고어휘

0775

물방울 적

滴

JLPT N2 | 중, 고등 | 부수 氵

滴 滴

상품으로 팔고 있는 화분(商)에 물(氵)을 주고 있는 모습.

음독 てき　　水滴　すいてき　물방울　　点滴　てんてき　수액주사, 링거

훈독 しずく　　滴　しずく　물방울

したたる　　滴る　したたる　(자) (물 등이) 방울져 떨어지다, 싱싱하다

0776

골 동

洞

JLPT N1 | 중, 고등 | 부수 氵

마을 공동체(同)의 식사 자리를 마련하기 위해 커다란 냄비에 물(水)을 붓는 모습. 커다란 구멍에 물이 들어가는 모습에서 동굴이라는 의미가 파생됨.

음독 どう　空洞 くうどう 공동, 빈공간, 실속 없음　洞窟 どうくつ 동굴　洞察 どうさつ 통찰

훈독 ほら　洞穴 ほらあな 동굴 (어린이 동화책에서 자주 등장)

0777

몸통 동

胴

JLPT N1 | 중, 고등 | 부수 肉 月

청동으로 만든 큰 냄비(同)처럼 몸통(肉)에 갑옷을 단단히 두름.

음독 どう　胴体 どうたい 동체, 몸통

0778

통 통

筒

JLPT N2 | 중, 고등 | 부수 竹

구리로 만든 거대한 냄비(同)처럼 구멍이 있는 대나무(竹) 통을 그린 모습.

음독 とう　封筒 ふうとう 봉투　水筒 すいとう 물통, 보온병, 텀블러

훈독 つつ　筒 つつ 속이 빈 통, 관　筒抜け つつぬけ (비밀 등이) 다 들림, 다 새어나감

한가지 동

중요한 일을 의논하기 위해 식사 자리를 마련함. 구리로 만든 큰 냄비와 사람들의 입을 나타냄.

구리 동

구리로 만든 큰 냄비(同)를 그린 모습. 철(金)인데도 잘 녹는 청동은 청동기 시대 이후 다양한 도구를 만드는 데 활용되었음.

0779

무늬 문

紋

JLPT N1 | 중, 고등 | 부수 糸

紋 紋

실(糸)에다가 염료를 묻혀 무늬(文)를 그리고 있는 모습.

음독 **もん**

紋章 もんしょう 문장, 상징 문양　　指紋 しもん 지문　　波紋 はもん 파문

글월 문

원래는 사람의 몸에 뭔가를 표시한다는 의미였으나 현재는 작문의 의미로 사용됨.

0780

가지런할 제

斉

JLPT N1 | 중, 고등 | 부수 斉 齊

斉 斉

줄을 서서 지휘관(文)의 연설을 듣고 있는 병사들의 모습.

음독 **せい**

一斉 いっせい 일제히, 동시에, 일괄　　斉唱 せいしょう 제창, 여러 명이 노래를 부름

0781

약 지을 제

剤

JLPT N1 | 중, 고등 | 부수 刀 刂

剤 剤

부상을 당해 일제(斉)히 누워있는 병사들 앞에서 약을 제조(刀)하고 있는 약사의 모습.

음독 **ざい**

調剤 ちょうざい 조제　　洗剤 せんざい 세제　　錠剤 じょうざい 알약

薬剤師 やくざいし 약사　　消火剤 しょうかざい 소화제

0782

재계할 재

斎

JLPT N1 | 중, 고등 | 부수 斉 齊

斎 斎

제사를 지내기 전, 신도들이 제단(示) 앞에 나란히(斉) 서서 몸과 마음을 깨끗이 함.

음독 さい

書斎　しょさい　서재

潔斎　けっさい　결제, 몸과 마음을 깨끗이 함

斎場　さいじょう　장례식장

0783

고무래 정

丁

JLPT N1 | 초등 3학년 | 부수 丁

丁 丁

못(丁)과 고무래(농기구)를 그린 모습. 망치로 신중하게 못을 박음.

음독 ちょう

丁度　ちょうど　정확히, 딱, 마침　💡 일상생활에서는 히라가나로 표기

二丁目　にちょうめ　제2블록, 제2구역. (丁目 : 일본 행정 구역의 소단위)

包丁　ほうちょう　식칼

훈독 てい

丁寧　ていねい　정중함, 정성스러움, 세심함

甲乙丙丁　こうおつへいてい　갑을병정

💡 **왜 일본에선 식칼을 '포정'이라고 하나요?**

- 옛 일본에선 칼을 만들 때 산마이(三枚) 기법, 못(丁)을 녹여 만든 단단한 강철을 부드러운 연철로 감싸서(包) 만들었는데, 거기서 포정(包丁), 식칼이라는 단어가 유래되었습니다.

0784

편안할 녕

寧

JLPT N1 | 중, 고등 | 부수 宀

寧 寧

그릇(皿)에 음식이 많고 집(宀)에 비싼 농기구(丁)가 많으니 마음(心)이 편안함.

음독 **ねい**

丁寧　ていねい　정중함, 정성스러움, 세심함　　　安寧　あんねい　평온함, 안정

0785

바로잡을 정

訂

JLPT N1 | 중, 고등 | 부수 言

訂 訂

주인의 요구(言)에 따라 못(丁)으로 기울어진 액자를 바로잡음.

음독 **てい**

訂正　ていせい　정정　　　改訂　かいてい　개정　　　補訂　ほてい　보정

0786

강 강

江

JLPT N1 | 중, 고등 | 부수 氵

江 江

문명(工)이 발전하기 좋은 강(氵) 근처의 지역을 말함. (황하강 등 옛 4대 문명의 발상지들)

음독 **こう**

江山　こうざん　강산　　　江湖　こうこ　강호, 강과 호수, 세상, 속세

훈독 **え**

入江　いりえ　바다에서 육지 쪽으로 들어온 만

그릇 명

비싼 그릇을 그린 모습. 현대 일본에선 접시 쪽에 가까운 의미로 쓰임.

장인 공

장인의 모루 또는 달구를 그린 모습. 달구(달고)는 땅을 고르게 다지는 도구임.

0787

공 공

功

JLPT N3 | 초등 4학년 | 부수 力

유용한 도구(工)로 좋은 것들을 만듦(力). 공을 세워 사회에 이바지함.

음독 こう　功名 こうみょう 공명, 입신양명　成功 せいこう 성공　功績 こうせき 공적

く　工夫·功夫 くふう 여러 가지로 궁리함, 고안함　功徳 くどく 공덕

0788

칠 공

攻

JLPT N1 | 중, 고등 | 부수 攵 支

장인이 모루(工) 위에 있는 철을 망치로 치며(攵) 뭔가를 만드는 모습.

음독 こう　専攻 せんこう 전공　攻撃 こうげき 공격　侵攻 しんこう 침공

훈독 せめる　攻める せめる (타) 공격하다, 공략하다

0789

바둑 기

棋

JLPT N1 | 중, 고등 | 부수 木

나무(木)그늘 밑에서 바둑(其)을 둠.

음독 き　棋士 きし 바둑 기사, 장기 기사　将棋 しょうぎ 장기

그 기

바둑판과 바둑알 바구니인 키를 그린 모습.

"그 수가 있었구나...!!"

💡 일본어로 '그, 그것'을 其(その)라고 합니다.

0790

바둑 기

碁

JLPT N1 | 중, 고등 | 부수 石

바둑돌(石)로 바둑(其)을 두고 있는 모습.

음독 ご

囲碁 いご 바둑 　碁盤 ごばん 바둑판 　碁器 ごき 바둑돌 그릇

碁石 ごいし 바둑돌

0791

기 기

旗

JLPT N1 | 초등 4학년 | 부수 方

마치 바둑(其)에서 수싸움을 하듯이, 사령관들이 본부에서 적들의 행동을 예측하며 작전을 세우고 있는 모습. 전령이 깃발(㫃)이 달려 있는 본부를 향해 보고를 하러 감.

음독 き

国旗 こっき 국기 　白旗 はっき 백기 　旗手 きしゅ 기수, 선구자

훈독 はた

旗 はた 기, 깃발

0792

속일 사

詐

JLPT N1 | 중, 고등 | 부수 言

말(言)을 지어(乍) 누군가를 속임.

음독 さ

詐欺 さぎ 사기 　詐称 さしょう 사칭 　詐欺師 さぎし 사기꾼

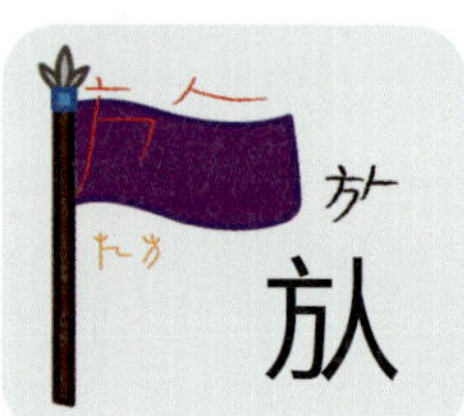

나부낄 언

깃발이 나부끼고 있는 모습.

일어날 작

옷을 칼로 가르자 솜이 튀어나옴. 콩을 짜자 기름이 나옴. 순식간에 뭔가 일어남. 여러가지 일을 하면서 뭔가를 열심히 만듦.

0793

짤 착

搾

JLPT N1 | 중, 고등 | 부수 手扌

콩을 짜내(乍) 콩기름을 만든 후 시원한 동굴(穴) 안에 가져다 둠(扌).

음독 **さく**　搾取 さくしゅ 착취　搾油 さくゆ 착유　圧搾 あっさく 압착

훈독 **しぼる**　搾る しぼる (타) (액체나 즙을) 짜내다, 압착하다

0794

초 초

酢

JLPT N1 | 중, 고등 | 부수 酉

과일이나 콩에서 추출한(乍) 즙을 발효(酉)시키면 초가 만들어짐.

음독 **さく**　酢酸 さくさん 초산, 아세트산

훈독 **す**　酢 す 초, 식초　酢の物 すのもの 초무침 요리

0795

실 산

酸

JLPT N2 | 초등 5학년 | 부수 酉

과일을 발효해 식초(酉)를 만드는 모습. 맛이 매우 시어 입대면 팔(厶)이 움츠러들고 몸(人)이 뛰쳐(夊) 나가게 됨.

음독 **さん**　酸素 さんそ 산소　酸性 さんせい 산성　酸味 さんみ 산미　酸化 さんか 산화

훈독 **すい**　酸い すい 시다, 산미가 있다 (문어체)　酸っぱい すっぱい 시다, 시큼하다

닭 유, 술독 유

술독에서 새어 나온 술을 마시다 기절해버린 닭의 모습.
술, 십이지의 닭. 뭔가를 발효하는 항아리를 나타내기도 함.

0796

공교할 교

巧

JLPT N1 | 중, 고등 | 부수 工

장인(工)이 아주 정교하게 조각(丂)을 함.

음독 こう　　巧妙 こうみょう 교묘　　精巧 せいこう 정교　　技巧 ぎこう 기교

훈독 たくみ　　巧み術 たくみじゅつ 능란한 기술, 교묘한 수법, 절묘한 방법

공교할 교 부수

어딘 가에 글자나 문양을
공교하게 새김(丂,亏,亐).

0797

썩을 후

朽

JLPT N1 | 중, 고등 | 부수 木

나무(木)를 칼로 파보니(丂) 썩은 부위가 나타남.

음독 きゅう　　老朽 ろうきゅう 노후　　不朽 ふきゅう 불후

훈독 くちる　　朽ちる くちる (자) 썩다, 쇠퇴하다

0798

자랑할 과

誇

JLPT N1 | 중, 고등 | 부수 言

유명한 장인이 만든 조각품(亏)을 보여주며 이게 왜 대단한 지 설명(言)하는 어른(大)의 모습.

음독 こ　　誇張 こちょう 과장　　誇示 こじ 과시　　誇大 こだい 과대

훈독 ほこる　　誇る ほこる (자) 자랑하다, 뽐내다

0799

낮을 비

卑

JLPT N1 | 중, 고등 | 부수 十

卑 卑

비천한 노비가 부채로 주인에게 열심히 부채질을 하고 있는 모습.

음독 ひ

卑下 ひげ 비하　　卑劣 ひれつ 비열함　　卑怯 ひきょう 비겁함

卑屈 ひくつ 비굴

💡 怯 (겁낼 겁, 비상용한자) 무서워서(心) 도망침(去).

훈독 いやしい　卑しい　いやしい　(행동, 말투가) 천하다, 비열하다

いやしむ　卑しむ　いやしむ　(타) (속으로) 업신여기다, 경멸하다

いやしめる　卑しめる　いやしめる　(타) (행동, 표현으로) 비하하다, 모욕하다

0800

비석 비

碑

JLPT N1 | 중, 고등 | 부수 石

碑 碑

조상님의 비석(石) 앞에서 제사를 지내는 양반과 부채(卑)로 시중을 드는 노비들의 모습.

음독 ひ

記念碑 きねんぴ 비, 비석　　碑石 ひせき 비석　　碑文 ひぶん 비문

0801

넓을 홍

洪

JLPT N1 | 중, 고등 | 부수 氵

洪 洪

실수로 바닥에 물그릇(共)을 엎어 버림. 넓게 물(水)이 퍼짐.

음독 こう

洪水 こうずい 홍수　　洪水警報 こうずいけいほう 홍수경보

한가지 공

물그릇(廿)을 들어(廾) 나름.
한 사람 또는 한가지 목표를
위해 여러 명이 일함.

0802

공손할 공

恭

JLPT N1 | 중, 고등 | 부수 心 忄

왕에게 공손한 마음(心)으로 공물(共)을 바치고 있는 모습.

음독 **きょう**　恭賀新年　きょうがしんねん　(엽서 등에서) 새해를 공손히 축하드립니다

훈독 **うやうやしい**　恭しい　うやうやしい　공손하다, 정중하다

0803

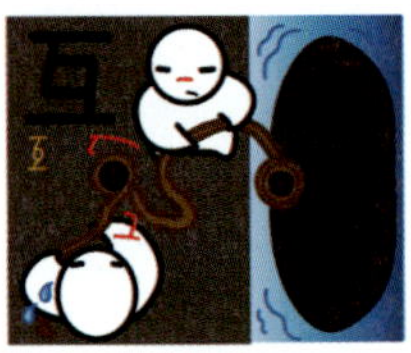

서로 호

互

JLPT N2 | 중, 고등 | 부수 二

배를 정박시키기 위해 선원 두 명이 힘을 합쳐, 배의 뱃줄을 항구의 말뚝에 묶고 있는 모습.

음독 **ご**　相互　そうご　상호　交互　こうご　번갈아 함, 교대로 함　互角　ごかく　호각

훈독 **たがい**　互い　たがい　서로, 쌍방　互いに　たがいに　서로 (부사)

0804

기와 와

瓦

JLPT N2 | 중, 고등 | 부수 瓦

집 지붕을 만드는 데 사용하는 기와의 구조를 그림.

음독 **が**　煉瓦　れんが　벽돌　瓦解　がかい　와해, 붕괴

煉 (달굴 련, 비상용한자)
쇳덩이(柬)를 불(火)에 달굼.

훈독 **かわら**　瓦　かわら　기와　瓦屋根　かわらやね　기와지붕

단련할 련

0805

병 병

瓶

JLPT N2 | 중, 고등 | 부수 瓦

오랫동안 음식을 보관할 수 있는 기와(瓦) 재질의 병(瓶)을 나타냄. 전쟁터에서도 병사(幷) 들이 안심하고 음식을 먹을 수 있었음.

음독 びん

瓶 びん 병

花瓶 かびん 화병, 꽃병

아우를 병 부수

방패를 들고 나란히 서 있는 병사들의 모습.

0806

붉을 단

丹

JLPT N1 | 중, 고등 | 부수 丶

석탄을 골라내다가 아주 값진 보석인 홍옥을 발견한 광부의 모습.

음독 たん

丹念 たんねん 정성스럽고 꼼꼼함, 철저함

丹精 たんせい 정성, 성의

UPGRADE!

02

확인문제

한자표기 **다음 단어의 한자 표기로 적당한 것을 고르세요.**

01	せんたく	① 選択	② 選釈	③ 選訳
02	つうやく	① 通択	② 通釈	③ 通訳
03	かいしゃく	① 解訳	② 解釈	③ 解沢
04	しっぴつ	① 摯筆	② 報筆	③ 執筆
05	じんそく	① 迅速	② 升速	③ 新速

한자읽기 **다음 한자의 읽는 법을 고르고 빈칸에 뜻을 적으세요.**

06	陶器	① どうき	② どき	③ とうき	
07	童謡	① どうよ	② どうよう	③ とうよう	
08	指摘	① してき	② じてき	③ すてき	
09	滴	① さずく	② しずか	③ しずく	
10	鬱陶しい	① うどしい	② うっとうしい	③ うっどしい	

정답 01 ① 선택 02 ③ 통역 03 ② 해석 04 ③ 집필 05 ① 신속 06 ③ 도자기 07 ② 동요 08 ① 지적 09 ③ 물방울 10 ② 음울하다

03 그물, 큰 눈, 그릇, 죽간 관련 한자(13자)

0807

벌할 벌

罰

JLPT N1 | 중, 고등 | 부수 网 罒 罓

그물(网)로 범죄자를 붙잡고 엄한 말(言)과 함께 벌(刂)을 내림.

음독 ばつ

罰 ばつ 벌　　刑罰 けいばつ 형벌　　処罰 しょばつ 처벌

懲罰 ちょうばつ 징벌　　厳罰 げんばつ 엄벌　　罰金 ばっきん 벌금

ばち

罰当たり ばちあたり 천벌을 받음 (불교 문화 표현)

0808

흩어질 만

漫

JLPT N1 | 중, 고등 | 부수 氵

술을 여기저기 튀기며(氵) 연회가 끝났음에도 계속 술을 퍼 마심(曼). 산만한 분위기가 만연함.

음독 まん

漫画 まんが 만화　　散漫 さんまん 산만함　　浪漫 ろうまん 낭만

漫然 まんぜん 의미없음, 건성, 무기력함

재미있는 한자 이야기

그물 망

그물을 그린 모습.

큰 눈

큰 눈을 그린 모습

그릇 명

비싼 그릇을 그린 모습. 현대 일본에선 접시 쪽에 가까운 의미로 쓰임.

0809

거만할 만

慢

JLPT N1 | 중, 고등 | 부수 心忄

전쟁에서 반드시 승리할 거라고 생각(忄) 하는 오만한 장군이, 밤새 연회를 즐기며 술을 퍼마시고(曼) 있는 모습.

음독 まん

自慢 じまん 자랑　　怠慢 たいまん 태만, 게으름　　傲慢 ごうまん 오만, 거만함

慢性 まんせい 만성　　自慢心 じまんしん 자만심

我慢 がまん 참음, 인내

我慢強い がまんづよい 참을성이 강하다, 인내심이 강하다

길게 끌 만

눈(罒)이 휘둥그레질 정도의 미녀들을 불러(曰) 모아(又) 연회의 흥을 끌어올림.

0810

덕 덕

徳

JLPT N2 | 초등 4학년 | 부수 彳

통찰력(罒)과 따뜻한 마음을(心) 가진 국가 최고의(十) 현자가 여기저기 돌아다니며(彳) 덕(徳)을 베풀고 있는 모습.

음독 とく

道徳 どうとく 도덕　　徳義 とくぎ 도의, 도덕적 정의감

0811

들을 청

聴

JLPT N1 | 중, 고등 | 부수 耳

국가 최고의(十) 통찰력을(罒) 가진 어떤 현자의 진정성(心) 있는 조언을 귀담아 들음(耳).

음독 ちょう

聴講 ちょうこう 청강　　聴覚 ちょうかく 청각　　聴衆 ちょうしゅう 청중

聴音 ちょうおん 청음　　傍聴 ぼうちょう 방청

聴診器 ちょうしんき 청진기　　視聴者 しちょうしゃ 시청자

훈독 きく

聴く きく (타) 듣다, 경청하다

0812

품을 회

懐

JLPT N1 | 중, 고등 | 부수 心 忄

아무리 최고의(十) 현자라(罒) 해도 고향이 그리운(忄) 건 똑같음. 옷깃(衣)으로 눈물을 훔침.

음독 かい

懐抱 かいほう 회포, 마음 깊이 품음　　懐中 かいちゅう 주머니 속, 품 안

훈독

ふところ	懐	ふところ	품속, 호주머니
なつかしい	懐かしい	なつかしい	그립다
なつかしむ	懐かしむ	なつかしむ	(타) 그리워하다, 회상하다
なつく	懐く	なつく	(자) 친해지다, 정들다, 잘 따르다
なつける	懐ける	なつける	(타) 길들이다, 따르게 하다

0813

무너질 괴

壊

JLPT N1 | 중, 고등 | 부수 土

먼지(土)가 되어버린 조국의 모습을 보고 눈물을 옷깃에(衣) 훔치고 있는 국가 최고(十)의 현자(罒)의 모습.

음독 かい　　破壊 はかい 파괴　　壊滅 かいめつ 괴멸, 완전히 무너짐　　崩壊 ほうかい 붕괴

훈독 こわす　　壊す こわす (타) 부수다, 고장내다

こわれる　　壊れる こわれる (타) 부서지다, 고장나다

0814

벼슬 작

爵

JLPT N1 | 중, 고등 | 부수 爪 爫

계급이 올라간 귀족에게 선물로 비싼 술그릇(皿)을 줌(爫). 향기로운(皀) 술을 담는 고급 잔을 받음(寸).

음독 しゃく　　爵位 しゃくい 작위 (귀족 계급의 명칭)

작위의 종류 및 순서

서양 귀족제도를 일본이 모방하여 만든 계급 체계로, 메이지 헌법하에서 실제 존재하였음.

公爵 こうしゃく 공작　　侯爵 こうしゃく 후작　　伯爵 はくしゃく 백작

子爵 ししゃく 자작　　男爵 だんしゃく 남작

향기로울 급

향기로운 흰 쌀밥 냄새(白)를 맡고 밥솥에 손(匕)을 뻗음.

0815

고울 염

艶

JLPT N1 | 고등 이상 | 부수 色

艶 艶

머리에 바구니(曲)를 이고 가고 있는, 마치 항아리(豆) 같은 몸매를 가진 요염하고 매력적인(色) 여성의 모습.

음독 えん 妖艶 ようえん 요염함

훈독 つや 艶 つや 윤기, 광택 艶艶 つやつや 반질반질, 윤기가 자르르한 모습

굽을 곡

식물의 줄기를 굽혀 만든 기다란 바구니. 악보처럼 기다란 물건을 담기 좋았음. 굽다, 악곡, 곡선.

풍년 풍

제기용 항아리처럼(豆) 좋은 몸매를 하고 있는 아낙네가 곡식이 가득 든 바구니를(曲) 머리 위에 이고 있는 모습.

빛 색

포옹하는 두 연인의 볼이 발그레 달아오른 모습.

0816

울타리 책

柵

상급한자 | 고등 이상 | 부수 木

柵 柵

죽간처럼(冊) 생긴 나무(木) 울타리를 그린 모습. 울타리, 목책(柵)

음독 さく 柵 さく 울타리 鉄柵 てっさく 철창, 쇠창살 木柵 もくさく 나무 울타리

책 책

대나무를 엮어 만든 책인 죽간을 그린 모습.

0817

치우칠 편

偏

JLPT N1 | 중, 고등 | 부수 人亻

偏 偏

집(戸) 밖으로 책(冊)을 들고 나오기 위해 몸(人)을 기울임.

음독 **へん**

偏見 へんけん 편견　　偏向 へんこう 편향　　偏食 へんしょく 편식

偏差値 へんさち 편차치, 표준점수

훈독 **かたよる**

偏る かたよる (자) 치우치다, 기울다

0818

두루 편

遍

JLPT N1 | 중, 고등 | 부수 辵辶

遍 遍

집(戸) 밖으로 꺼낸 책(冊)들을 사람들에게 나눠 줌. 지식을 널리 퍼뜨림(辶).

음독 **へん**

普遍 ふへん 보편　　一遍 いっぺん 한 번, 한 차례, 한 판

遍歴 へんれき 편력, 여러 곳을 돌아다님

0819

인륜 륜

倫

JLPT N1 | 중, 고등 | 부수 人亻

倫 倫

도서관(亼)에서 선지자들의 책(冊)을 읽으며 인간(亻) 세계에 대한 이해를 높임.

음독 **りん**

倫理 りんり 윤리　　人倫 じんりん 인륜　　絶倫 ぜつりん 비범함, 탁월함

UPGRADE!

03

확인문제

한자표기 **다음 단어의 한자 표기로 적당한 것을 고르세요.**

01 けいばつ ① 刑伐 ② 刑閥 ③ 刑罰

02 まんが ① 慢画 ② 漫画 ③ 曼画

03 じまん ① 自曼 ② 自慢 ③ 自漫

04 どうとく ① 道爵 ② 道徳 ③ 道壊

05 ちょうもん ① 聴聞 ② 徳聞 ③ 壊聞

한자읽기 **다음 한자의 읽는 법을 고르고 빈칸에 뜻을 적으세요.**

06 倫理 ① りんり ② いんり ③ にんり ( )

07 破壊 ① ぱかい ② はかい ③ はがい ( )

08 壊す ① こおす ② かわす ③ こわす ( )

09 偏見 ① ねんげん ② はんげん ③ へんけん ( )

10 普遍 ① ふへん ② ふべん ③ ふねん ( )

정답 01 ③ 형벌 02 ② 만화 03 ② 자랑 04 ② 도덕 05 ① 청문 06 ① 윤리 07 ② 파괴 08 ③ 부수다 09 ③ 편견 10 ① 보편

04

옷, 천, 가죽 관련 한자(19자)

0820

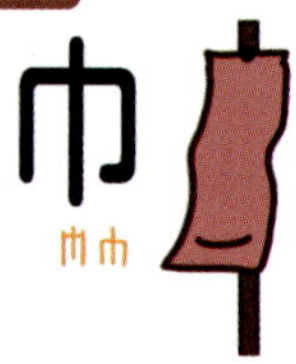

수건 건

巾

상급한자 | 고등 이상 | 부수 巾

막대기에 매달려 있는 수건(巾)을 그린 모습.

음독 **きん**

雑巾 ぞうきん 걸레　　布巾 ふきん 행주　　頭巾 ずきん 두건

0821

장수 수

帥

JLPT N1 | 중, 고등 | 부수 巾

언덕(𠂤) 위 깃발(巾)이 있는 곳에서 진지를 살피고 있는 장수의 모습.

음독 **すい**

元帥 げんすい 원수, 군 최고 계급　　総帥 そうすい 총수, 최고 지휘자

재미있는 한자 이야기

언덕 부

암벽, 또는 언덕 위에서 나부끼고 있는 깃발을 그린 모습. 언덕의 의미를 가짐. 일본에선 주로 지명으로 활용됨.

0822

감나무 시

柿

상급한자 | 고등 이상 | 부수 木

시장성(市)이 매우 뛰어난 나무(木)인 감나무를 말함. 맛있는 열매와 함께 유연한 목재는 가구를 만들 때 사용했고, 잎은 거름으로 활용함.

훈독 かき

柿 かき 감, 감나무 　 柿色 かきいろ 감빛, 적갈색

0823

막힐 체

滞

JLPT N1 | 중, 고등 | 부수 氵

띠(帯)를 너무 꽉 조여 피가 안 통하는 것처럼 물길(氵)이 막혀 있는 모습.

음독 たい

渋滞 じゅうたい 정체 　 滞在 たいざい 체재, 체류 　 沈滞 ちんたい 침체

延滞 えんたい 연체 　 滞留 たいりゅう 체류 　 滞納 たいのう 체납

훈독 とどこおる

滞る とどこおる (자) 밀리다, 지체되다, 지연되다

띠 대

왕의 옷에 둘러져(卌) 있는 복잡한 띠(巾)를 나타낸 모습.

0824

갈마들 체

逓

JLPT N1 | 중, 고등 | 부수 辵 辶

우편원이 맨발로 편지를 전달(辶)하기 너무 힘들어 기슭(厂) 위에 있는 역참(巾)에서 말을 빌려 타고 있는 모습.

음독 てい

逓信 ていしん 체신, 우편·전신·전화 등의 통신 업무를 총칭하는 말 참고어휘

駅逓 えきてい 역체, 과거 우편 등을 전달하기 위해 설치된 역참 시스템, 우편제도 참고어휘

0825

꾸밀 식

飾

JLPT N1 | 중, 고등 | 부수 食 𩙿

손님이 온다고 하기에 식탁보(巾)를 깔고 밥(食)을 차리고 있는 집주인(人)의 모습.

음독 **しょく**　　装飾 そうしょく 장식　　修飾 しゅうしょく 수식, 꾸밈　　服飾 ふくしょく 복식

훈독 **かざる**　　飾る かざる (타) 장식하다, 꾸미다　　着飾る きかざる (자, 타) 몸치장을 하다

0826

화폐 폐

幣

JLPT N1 | 중, 고등 | 부수 巾

비싼 옷감을 잘라(敝) 지폐(巾)를 만들고 있는 모습.

음독 **へい**　　紙幣 しへい 지폐　　貨幣 かへい 화폐

0827

폐단 폐

弊

JLPT N1 | 중, 고등 | 부수 廾

지폐를 무분별하게 발행(敝)하여 뇌물로 바침(廾).

음독 **へい**　　弊害 へいがい 폐해, 부작용　　余弊 よへい 여폐　　疲弊 ひへい 피폐

弊社 へいしゃ 저희 회사 (자기 회사의 겸양어)

해질 폐

천(㡀)을 조각조각 자르고
있는(攵) 사람의 모습.

0828

덮을 폐

JLPT N1 | 중, 고등 | 부수 艸 艹

몰래 발행한 돈(敝)을 풀 더미(艹) 아래에 숨기고 있는 모습.

음독 へい

隠蔽 いんぺい 은폐, 숨김

0829

자루 대

JLPT N3 | 중, 고등 | 부수 衣 衤

입고 온 옷(衣)을 자루에 담고, 갑옷을 입은 병사들이 활쏘기 훈련(代)을 함.

음독 たい

郵袋 ゆうたい 우편 자루, 우편 가방

薬袋 やくたい 약 봉지, 약 포장 봉투

훈독 ふくろ

袋 ふくろ 주머니, 봉지, 자루

胃袋 いぶくろ 위, 위장

대신할 대

위험한 화살 대신 주살(弋)로 자식에게 활쏘기 기술을 전해주는 아비(人)의 모습. 자신을 대신할, 앞으로의 시대를 개척해 나갈 인재를 육성함.

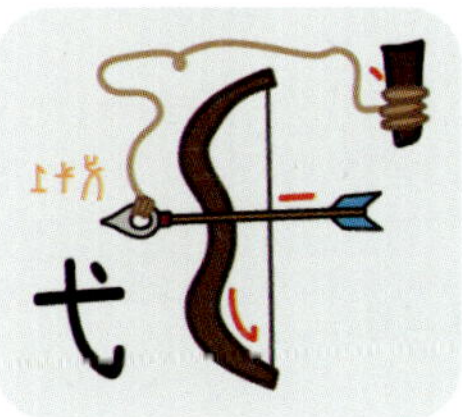

주살 익

화살에 구멍을 뚫고 줄을 연결해 쏴도 멀리 안나가게 함. 연습용 화살인 주살로 활쏘기 연습을 할 때나 신성한 의식을 치룰 때 사용함.

0830

의지할 의

依

JLPT N2 | 중, 고등 | 부수 人亻

차가운 바람을 견디기 위해 옷(衣)으로 몸(亻)을 감쌈.

음독 い

依頼 いらい 의뢰　　依存 いそん·いぞん 의존　　依然 いぜん 의연히, 여전히

依拠 いきょ 의거, 근거로 삼음

え

帰依 きえ 귀의, 부처님의 품으로 돌아감 참고어휘

0831

슬플 애

哀

JLPT N1 | 중, 고등 | 부수 口

친한 사람이 죽어 상복(衣)을 입고 탄식함(口).

음독 あい

哀悼 あいとう 애도　　悲哀 ひあい 비애

哀愁 あいしゅう 애수 (슬픔이 서린 감정)

훈독 あわれ

哀れ あわれ 불쌍함, 애처로움

あわれむ

哀れむ あわれむ (타) 불쌍히 여기다

0832

쇠할 쇠

衰

JLPT N1 | 중, 고등 | 부수 衣衤

친한 사람이 죽어 상복(衣)을 입고 너무 울었더니 목이 쉬고(口) 몸이 쇠함.

음독 すい

老衰 ろうすい 노쇠　　衰退 すいたい 쇠퇴　　衰弱 すいじゃく 쇠약

훈독 おとろえる

衰える おとろえる (자) (체력, 기세 등이) 약해지다, (인기가) 식다

0833

잃을 상

喪

JLPT N1 | 중, 고등 | 부수 口

장례식장에서 상복(衣)을 입고 목놓아 울고(吅) 있는 사람들의 모습.

음독 そう　　喪失 そうしつ 상실　　喪家 そうか 상가, 초상집

훈독 も　　喪服 もふく 상복 참고어휘

부르짖을 훤

0834

원숭이 원

猿

JLPT N1 | 중, 고등 | 부수 犬 犭

옷을 많이 껴입고(袁) 산을 오르며 먼 길을 가다 보면 반드시 마주치는 동물(犭)인 원숭이를 말함.

음독 えん　　犬猿 けんえん 견원, 개와 원숭이　　類人猿 るいじんえん 유인원

훈독 さる　　猿 さる 원숭이

0835

고리 환

環

JLPT N1 | 중, 고등 | 부수 玉 王

옷을 껴입은(袁) 양반들이 아주 귀하다는 보석(玉)을 구경(罒)하기 위해 둥글게 모임.

음독 かん　　循環 じゅんかん 순환　　環境 かんきょう 환경　　一環 いっかん 일환

悪循環 あくじゅんかん 악순환　　環状線 かんじょうせん (철도 등이) 순환선

옷 길 원

먼 거리를 이동하기 위해 옷을
겹겹이 껴입음. 옷이 치렁치렁함.
원이라는 성씨로도 사용됨.

0836

돌아올 환

還

JLPT N1 | 중, 고등 | 부수 辵辶

길거리(辶)에서 옷을 잔뜩 껴입은(袁) 사람들이, 전쟁에서 승리를 거두고 귀환하는 병사들을 구경(罒) 하고 있는 모습.

음독 **かん**

還元 かんげん 환원　　返還 へんかん 반환　　還暦 かんれき 환력, 환갑

帰還 きかん 귀환　　生還 せいかん 생환, 무사히 살아 돌아옴

0837

으뜸 패

覇

JLPT N1 | 중, 고등 | 부수 襾西覀

권력자에게 비싼 가죽옷(革)과 고기(肉)를 주고 있는(襾) 모습.

음독 **は**

覇権 はけん 패권　　覇者 はしゃ 패자　　覇気 はき 패기

覇王 はおう 패왕　　制覇 せいは 제패, 석권

0838

절 찰

刹

상급한자 | 고등 이상 | 부수 刀 刂

스님이 칼(刀)처럼 예리한 통찰력으로 악귀를 죽임(杀). 그런 엄청난 스님들이 모인 특별한 절, 사찰을 말함.

음독 **せつ**

刹那 せつな 찰나, 순간

さつ

名刹 めいさつ 유명한 절

가죽 혁

짐승의 가죽을 그린 모습.
가죽이라는 의미도 있지만 정해진 규칙, 틀이라는 속뜻도 담김.

죽일 살

무시무시한 짐승을 무기로 죽임.

UPGRADE!

04

확인문제

한자표기 **다음 단어의 한자 표기로 적당한 것을 고르세요.**

01	ふきん	① 布巾	② 帥巾	③ 柿巾
02	ていたい	① 停滞	② 停逓	③ 停柿
03	しへい	① 紙蔽	② 紙弊	③ 紙幣
04	へいがい	① 弊害	② 幣害	③ 蔽害
05	そうしょく	① 装幣	② 装飾	③ 修飾

한자읽기 **다음 한자의 읽는 법을 고르고 빈칸에 뜻을 적으세요.**

06	袋	① ふぐろ	② ふくろ	③ ぶくろ	
07	依拠	① ききょ	② りきょ	③ いきょ	
08	哀れ	① やわれ	② あわれ	③ あおれ	
09	老衰	① ろすい	② ろうすい	③ のうすい	
10	喪失	① そしつ	② そうしつ	③ ぞうしつ	

정답 01 ① 행주 02 ① 정체 03 ③ 지폐 04 ① 폐해 05 ② 장식 06 ② 주머니, 자루 07 ③ 의거 08 ② 불쌍함 09 ② 노쇠 10 ② 상실

05

모 방 관련 한자(8자)

0839

기름 방

肪

JLPT N1 | 중, 고등 | 부수 肉 月

살이 쪄 몸(肉)이 사방(方)으로 늘어남.

음독 **ぼう** 脂肪 しぼう 지방, 체지방

0840

베풀 시

施

JLPT N1 | 중, 고등 | 부수 方

깃발(㫃)이 달려있는 유명한 식당에서, 기다리고 있는 손님에게 달려가 주전자(也)로 차를 대접함.

음독 **し** 実施 じっし 실시 / 施設 しせつ 시설 / 施行 しこう 시행

せ 布施 ふせ (불교) 보시, 시주 참고어휘

훈독 **ほどこす** 施す ほどこす (타) 베풀다, 주다

재미있는 한자 이야기

모 방

원래는 쟁기를 나타낸 한자였으나, 시대의 흐름에 따라서 사람의 모양, 깃발 등 다양한 의미로 활용됨. 일정한 방향으로 움직임.

나부낄 언

깃발이 나부끼고 있는 모습.

0841

돌 선

旋

JLPT N1 | 중, 고등 | 부수 方

병사들이 깃발(㫃)을 들고 성 주변을 뱅뱅 돌며(疋) 순찰함. 부드럽게 나선을 그림.

음독 せん

斡旋 あっせん 알선　　旋回 せんかい 선회　　旋律 せんりつ 선율, 멜로디

周旋 しゅうせん 주선, (부동산 등의) 중개

0842

방해할 방

妨

JLPT N1 | 중, 고등 | 부수 女

전쟁터에 나가는(方) 남편을 말리고 있는 아내(女)의 모습.

음독 ぼう

妨害 ぼうがい 방해

훈독 さまたげる

妨げる さまたげる (타) 방해하다, 지장을 주다

0843

길쌈 방

紡

JLPT N1 | 중, 고등 | 부수 糸

실패에서 실(糸)을 바깥(方)으로 뽑음.

음독 ぼう

紡績 ぼうせき 방적

훈독 つむぐ

紡ぐ つむぐ (타) 1. (목화, 누에고치 등에서) 실을 뽑다 2. (이야기나 감정을) 엮다

0844

꽃다울 방

芳

JLPT N1 | 중, 고등 | 부수 艸 艹

꽃밭(艹) 사이를 뛰어 다니는(方) 여인의 모습. 아름다운 향기가 남.

음독 **ほう** 芳香剤 ほうこうざい 방향제

훈독 **かんばしい** 芳しい かんばしい 향기롭다, 좋다

0845

본뜰 방

倣

JLPT N1 | 중, 고등 | 부수 人 亻

감옥에서 해방(放)된, 죄를 뉘우친 죄수가 현자(人)를 본받으며 행실을 고침.

음독 **ほう** 模倣 もほう 모방

훈독 **ならう** 倣う ならう (자) 모방하다, 따르다

見倣う みならう (타) 본받다, 보고 익히다

놓을 방

복역을 마친 범죄자의 수갑을 부숨(攵). 신나서 뛰어나감(方).

0846

곁 방

傍

JLPT N1 | 중, 고등 | 부수 人 亻

반상(冖) 뒤에서 음식을 기다리고 있는 권력자(立)의 모습. 주변에 있는 아랫사람(亻)들이 음식을 나르는(方) 것을 지켜봄.

음독 **ぼう** 傍観 ぼうかん 방관 傍聴 ぼうちょう 방청 傍線 ぼうせん 밑줄, 강조선

훈독 **かたわら** 傍ら かたわら 곁, 옆

UPGRADE! 05

확인문제

한자표기 **다음 단어의 한자 표기로 적당한 것을 고르세요.**

01	しぼう	① 脂肪	② 脂施	③ 脂旋
02	じっし	① 実旋	② 実傍	③ 実施
03	ぼうがい	① 妨害	② 芳害	③ 紡害
04	さまたげる	① 紡げる	② 妨げる	③ 肪る
05	もほう	① 模傍	② 模倣	③ 模紡

한자읽기 **다음 한자의 읽는 법을 고르고 빈칸에 뜻을 적으세요.**

06	倣う	① はらう	② ならう	③ なろう	
07	傍ら	① かたわら	② がたわら	③ かだわら	
08	施設	① しせつ	② じせつ	③ しぜつ	
09	施す	① ほとこす	② ほのこす	③ ほどこす	
10	紡績	① ほうせき	② ぼうせき	③ もうせき	

정답 01 ① 지방 02 ③ 실시 03 ① 방해 04 ② 방해하다 05 ② 모방 06 ② 모방하다 07 ① 곁 08 ① 시설 09 ③ 베풀다 10 ② 방적

06 실, 털 관련 한자(22자)

0847

헛보일 환

幻

JLPT N1 | 중, 고등 | 부수 幺

기둥과 등을 보이지 않는 튼튼한 줄(糸)로 연결하고, 하늘을 날고 있는 척을 함.

음독 げん　　幻覚 げんかく 환각　　幻想 げんそう 환상　　幻滅 げんめつ 환멸

훈독 まぼろし　　幻 まぼろし 환상, 환영, 허깨비

0848

그윽할 유

幽

JLPT N1 | 중, 고등 | 부수 幺

산(山) 속에 숨겨져 있는 실(糸) 찾기. 그만큼 보기 힘든 것을 말함.

음독 ゆう　　幽霊 ゆうれい 유령　　幽閉 ゆうへい 유폐, 감금

재미있는 한자 이야기

실 사

실패와 실을 그린 모습.

0849

이을 계

継

JLPT N1 | 중, 고등 | 부수 糸

継 継

수확한 쌀(米)을 나눠주며 인연(糸)을 이어 나감.

음독 けい

継続 けいぞく 계속　　中継 ちゅうけい 중계　　継承 けいしょう 계승

훈독 つぐ

継ぐ つぐ (타) 잇다, 계승하다

0850

자줏빛 자

紫

JLPT N1 | 중, 고등 | 부수 糸

紫 紫

매우 비싼 자색 옷(糸)을 입고 가니(止) 사람들이 아이(匕)처럼 쳐다보며 감탄함. 동서고금 자색 염료는 금보다 비쌀 정도로 매우 귀했음.

음독 し

紫外線 しがいせん 자외선

훈독 むらさき

紫 むらさき 자색, 보라색

0851

찾을 색

索

JLPT N1 | 중, 고등 | 부수 糸

索 索

어두운 건물(冖) 안에서 줄(糸)을 만들고 있던 사람이 지푸라기를 찾고 있는 모습.

음독 さく

索引 さくいん 색인, 인덱스　　捜索 そうさく 수색　　思索 しさく 사색

模索 もさく 모색　　検索 けんさく 검색　　索出 さくしゅつ 색출

探索 たんさく 탐색

0852

줄 승

縄

JLPT N2 | 초등 4학년 | 부수 糸

縄 縄

곤충을 끌어당기는 맹꽁이(黽)의 혓바닥처럼 사람을 줄(糸)로 포박할 때 쓰는 포승줄을 나타냄.

음독 **じょう** 捕縄 ほじょう 포승 (범인을 잡을 때 사용하는 밧줄) 참고어휘

훈독 **なわ** 縄 なわ 줄, 새끼줄, 포승줄 縄張り なわばり 자신의 구역, 영역

0853

거북 귀

亀

JLPT N1 | 고등 이상 | 부수 龜 亀

亀 亀

거북이를 그린 모습.

음독 **き** 亀裂 きれつ 균열 亀鑑 きかん 귀감, 모범

훈독 **かめ** 亀 かめ 거북

0854

얽힐 규

糾

JLPT N1 | 중, 고등 | 부수 糸

糾 糾

범죄자를 체포해 밧줄(糸)로 기둥에 묶고(丩) 공범자가 누구인지 추궁함.

음독 **きゅう** 紛糾 ふんきゅう 분규, 갈등 糾弾 きゅうだん 규탄 糾問 きゅうもん 규문, 심문
糾合 きゅうごう 규합, 집결 糾明 きゅうめい 규명

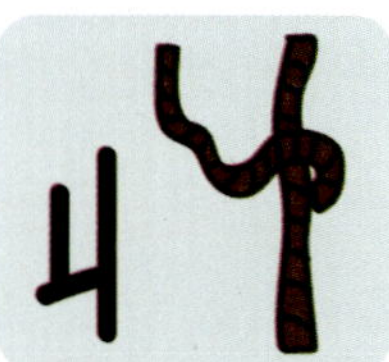

얽힐 구
기다란 것이
얽혀 있음.

0855

부르짖을 규

叫

JLPT N2 | 중, 고등 | 부수 口

기둥에 묶여(丩) 취조당하고 있던 사람이 자신은 범인이 아니라고 크게 소리(口)치는 모습.

음독 きょう

絶叫 ぜっきょう 절규, 크게 외침　　叫喚 きょうかん 규환, (절망 속) 울부짖음

훈독 さけぶ

叫ぶ さけぶ (자, 타) (큰 소리로) 외치다, 강하게 주장하다

0856

검을 현

玄

JLPT N1 | 중, 고등 | 부수 糸

옻칠을 한 검은색 활줄(玄)을 그린 모습. 옻나무의 진액은 물건의 내구도를 강화하는 데 사용되었음. 방수처리에도 탁월함.

음독 げん

玄関 げんかん 현관　　玄米 げんまい 현미

玄義 げんぎ 심오한 교의·진리 참고어휘

옛 동양에서 모든 색(번뇌)을 집어 삼키는 검은색은 심오함을 상징하는 색깔이었습니다. 때문에 이 '검을 현'에는 검은색이라는 의미 뿐만 아니라 '심오하다'라는 뜻도 담기게 되었습니다. 현관은 불교에서 유래된 한자로, '심오한 공간에 입성하는 관문'라는 속뜻을 가지고 있습니다.

0857

시위 현

弦

JLPT N1 | 중, 고등 | 부수 弓

옻칠을 한 줄(玄)로 활(弓)의 시위를 만듦.

음독 げん

管弦楽 かんげんがく 관현악　　上弦 じょうげん 상현달, 반달

훈독 つる

弦 つる 현, 활시위, 현악기의 줄

0858

뱃전 현

舷

상급한자 | 고등 이상 | 부수 舟

그물(玄)과 배(舟)가 맞닿아 있는 부분인 뱃전을 말함. 배의 양쪽 가장자리 부분.

음독 げん 舷側 げんそく 현측, 뱃전, 선체 측면

0859

모을 축

蓄

JLPT N1 | 중, 고등 | 부수 艸 艹

풀(艹)을 주며 가축(畜)들을 모아 놓은 모습.

음독 ちく 貯蓄 ちょちく 저축 蓄積 ちくせき 축적 備蓄 びちく 비축

훈독 たくわえる 蓄える たくわえる (타) 저장하다, 비축하다

0860

소모할 모

耗

JLPT N1 | 중, 고등 | 부수 耒

엄청난 가뭄으로 아무리 열심히 농사(耒)를 지어도 먹을 게 털(毛) 같이 거친 풀뿌리 밖에 없음.

음독 もう 消耗 しょうもう 소모

こう 心神耗弱 しんしんこうじゃく 심신모약, 심신이 쇠약한 상태

짐승 축

마을 목장(田)에 강한 줄(玄)로 묶여 있는 가축들의 모습.

가래 뢰

밭을 가는 데 사용했던 농기구인 가래(耒)를 나타냄.

0861

진찰할 진

診

JLPT N1 | 중, 고등 | 부수 言

긴 머리(㐱)를 걷어 올리고 등의 상처를 살피며 병을 설명(言)하고 있는 의사의 모습.

음독 しん

診察 しんさつ 진찰	診断 しんだん 진단	診療 しんりょう 진료
往診 おうしん 왕진	休診 きゅうしん 휴진	聴診器 ちょうしんき 청진기

훈독 みる

診る みる (타) (건강상태를) 보다, 진찰하다

0862

참혹할 참

惨

JLPT N1 | 중, 고등 | 부수 心 忄

부정을 저질러 신하(参)들에게 탄핵 당한 왕의 꼴이 아주 참혹(心)함.

음독 さん

惨劇 さんげき 참극, 비극적인 사건	惨胆 さんたん 참담함	悲惨 ひさん 비참함

ざん

惨死 ざんし 참사

훈독 みじめ

惨め みじめ 비참함, 초라함

숱 많고 검을 진

머릿결 관리가 잘 되어 있음. 물이 귀하던 옛날, 영양분을 잘 섭취하고 머리를 자주 감는 건 양반이 아니면 하기 어려웠음.

참여할 참

부정을 저지른 왕을 탄핵하기 위해 세 명의 정승이 힘을 합함. 또는 사람 모양의 별자리인 오리온 성좌를 나타낼 때도 있음.

0863

縛

JLPT N1 | 중, 고등 | 부수 糸

방추에서 줄(糸)을 뽑은(専) 후 사람을 포박함.

음독 **ばく** 束縛 そくばく 속박, 구속 捕縛 ほばく 포박, 체포하여 결박함

훈독 **しばる** 縛る しばる (타) 1. (끈, 줄 등으로) 묶다, 매다 2. (규칙, 계약 등으로) 얽매다, 구속하다

0864

薄

JLPT N3 | 중, 고등 | 부수 艸 ⺾

마치 방추에서 실을 뽑아내는 것처럼(専), 물(氵)을 물뿌리개에 담아 화초(⺾)들에게 엷게 뿌림.

음독 **はく** 薄弱 はくじゃく 박약 希薄 きはく 희박

훈독 **うすい** 薄い うすい 얇다, 연하다

うすまる 薄まる うすまる (자) 농도가 엷어지다

うすめる 薄める うすめる (타) 농도를 옅게 하다

うすらぐ 薄らぐ うすらぐ (자) 조금씩 엷어지다

うすれる 薄れる うすれる (자) 엷어지다, 약해지다

오로지 전

매우 부드러운, 삶은 누에실이 감겨 있는 방추(叀)에서 아주 조심스럽게 실을 뽑음(寸). 비단 실을 만드는 섬세한 작업 과정을 말함. 전념, 전문.

0865

문서 부

簿

JLPT N1 | 중, 고등 | 부수 竹

작물들에게 물을 주고 있는(溥) 농부와 올해 수확량을 죽간(竹)에 적고 있는 관리의 모습.

음독 ぼ

名簿　めいぼ　명부, 명단　　帳簿　ちょうぼ　장부, 회계 기록 장부

0866

이삭 수

穂

JLPT N1 | 중, 고등 | 부수 禾

방추에서 누에실을 조심스럽게 뽑아내듯이(恵), 벼(禾)에서 이삭을 조심스럽게 털어냄.

음독 すい

出穂期　しゅっすいき　출수기, 이삭이 나오기 시작하는 시기

훈독 ほ

穂　ほ　이삭, 뾰족한 끝부분　　筆の穂　ふでのほ　붓끝 (붓의 모 부분)

稲穂　いなほ　벼 이삭

0867

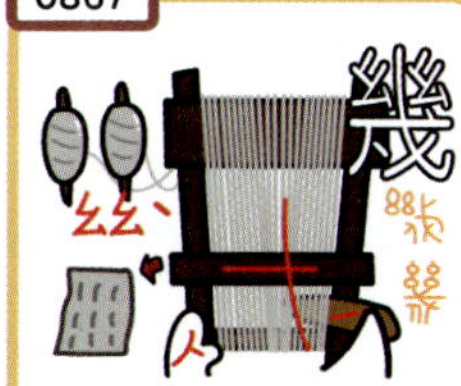

몇 기

幾

JLPT N2 | 중, 고등 | 부수 幺

베틀로 천을 짜는 사람의 모습. 실(糸)을 엮어 천으로 만들어주는 기구. 그 과정이 너무나도 복잡하고 오래 걸려 어느정도 걸리냐는 의미가 붙음. 끝날 기미가 안 보임.

음독 き

幾何学　きかがく　기하학

💡 넓이나 깊이 등이 어느정도 되는 지 측정하는 학문.

훈독 いく

幾ら　いくら　얼마, 얼마나　　幾つ　いくつ　몇 개, 몇 살　　幾分　いくぶん　일부분, 다소

0868

경기 기

畿

상급한자 | 고등 이상 | 부수 田

畿 畿

비싼 베틀(幾)과 뽕밭(田)이 있는 마을. 상대적으로 고부가가치 산업을 하는 수도권 근처의 지역을 말함.

음독 き

畿内 きない 일본의 옛 수도 교토에 가까운 다섯 지방의 총칭 참고어휘

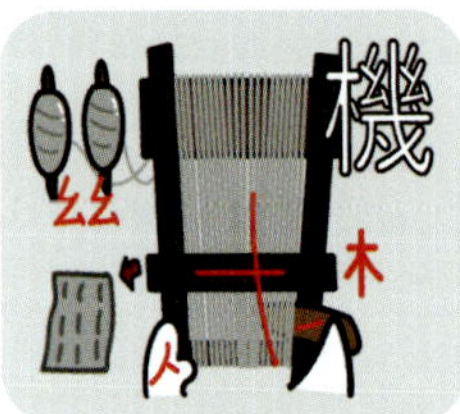

틀 기

실을 천으로 만드는 나무(木) 베틀(幾)을 말함. 매우 복잡하고 정교한 구조를 가진 기계.

UPGRADE! 06

확인문제

한자표기 **다음 단어의 한자 표기로 적당한 것을 고르세요.**

01	げんそう	① 幻想	② 幽想	③ 継想
02	ゆうれい	① 継霊	② 幽霊	③ 繭霊
03	けいぞく	① 糾続	② 経続	③ 継続
04	むらさき	① 索	② 雌	③ 紫
05	そうさく	① 捜索	② 捜紫	③ 捜玄

한자읽기 **다음 한자의 읽는 법을 고르고 빈칸에 뜻을 적으세요.**

06	縄	① まわ	② なあ	③ なわ	
07	叫ぶ	① はけぶ	② さけぶ	③ しけぶ	
08	玄関	① げんかん	② けんかん	③ けんがん	
09	貯蓄	① ちょちく	② ちょうちく	③ しょちく	
10	診察	① しんざつ	② じんさつ	③ しんさつ	

정답 01 ① 환상 02 ② 유령 03 ③ 계속 04 ③ 보라색 05 ① 수색 06 ③ 줄 07 ② 외치다 08 ① 현관 09 ① 저축 10 ③ 진찰

07

덮을 아, 술 주 관련 한자(15자)

0869

떠다닐 표

JLPT N1 | 중, 고등 | 부수 氵

漂 漂

망루(示) 위에 걸어놨던 현수막(覀)이 바람으로 인해 강(氵)으로 날아감. 물에 뭔가가 떠다님.

음독 **ひょう** 漂流 ひょうりゅう 표류

훈독 **ただよう** 漂う ただよう (자) 떠돌다, 표류하다

0870

떨릴 률

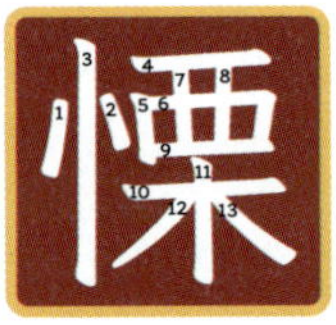

상급한자 | 고등 이상 | 부수 心忄

慄 慄

국가 반역을 꾀한 죄인을 사형시키고 천으로 시신을 두른(覀) 후 나무(木)에 매담. 압도적인 광경을 볼 때 느끼는 매우 충격적인 감정(心), 전율을 말함. 원래는 나무에 머리 세 개를 매달아 놓은 모양이었음.

음독 **りつ** 戦慄 せんりつ 전율

재미있는 한자 이야기

덮을 아

뭔가를 천으로 덮고 있는 사람의 모습.

표 표

망루(示)위로 올라가 현수막을 걸며(覀) 자신을 뽑아 달라고 말하고 있는 정치인의 모습. 표(票).

0871

옮길 천

遷

JLPT N1 | 중, 고등 | 부수 辵 辶

정계에서 쫓겨난 정치인(己)이 비싼 물건과 소지품들을 보자기(襾)에 잘 챙긴(廾) 후 자리를 옮김(辶).

음독 **せん**

変遷 へんせん 변천　　左遷 させん 좌천, 등급이나 지위가 내려감

遷都 せんと 천도, 수도를 옮김

0872

연기 연

煙

JLPT N3 | 중, 고등 | 부수 火 灬

화력(火)을 높이기 위해 흙(土)을 쌓아(襾) 화덕과 굴뚝을 만든 모습. 거기서 나오는 연기를 말함.

음독 **えん**

禁煙 きんえん 금연　　煙突 えんとつ 굴뚝　　煙幕 えんまく 연막

훈독 **けむり**

煙 けむり 연기

けむい

煙い けむい (연기 등으로) 메케하다, 맵다

けむる

煙る けむる (자) 연기가 나다

0873

허리 요

腰

JLPT N2 | 중, 고등 | 부수 肉 月

주로 주부(女)들이 장을 보러 갈 때 돈지갑을 두르는(襾) 신체 부위(肉), 허리를 말함.

음독 **よう**

腰痛 ようつう 요통

훈독 **こし**

腰 こし 허리　　腰掛ける こしかける (자) 걸터앉다

요긴할 요

주부(女)가 시장으로 물건을 사러 가기 위해 돈을 천으로 감싼(襾) 후 허리에 두르고 있는 모습.

0874

전국술 주

酎

상급한자 | 고등 이상 | 부수 酉

누구나 계속 찾게(寸) 만드는 아주 맛있는 술(酉)을 말함.

음독 ちゅう

焼酎 しょうちゅう 소주, 전통 증류주

0875

심할 혹

酷

JLPT N1 | 중, 고등 | 부수 酉

술(酉)이 생각날 정도로 명령(告)이 너무 가혹함.

음독 こく

残酷 ざんこく 가혹함　　冷酷 れいこく 냉혹함　　酷使 こくし 혹사

0876

오히려 유

猶

JLPT N1 | 중, 고등 | 부수 犬 犭

독한 술(酋)에 취해 말 그대로 원숭이(犭) 꼴이 된 사람의 모습. 말을 걸려고 했으나 아직도 취해 있어 기다리기로 함.

음독 ゆう

猶予 ゆうよ 유예, 연기　　執行猶予 しっこうゆうよ 집행유예

닭 유, 술독 유

술독(酉)에서 새어 나온 술을 마시다 기절해버린 닭의 모습. 술, 십이지의 닭. 뭔가를 발효하는 항아리를 나타내기도 함.

고할 고

소(牛)를 제물로 바치며 신에게 한해 있었던 일을 보고함(口). 혹은 소가 깜짝 놀랄 정도로 크게 말함.

0877

좇을 준

遵

JLPT N1 | 중, 고등 | 부수 辵 辶

시종을 데리고 귀한 사람을 만나러 감(辶). 선물로 아주 비싼 술(酋)을 줌(寸). 당신을 잘 따르겠다는 순종의 표시를 함.

음독 じゅん

遵守 じゅんしゅ 준수　　遵法 じゅんぽう 준법

0878

남녘 병

丙

JLPT N1 | 중, 고등 | 부수 一

가마에 불을 붙여 고기를 굽는 모습. 셋째 천간, 갑을병정의 병(丙)을 말하기도 함.

음독 へい

丙 へい 병, 천간의 세 번째　　甲乙丙 こうおつへい 갑을병

0879

자루 병

柄

JLPT N1 | 중, 고등 | 부수 木

가마(丙)의 화력을 조절하기 위해 나무 자루(木)로 불씨를 휘저음. 자루, 손잡이, 몸통 등.

음독 へい

横柄 おうへい 횡포하고 거만함, 무례함

💡 지휘봉을 마구 휘두르며 권력을 남용함.

훈독 がら

柄 がら 체격, 인품, 무늬, 품격　　事柄 ことがら 일의 사정

人柄 ひとがら 인품, 사람됨　　小柄 こがら 몸집이 작음

大柄 おおがら 몸집이 큼　　手柄 てがら 공로, 솜씨, 업적

家柄 いえがら 집안, 가문　　花柄 はながら 꽃무늬

え

柄 え 자루, 손잡이

0880

견딜 내

耐

JLPT N1 | 중, 고등 | 부수 而

아이가 수염(而)을 잡아(寸) 당김. 고통을 견딤. 인내.

음독 たい

忍耐 にんたい 인내　　耐久 たいきゅう 내구　　耐性 たいせい 내성

耐熱 たいねつ 내열 (열을 견디는 성질)

훈독 たえる

耐える たえる (자) 견디다, 참다

말 이을 이

수염이 길게 자란 어르신이 뭐라뭐라 말을 이어나감.

0881

기다릴 수

需

JLPT N1 | 중, 고등 | 부수 雨

지붕에 떨어진 빗물(雨)이 수염(而)처럼 흘러내림. 우산이 필요해 지붕 밑에서 기다림.

음독 じゅ

需要 じゅよう 수요　　需給 じゅきゅう 수급, 수요와 공급

必需品 ひつじゅひん 필수품

0882

선비 유

儒

JLPT N1 | 중, 고등 | 부수 人 亻

비(需)가 엄청 내리는 대도 뛰지 않고 걸어가는 유학자(人)의 모습. 옛 동양의 유학자들은 비 내리는 날 뛰어가는 것은 품위 없는 행동이라 여겼음. 또는 빗물을 받아 쓴다는 뜻으로, 실용성을 중요시 했던 춘추전국시대의 공자의 사상을 반영하기도 함. 유학(儒).

음독 じゅ

儒学 じゅがく 유학 (동아시아 전통의 윤리적, 정치적 학문 체계)　　儒教 じゅきょう 유교

0883

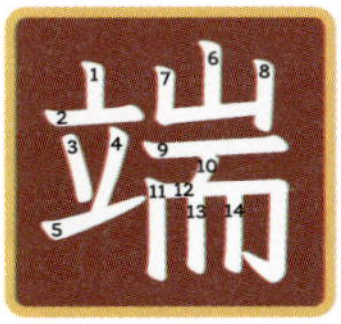

JLPT N1 | 중, 고등 | 부수 立

端 端

풀을 뽑으니 사람 키(立)만큼 뿌리(耑)가 늘어서 있음. 식물의 양쪽 끝부분, 극단.

음독 たん

先端	せんたん	첨단, 선단	極端	きょくたん	극단, 극단적임
末端	まったん	말단, 끝	両端	りょうたん	양단, 양쪽 끝
発端	ほったん	발단	途端	とたん	~하는 순간, ~하자마자

보통 ~したとたんに의 형태로 사용합니다.

훈독

はし	端	はし	끝, 가장자리
	片端	かたはし	한쪽 끝, 한 쪽 가장자리
は	半端	はんぱ	불완전함, 어중간함
はた	端	はた	한켠, 곁 (문어체) 참고어휘

풀뿌리 단

풀의 잎사귀와
뿌리를 그린 모습.

UPGRADE!

07

확인문제

한자표기 **다음 단어의 한자 표기로 적당한 것을 고르세요.**

01	ただよう	① 慄う	② 煙う	③ 漂う
02	へんせん	① 変遷	② 変遵	③ 変線
03	きんえん	① 禁煙	② 禁柄	③ 禁慄
04	こし	① 要	② 腰	③ 腕
05	かこく	① 過告	② 過猶	③ 過酷

한자읽기 **다음 한자의 읽는 법을 고르고 빈칸에 뜻을 적으세요.**

06	猶予	① ゆよ	② ゆうよ	③ えいよ	
07	事柄	① ことがら	② ごとがら	③ ことから	
08	耐える	① なえる	② だえる	③ たえる	
09	需要	① しゅよう	② しゅうよう	③ じゅよう	
10	先端	① とたん	② せんたん	③ ほったん	

정답 01 ③ 떠돌다 02 ① 변천 03 ① 금연 04 ② 허리 05 ③ 가혹 06 ② 유예 07 ① 사항 08 ③ 견디다 09 ③ 수요 10 ② 첨단

08
활, 화살 유래 한자(14자)

0884

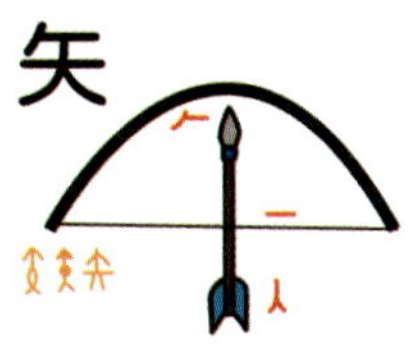

화살 시

矢

JLPT N1 | 초등 2학년 | 부수 矢

활과 활시위, 화살을 그린 모습. 화살을 쏘면 누군가는 맞음. 원인과 결과, 효시(矢)가 됨.

음독 し

嚆矢 こうし 효시, 어떤 일의 시초 참고어휘

훈독 や

矢 や 화살　　弓矢 ゆみや 활과 화살　　矢張り やはり 역시, 여전히

화살(矢)을 쏘면(張) 누군가는 맞음. 필연적인 인과관계를 나타낸 단어입니다.

0885

병 질

疾

JLPT N1 | 중, 고등 | 부수 疒

오랜 세월이 지났어도 과거에 화살(矢)을 맞았던 부분이 계속 아픔(疒).

음독 しつ

疾病 しっぺい 질병　　疾走 しっそう 질주　　疾患 しっかん 질환

0886

미워할 질

嫉

상급한자 | 고등 이상 | 부수 女

嫉 嫉

마치 화살로 콕콕 찌르는 것처럼(疾), 한눈 파는 남자에게 성을 내며 질투하는 여자(女)의 모습.

음독 **しつ**

嫉妬 しっと 질투

0887

어리석을 치

痴

JLPT N1 | 중, 고등 | 부수 疒

痴 痴

늙고 병들어(疒) 화살이 바로 옆에 지나가도 인지하지(知) 못하는 병자의 모습.

음독 **ち**

音痴 おんち 음치　　痴漢 ちかん 치한　　愚痴 ぐち 1. 푸념 2. 어리석음

알 지

화살(矢)이 바로 머리 위로
지나가 깜짝 놀란(口)
병사의 모습.

0888

제후 후

侯

JLPT N1 | 중, 고등 | 부수 人 亻

侯 侯

성벽(ㅗ) 위에서 궁병(矢)들을 지휘하고 있는 제후(亻)의 모습.

음독 **こう**

王侯 おうこう 왕후　　諸侯 しょこう 제후 (왕 아래의 독립 영주들)

0889

목구멍 후

喉

상급한자 | 고등 이상 | 부수 口

喉 喉

몰려오는 적들을 화살(矢)로 무찌르라고 성벽(コ) 위에서 명령(口)을 내리고 있는 제후(亻)의 모습.

음독 こう

喉頭 こうとう 후두, 기도의 상부　　耳鼻咽喉科 じびいんこうか 이비인후과

훈독 のど

喉 のど 목, 목구멍

일본에서는 줄여서 이비과(耳鼻科)라고 합니다.

0890

폐할 폐

廃

JLPT N1 | 중, 고등 | 부수 广

廃 廃

무력(発)으로 도적의 소굴(广)을 폐허(廃)로 만듦.

음독 はい

廃棄 はいき 폐기　　廃止 はいし 폐지　　荒廃 こうはい 황폐, 피폐

훈독 すたれる

廃れる すたれる (자) 쇠퇴하다, 유행이 지나다, 사라지다

すたる

廃る すたる (자) 쇠하다, 버려지다 (문어체, 불교 문헌 등 제한적 사용)

0891

일치할 치

致

JLPT N1 | 중, 고등 | 부수 至

致 致

나라의 간신배를 처단하자는 의견에 모두 동의함. 도망치는 간신배에게 화살(至)을 쏘고 칼(攵)을 휘두름.

음독 ち

一致 いっち 일치　　合致 がっち 합치, 부합　　致命的 ちめいてき 치명적

훈독 いたす

致す いたす (타) 초래하다, 일으키다

쏠 발

도망(癶) 가는 적을 향해 석궁(开)을 발사함.

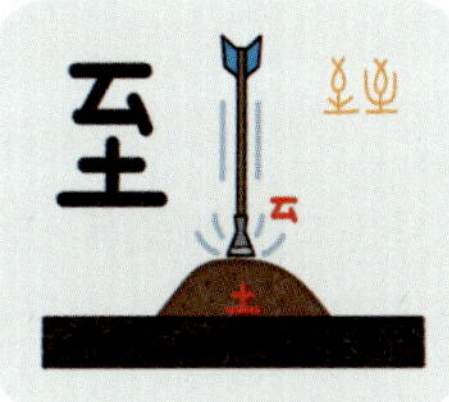

이를 지

무거운 도끼날촉 화살이 땅에 다다른 모습.

0892

빽빽할 치

緻

상급한자 | 고등 이상 | 부수 糸

緻 緻

쇠처럼 매우 단단하고 두꺼운 줄(糸)을 빽빽하게 엮어 놔 적병들을 지나가지 못하게 함. 화살(至)도 칼(攵)도 튕겨냄.

음독 ち

緻密 ちみつ 치밀함　　精緻 せいち 정교함, 섬세함

0893

막힐 질

窒

JLPT N1 | 중, 고등 | 부수 穴

窒 窒

견고하게 지어 놓은 요새(穴) 때문에 화살(至) 공격이 전혀 먹히질 않음.

음독 ちつ

窒息 ちっそく 질식　　窒素 ちっそ 질소

0894

쥘 악

握

JLPT N1 | 중, 고등 | 부수 手 扌

握 握

전장을 완전히 장악한 후 승리를 만끽하기 위해 집차(屋)를 끌고 나옴. 지휘봉(扌)을 휘두르며 영향력을 행사함.

음독 あく

握手 あくしゅ 악수　　把握 はあく 파악　　掌握 しょうあく 장악

握力 あくりょく 악력 (손으로 쥐는 힘)

훈독 にぎる

握る にぎる (타) 쥐다, 잡다, 장악하다

집 옥

전장의 상황을 보려고 황제(尸)가 방벽이 달린 마차를 끌고 나온 모습. 화살(至) 맞을 걱정이 없음. 현재는 외벽이 튼튼한 집을 말함.

0895

씻을 식

拭

상급한자 | 고등 이상 | 부수 手 扌

장인(工)이 만든 비싼 주살(弋)을 다시 쓰기 위해 열심히 닦음(扌).

음독 しょく　　払拭　ふっしょく　불식. (이미지 · 우려 · 인식 · 비판 등을) 제거함, 씻어 냄

훈독 ぬぐう　　拭う　ぬぐう　(타) (눈물 · 땀 등을) 닦다, (불명예를) 씻다

ふく　　拭く　ふく　(타) (물건 표면을) 닦다, 훔치다

0896

빠질 닉

溺

상급한자 | 고등 이상 | 부수 氵

물(氵)에 빠져서 지푸라기라도 잡으려 함. 끊어진 줄 마냥 약해서(弱) 소용이 없음.

음독 でき　　溺死　できし　익사

훈독 おぼれる　　溺れる　おぼれる　(자) 물에 빠지다

활 궁

0897

조상할 조

弔

JLPT N1 | 중, 고등 | 부수 弔

죽은 자의 시신 훼손을 막기 위해 주변에 오는 새들을 활(弓)로 쏴 죽임.

음독 ちょう　　弔問　ちょうもん　조문

훈독 とむらう　　弔う　とむらう　(타) 조문하다, 애도하다　　弔い　とむらい　조문, 장례, 명복

법 식

제삿날 장인(工)이 정성스럽게 만든 주살(弋)로 의식을 치름.

주살 익

화살에 구멍을 뚫고 줄을 연결해 쏴도 멀리 안나가게 함. 연습용 화살인 주살로, 활쏘기 연습을 할 때나 신성한 의식을 치룰 때 사용함.

UPGRADE!

08

확인문제

한자표기 **다음 단어의 한자 표기로 적당한 것을 고르세요.**

01 しっぺい ① 矢病 ② 疾病 ③ 痴病

02 のど ① 喉 ② 侯 ③ 嫉

03 はいし ① 発止 ② 廃止 ③ 杯止

04 いっち ① 一緻 ② 一致 ③ 一至

05 ちっそく ① 握息 ② 窒息 ③ 膣息

한자읽기 **다음 한자의 읽는 법을 고르고 빈칸에 뜻을 적으세요.**

06 握手 ① あっしゅ ② おくしゅ ③ あくしゅ

07 拭く ① ふそく ② むく ③ ふく

08 溺れる ① おぼれる ② あばれる ③ あふれる

09 弔う ① どむらう ② とむらう ③ とみらう

10 疾患 ① しつかん ② しっがん ③ しっかん

정답 01 ② 질병 02 ① 목구멍 03 ② 폐지 04 ② 일치 05 ② 질식 06 ③ 악수 07 ③ 닦다 08 ① 빠지다 09 ② 조문하다 10 ③ 질환

09 칼, 날붙이 관련 한자(20자)

0898

부를 소

召

JLPT N3 | 중, 고등 | 부수 口

칼(刀)을 든 장수가 병사들을 부르는(口) 모습.

음독 **しょう**

召喚 しょうかん 소환　　召集 しょうしゅう 소집

훈독 **めす**

召す めす (타) (음식, 나이 등을) 드시다, (옷을) 입으시다, 불려 가시다

먹다, 부르다, 입다, 타다 등, 다양한 말의 존경어로 활용됩니다.
예) 드시다, 부르시다, 입으시다, 타시다 등

召し上る めしあがる (타) 먹다와 마시다의 높임말, 드시다

0899

못 소

沼

JLPT N1 | 중, 고등 | 부수 氵

늪(氵)에 빠진 사람을 구하기 위해 병사를 소집(召)하고 있는 장수의 모습.

음독 **しょう**

沼沢 しょうたく 늪과 못, 습지지역

훈독 **ぬま**

沼 ぬま 늪　　沼地 ぬまち 늪지

0900

조서 조

詔

JLPT N1 | 중, 고등 | 부수 言

신하들을 소집(召)해 임금의 명령을 전달(言)함.

음독 しょう　　詔書 しょうしょ 조서, 칙서 (일왕의 공식 문서) 참고어휘

훈독 みことのり　　詔 みことのり 조칙, 칙령, 어명 (일왕이 직접 내리는 명령) 참고어휘

0901

벨 예

刈

JLPT N1 | 중, 고등 | 부수 刀 刂

칼(刀)을 휘둘러 뭔가를 베어냄(乂).

훈독 かる　　刈る かる (타) 베다, 깎다, 수확하다

0902

후릴 괴

拐

JLPT N1 | 중, 고등 | 부수 手 扌

멧돼지를 납치해 몽둥이로 잡은(扌) 다음 뼈와 살을 분리(叧)함.

음독 かい　　誘拐 ゆうかい 유괴

헤어질 령

뼈와 고기를 분리함.

가를 과

고기의 뼈를 해체하기 위해 숨을 헐떡이며 노력하고 있는 사람의 모습.

0903

칼날 인

刃

JLPT N1 | 중, 고등 | 부수 刀 刂

刃 刃

칼의 칼날 부분을 지칭함.

음독 じん　　白刃　はくじん　빼어 든 예리한 칼날　참고어휘

훈독 は　　刃　は　날　　刃物　はもの　(칼, 가위 등의) 날붙이　　예외 刃　やいば　칼날, 무기

0904

참을 인

忍

JLPT N1 | 중, 고등 | 부수 心 忄

忍 忍

적의 칼날(刃)에 상처를 입어도 참고(心) 버팀.

음독 にん　　忍耐　にんたい　인내, 인내심　　残忍　ざんにん　잔인함

훈독 しのばせる　　忍ばせる　しのばせる　(타) 숨겨 놓다

しのぶ　　忍ぶ　しのぶ　(타) 참다, 감추다, 그리워하다　(자) 은밀히 행동하다, 남의 눈을 피하다

0905

어지러울 분

紛

JLPT N1 | 중, 고등 | 부수 糸

紛 紛

인연(糸)이 끊어져(分) 매우 혼란해짐.

음독 ふん　　紛失　ふんしつ　분실　　紛争　ふんそう　분쟁

훈독 まぎれる　　紛れる　まぎれる　(자) 뒤섞여 눈에 띄지 않다, (바쁨 · 웃음 등에) 묻혀 무뎌지다

まぎらす　　紛らす　まぎらす　(타) 얼버무리다, 달래다

まぎらわす　　紛らわす　まぎらわす　(타) 얼버무리다, 달래다 (문어체)

まぎらわしい　　紛らわしい　まぎらわしい　헷갈리기 쉽다

0906

나눌 반

頒

JLPT N1 | 중, 고등 | 부수 頁

사람 머릿 수(頁)에 맞게 재물을 분배(分)함.

음독 **はん**

頒布 はんぷ 반포, 배포

0907

동이 분

盆

JLPT N1 | 중, 고등 | 부수 皿

화분에 물을 붓자(分) 물줄기가 갈라지며 떨어짐. 그런 물을 담는 화분 아래의 넓은 쟁반 그릇(皿)을 말함. 쟁반 모양의 지형인 분지를 뜻하기도 함.

음독 **ぼん**

お盆 おぼん 1. 일본의 불교 명절 2. 쟁반

盆地 ぼんち 분지

盆栽 ぼんさい 분재, 화분에 심은 화초·나무

0908

맺을 계

契

JLPT N1 | 중, 고등 | 부수 大

두 어른(大)이 목판 계약서(㓞)에 서명을 하며 계약을 맺고 있는 모습.

음독 **けい**

契約 けいやく 계약

契機 けいき 계기

훈독 **ちぎる**

契る ちぎる (타) 굳게 약속하다, 서약하다

맺을 계

조각칼로 목판에

글씨를 교묘히 새김.

0909

줄 여

与

JLPT N3 | 중, 고등 | 부수 一

왕이 신하에게 아주 귀한 코끼리 상아를 선물로 줌. 시종들이 그걸 손으로 잡고 나름.

음독 よ

給与 きゅうよ 급여	与党 よとう 여당	寄与 きよ 기여
投与 とうよ 투여	関与 かんよ 관여	

훈독 あたえる

与える あたえる (타) 주다, 수여하다, 제공하다, (손해 등을) 끼치다

0910

더러울 오

汚

JLPT N3 | 중, 고등 | 부수 氵

조각(亐) 작업을 하고 나니 주변이 너무 더러워짐(汚). 나뭇조각과 오염수(氵)가 바닥에 즐비함.

음독 お

汚染 おせん 오염	汚物 おぶつ 오물	汚名 おめい 오명, 불명예

훈독

きたない	汚い	きたない	더럽다
よごす	汚す	よごす	(타) (사물, 장소 등을) 더럽히다
よごれる	汚れる	よごれる	(자) (사물, 장소 등이) 더러워지다
けがす	汚す	けがす	(타) (마음, 정신 등을) 더럽히다, 모욕하다
けがれる	汚れる	けがれる	(자) (마음, 정신 등이) 더러워지다, 타락하다
けがらわしい	汚らわしい	けがらわしい	추잡하다, 혐오스럽다

공교할 교

어딘 가에 글자나 문양을
공교하게 새김(丂,亐,亏).

0911

뽑을 초

抄

JLPT N1 | 중, 고등 | 부수 手 扌

마음에 드는 책의 일부분(少)을 손으로 떼어냄(扌).

음독 しょう

抄物 しょうもつ 발췌문, 발췌집 참고어휘　抄略 しょうりゃく 초략, 발췌 요약 참고어휘

0912

묘할 묘

妙

JLPT N1 | 중, 고등 | 부수 女

음식의 간을 보던 주부(女)가 맛이 묘해 소금덩어리를 쪼개서(少) 넣음.

음독 みょう

妙 みょう 묘함, 묘미　微妙 びみょう 미묘함, 애매함　奇妙 きみょう 기묘함

巧妙 こうみょう 교묘함　妙案 みょうあん 묘안, 기발한 아이디어

0913

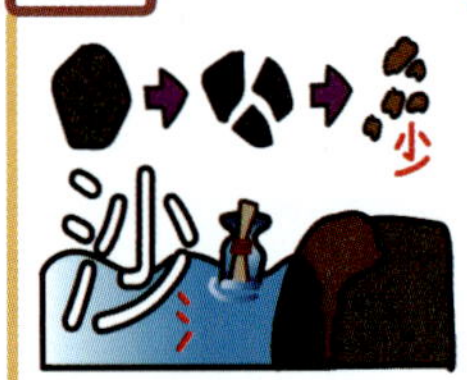

떠밀려올 사

沙

JLPT N1 | 고등 이상 | 부수 氵

물결(氵)에 밀려나온 작은 것(少)들을 말함.

음독 さ

沙汰 さた 소식, 기별 (문어체)　無沙汰・不沙汰 ぶさた 격조함, 오랜만에 소식을 전함

일 태

길가에 있는 위험한 통나무(太)를
물(氵)에 던져 없앰. 도태되다.
또는 물결처럼 소식이 퍼져나감.

0914

못할 렬

劣

JLPT N1 | 중, 고등 | 부수 力

劣 劣

힘이 약해(少) 쟁기질도(力) 못함.

음독 れつ　　卑劣 ひれつ 비열함　　優劣 ゆうれつ 우열　　劣等感 れっとうかん 열등감

훈독 おとる　　劣る おとる (자) (다른 것만) 못하다, 뒤떨어지다.

0915

짝 반

伴

JLPT N1 | 중, 고등 | 부수 人 亻

伴 伴

마치 반(半)으로 나눈 듯 죽이 잘 맞는 두 사람(亻)을 나타냄.

음독 はん　　同伴 どうはん 동반　　伴侶 はんりょ 반려

ばん　　伴奏 ばんそう 반주

훈독 ともなう　　伴う ともなう (자, 타) 동반하다, 따르다, 동행하다

0916

밭두둑 반

畔

JLPT N1 | 중, 고등 | 부수 田

畔 畔

호수 옆에 밭(田)을 일굼. 물과 땅이 반(半)으로 나뉜 부분을 말함.

음독 はん　　湖畔 こはん 호반, 호숫가

0917

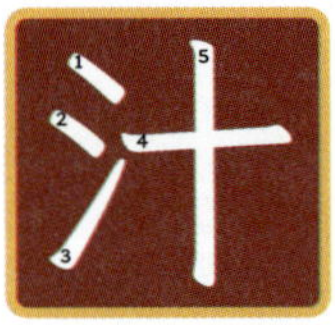

JLPT N1 | 중, 고등 | 부수 氵

과일을 찔러(十) 즙(氵)을 짜냄.

음독 **じゅう**

果汁 かじゅう 과즙　　肉汁 にくじゅう 육즙　　墨汁 ぼくじゅう 먹물

훈독 **しる**

汁 しる 즙, 국물

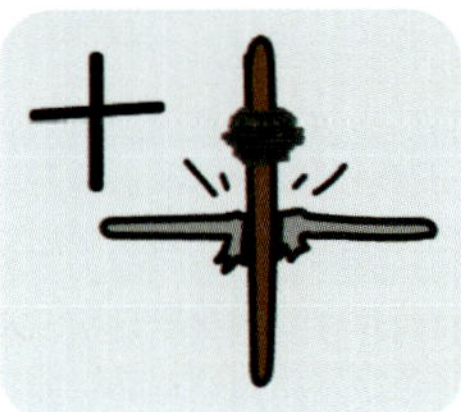

열 십

일의 자리를 초월한 십을 표기한 모습. 또는 뭔가를 찌름.

UPGRADE!

09

확인문제

한자표기 **다음 단어의 한자 표기로 적당한 것을 고르세요.**

01	かる	① 刈る	② 切る	③ 希る
02	ぬま	① 沼	② 召	③ 詔
03	にんたい	① 召耐	② 昭耐	③ 忍耐
04	ふんしつ	① 頒失	② 紛失	③ 分失
05	ぼんち	① 頒地	② 分地	③ 盆地

한자읽기 **다음 한자의 읽는 법을 고르고 빈칸에 뜻을 적으세요.**

06	契約	① けやく	② げいやく	③ けいやく	
07	不潔	① ぶけつ	② ふけつ	③ ふきち	
08	汚染	① おせん	② ごせん	③ ごぜん	
09	微妙	① ひびょう	② びみょう	③ みみょう	
10	劣る	① あとる	② おどる	③ おとる	

정 답 01 ① 베다 02 ① 늪 03 ③ 인내 04 ② 분실 05 ③ 분지 06 ③ 계약 07 ② 불결 08 ① 오염 09 ② 미묘 10 ③ 뒤떨어지다

10 전쟁과 병기 관련 한자(55자)

0918

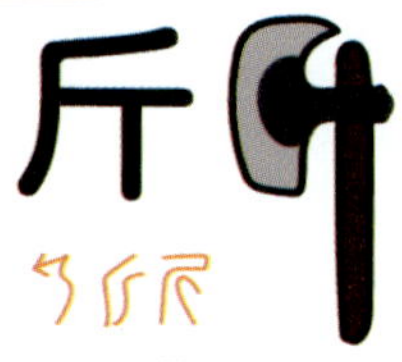

근 근

斤

JLPT N1 | 중, 고등 | 부수 斤

斤 斤

도끼(斤)를 그린 모습. 손도끼 하나 정도의 무게인 1근, 약 600그램을 말함.

음독 きん

斤 きん 근, 약 600그램

斤量 きんりょう 근량, 무게 (특히 말의 무게) 참고어휘

0919

쪼갤 석

析

JLPT N1 | 중, 고등 | 부수 木

析 析

나무(木)를 도끼(斤)로 쪼개고 있는 모습. 뭔가를 작은 단위로 나누어 분석함.

음독 せき

分析 ぶんせき 분석

析出 せきしゅつ 추출

解析 かいせき 해석

0920

빌 기

祈

JLPT N2 | 중, 고등 | 부수 示ネ

祈 祈

전쟁에 나가기 전에, 신의 제단(示) 앞에서 승리를 기원하는 장수와 도끼(斤)를 치켜들며 함성을 외치는 병사들의 모습. 검이 전쟁에서 쓸만했던 건 철기 시대, 중국의 춘추전국시대 쯤부터였음.

음독 き

祈願 きがん 기원

祈念 きねん 기념, 기원

훈독 いのる

祈る いのる (타) 빌다, 기도하다, 희망하다

祈り いのり 기도, 기원

0921

장인 장

匠

JLPT N1 | 중, 고등 | 부수 匚

匠 匠

모든 연락을 끊고(斤) 속세와 담(匚)을 쌓아, 기술 연마에만 몰두하는 장인의 모습.

음독 **しょう**

師匠　ししょう　스승, 사부　　　巨匠　きょしょう　거장, 대가

匠人　しょうじん　장인, 수공예 명인

💡 일본에서 장인을 말할 때는 일반적으로 職人(しょくにん)을 더 많이 사용합니다.

0922

섶 신

薪

JLPT N1 | 중, 고등 | 부수 艸 艹

薪 薪

좋은 나무는 건물을 신축(新)할 때 쓰고, 나쁜 나무는 잡초(艹)와 함께 불을 피울 용도로 사용함.

음독 **しん**

薪炭　しんたん　장작과 숯, 땔감　참고어휘

훈독 **たきぎ**

薪　たきぎ　땔나무, 장작　참고어휘

0923

물가 빈

浜

JLPT N1 | 중, 고등 | 부수 氵

浜 浜

적군이 상륙할 해변(氵)에 미리 도끼(斤)를 들고(廾) 출동해 있는 병사들의 모습.

음독 **ひん**

海浜　かいひん　해변 (문어체)

훈독 **はま**

砂浜　すなはま　모래사장, 모래 해변　　　浜辺　はまべ　해변, 바닷가

0924

물리칠 척

斥

JLPT N1 | 중, 고등 | 부수 斤

斥 斥

적을 물리치기 위해 도끼(斤)를 든 모습.

음독 **せき**

排斥 はいせき 배척　　斥候 せっこう 척후, 정찰병 (정보수집 병력) 참고어휘

斥力 せきりょく 척력, 반발력, 밀어내는 힘

0925

호소할 소

訴

JLPT N1 | 중, 고등 | 부수 言

訴 訴

자신의 말이 거짓이면 도끼(斥)로 이 목을 치라고 아주 강력하게 말(言)함. 상대에게 판결의 권리를 줌.

음독 **そ**

訴訟 そしょう 소송　　告訴 こくそ 고소　　起訴 きそ 기소

훈독 **うったえる**

訴える うったえる (자, 타) 소송하다, 호소하다

0926

갈 서

逝

JLPT N1 | 중, 고등 | 부수 辵辶

逝 逝

절대 안 쓰러질 것 같은 거대한 나무도 도끼로 패면 꺾이듯이(折), 권력자들도 시간이 흐르면 모두 황천길(辶)을 감.

음독 **せい**

逝去 せいきょ 서거

훈독 **いく**

逝く いく (자) (저승으로) 가다, 죽다

ゆく

逝く ゆく (자) (저승으로) 가다, 죽다

꺾을 절

도끼(斤)를 잡고(扌) 나무를 베어냄.

0927

밝을 철

哲

JLPT N1 | 중, 고등 | 부수 口

누가 뭐라고 하든 거대한 나무를 자르기 위해(折) 기합(口)을 외치며 노력하는 사람의 모습. 위대한 일을 해내려는 자의 말이나 가치관을 뜻함.

음독 **てつ**

哲学 てつがく 철학　　哲人 てつじん 철인

0928

맹세할 서

誓

JLPT N1 | 중, 고등 | 부수 言

거대한 나무를 꼭 함께 베기(折)로 약속함(言). 거대한 목표를 함께 달성하기 위해 맹세함.

음독 **せい**

宣誓 せんせい 선서　　誓約 せいやく 서약

훈독 **ちかう**

誓う ちかう (타) 맹세하다, 서약하다　　誓い ちかい 맹세, 서약

0929

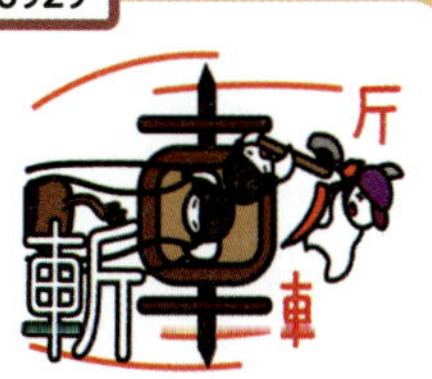

벨 참

斬

상급한자 | 고등 이상 | 부수 斤

전차(車) 위에 올라타 도끼(斤)로 적병을 베고 있는 병사의 모습.

음독 **ざん**

斬新 ざんしん 참신함　　斬殺 ざんさつ 참살, 베어 죽임

훈독 **きる**

斬る きる (타) 치다, 자르다　　首斬る くびきる (타) 목을 베다, 해고하다

0930

점점 점

漸

JLPT N1 | 중, 고등 | 부수 氵

도끼병(斤)을 태운 전차(車)가 물가(氵)에 들어서자 점점 속도가 줄어 들었다.

음독 ぜん

漸進的 ぜんしんてき 점진적　　漸次 ぜんじ 점차

0931

잠깐 잠

暫

JLPT N1 | 중, 고등 | 부수 日

너무 더워(日) 탈진하기 전에 전차(車)를 세우고 잠깐 쉬고 있는 도끼병(斤)의 모습.

음독 ざん

暫時 ざんじ 잠시　　暫定 ざんてい 잠정

0932

칠 벌

伐

JLPT N1 | 중, 고등 | 부수 人亻

적(人)을 창(戈)으로 벌함.

음독 ばつ

征伐 せいばつ 정벌　　殺伐 さつばつ 살벌　　討伐 とうばつ 토벌

창 과

낫처럼 생긴
창인 '과'를 그림.

0933

경계할 계

JLPT N1 | 중, 고등 | 부수 戈

창(弋)을 들고(廾) 적이 오는 지 감시함.

음독 かい

警戒 けいかい 경계　戒厳 かいげん 계엄　戒心 かいしん 경계심

훈독 いましめる

戒める いましめる (타) 훈계하다, 금하다, 징계하다

0934

미혹할 혹

JLPT N1 | 중, 고등 | 부수 心 忄

성문을 지키는 병사(或)를 뇌물로 유혹(心)함.

음독 わく

迷惑 めいわく 귀찮음, 성가심, 폐　惑星 わくせい 혹성, 행성

誘惑 ゆうわく 유혹　疑惑 ぎわく 의혹, 의심

思惑 おもわく 1. 생각, 의도 2. 주변의 평판

훈독 まどう

惑う まどう (자) 망설이다, 헤매다

호반 무

창(戈)을 들고 목적을 이룰
때까지 앞으로 전진(止)함.

0935

두 이

弐

JLPT N1 | 중, 고등 | 부수 弋

강한 권력(戈)을 가진 병사가 상사의 말을 듣지 않는 모습. 다른(二) 마음을 품고 있음.

음독 に

弐心　にしん　딴 마음, 변심 (고어)　참고어휘

0936

부세 부

賦

JLPT N1 | 중, 고등 | 부수 貝

세금으로 재물(貝)과 병역(武)을 바침.

음독 ふ

賦役　ふえき　부역, 토지에 대한 수익세와 노역　참고어휘

天賦　てんぷ　천부적임, 타고남

호반 무

창(戈)을 들고 목적을 이룰 때까지 앞으로 전진(止)함.

0937

도둑 적

賊

JLPT N1 | 중, 고등 | 부수 貝

경계를 서던 병사(戈)를 찌르고(十) 재물(貝)을 강탈함.

음독 ぞく

海賊　かいぞく　해적

盗賊　とうぞく　도적

0938

잔도 잔

栈

JLPT N1 | 중, 고등 | 부수 木

아무리 창(戔)을 휘둘러도 부숴지지 않는 나무(木) 방패를 그린 모습. 덧대는 나무인 '잔(栈)'을 말함.

음독 さん

栈橋 さんばし 잔교, 부두

배 선착장에 있는, 바다로 뻗어있는 긴 나무다리를 말합니다.

0939

밟을 천

践

JLPT N1 | 중, 고등 | 부수 足

적의 시신을 넘어 성으로 전진(足)하는 병사들(戔)의 모습.

음독 せん

実践 じっせん 실천

나머지 잔

무수히 많은 창들이
서로 부대끼고 있는 모습.
격렬한 전투를 하니
잔해물들이 잔뜩 남아있음.

0940

기록할 전

箋

상급한자 | 고등 이상 | 부수 竹

전장(戔)의 상황을 죽간(竹)에 기록함.

음독 せん

便箋 びんせん 편지지　　処方箋 しょほうせん 처방전

0941

돈 전

銭

JLPT N2 | 초등 6학년 | 부수 金

많은 무기(戔)를 사기 위해 금으로 된 동전(金)을 지불함.

음독	せん	金銭 きんせん 금전	銭湯 せんとう 대중목욕탕
훈독	ぜに	銭 ぜに (동전 등) 소액 화폐, 돈	小銭 こぜに 동전, 잔돈

거만할 만

전쟁에서 반드시 승리할 거라고
생각하는 오만한 장군이 밤새
연회를 즐기며 술을 퍼마심.

💡 아만(我慢)이란, 공동체를 위해 자신의 오만방자함을 억누르는 것을 의미합니다. 불교에서 온 용어입니다.

0942

나 아

我

JLPT N2 | 초등 6학년 | 부수 戈

서로 무기(戈)를 들며 함께 싸우자고 말함. 공동체에 속한 자기 자신의 정체성, 자아.

음독	が	自我 じが 자아	怪我 けが 상처, 다침	我慢 がまん 참음, 아만
		我慢強い がまんづよい 참을성이 많다		
훈독	われ	我 われ 우리		
	わ	我が わが 나의, 우리의		

0943

주릴 아

餓

JLPT N1 | 중, 고등 | 부수 食 𩙿

먹을(食) 게 없자 같은 동료(我)였던 사람들끼리 싸움(戈).

음독 が

飢餓 きが 기아

餓死 がし 아사, 굶어 죽음

0944

거동 의

儀

JLPT N1 | 중, 고등 | 부수 人 亻

함께 하기로 맹세(義)한 사람(亻)들끼리 예의를 지키고 있는 모습.

음독 ぎ

行儀 ぎょうぎ 예의범절, 행동거지

礼儀 れいぎ 예의, 예절

儀式 ぎしき 의식

お辞儀 おじぎ (머리 숙여) 인사함

流儀 りゅうぎ 개인 혹은 집단 고유의 철학, 방식

0945

희생 희

犠

JLPT N1 | 중, 고등 | 부수 牛 牜

성공적인 의식(義)을 위해 소(牜)를 제물로 바침.

음독 ぎ

犠牲 ぎせい 희생

옳을 의

원하는 목표를 달성하기 위해,
양(羊)처럼 선한 마음으로 창을 맞대고
서로(我)를 배신하지 않기로 약속함.

0946

무성할 무

茂

JLPT N1 | 중, 고등 | 부수 艸 艹

茂 茂

풀숲(艹)으로 감춰 놓은 무기고(戊)에 병기들이 빽빽하게 들어차 있는 모습.

음독 **も**

繁茂 はんも 초목이 무성함 참고어휘

훈독 **しげる**

茂る しげる (자) 초목이 무성하게 자라다 茂み しげみ 수풀, 덤불

0947

친척 척

戚

상급한자 | 고등 이상 | 부수 戈

戚 戚

마을에 적이 쳐들어 오자 사촌(尗)들과 함께 창(戊)을 들고 싸움. 그런 긴밀한 사이를 말함.

음독 **せき**

親戚 しんせき 친척

0948

넘을 월

越

JLPT N2 | 중, 고등 | 부수 走

越 越

적을 창(戊)으로 무찌르고 넘어섬(走).

음독 **えつ**

優越 ゆうえつ 우월 超越 ちょうえつ 초월

훈독 **こえる**

越える こえる (자) (장벽 · 한계 · 기대 등을) 넘다

こす

越す こす (타) (산 등을) 넘다, (자) 이사하다 (= 引っ越す ひっこす)

콩 숙

콩의 묘목을 그린 모습.
친척같이 같은 뿌리를 가진
사람들을 말하기도 함.

도끼 월

도끼 모양의 날을
가진 창을 그린 모습.

0949

섭섭할 감

憾

JLPT N1 | 중, 고등 | 부수 心忄

憾 憾

침략자들과 싸우다 죽은 병사(感)들을 보며 슬퍼(心)하는 왕의 모습.

음독 **かん**

遺憾　いかん　유감

0950

꺼질 멸

滅

JLPT N1 | 중, 고등 | 부수 氵

滅 滅

주민의 저항(戌)이 너무 거세 화공(火)과 수공(氵)으로 멸(滅)함.

음독 **めつ**

絶滅　ぜつめつ　멸종　　滅亡　めつぼう　멸망　　全滅　ぜんめつ　전멸

破滅　はめつ　파멸　　幻滅　げんめつ　환멸　　消滅　しょうめつ　소멸

훈독 **ほろびる**

滅びる　ほろびる　(자) 멸망하다, 쇠퇴하다

ほろぼす

滅ぼす　ほろぼす　(타) 멸망시키다, 망하게 하다

0951

위엄 위

威

JLPT N1 | 중, 고등 | 부수 女

威 威

마을에 침입해 강력한 도끼창(戌)으로 사람들을 위협하고 있는 병사와 가족을 감싸고 있는 시어머니(女)의 모습.

음독 **い**

威力　いりょく　위력　　脅威　きょうい　위협　　権威　けんい　권위

威厳　いげん　위엄　　威圧　いあつ　위압

威張る　いばる　(자) 거드름 피우다, 잘난 체하다

개 술

매우 강력한 도끼형 창을
그림. 현재는 십이지의
개를 뜻하는 말로 사용됨.

0952

업신여길 멸

蔑

상급한자 | 고등 이상 | 부수 艸 艹

蔑 蔑

도끼창(戌)을 든 힘센 병사가 풀밭(艹)에 쓰러져 있는 적병를 바라보며(罒) 비웃음.

음독 **べつ**　軽蔑 けいべつ 경멸　蔑視 べっし 멸시

훈독 **さげすむ**　蔑む さげすむ (타) 깔보다, 업신여기다 (문어체)

0953

심을 재

栽

JLPT N1 | 중, 고등 | 부수 木

栽 栽

나무(木)의 일부를 잘라(𢦏) 땅에 심음.

음독 **さい**　栽培 さいばい 재배　盆栽 ぼんさい 분재, 화분에 심은 화초나 나무

다칠 재

풀(丰)이나 옷 등을
날붙이(戈)로 자름.

0954

실을 재

載

JLPT N1 | 중, 고등 | 부수 車

載 載

나뭇가지를 잘라(𢦏) 수레(車)에 실음.

음독 **さい**　搭載 とうさい 탑재　掲載 けいさい 게재　記載 きさい 기재
連載 れんさい 연재　満載 まんさい 뭔가를 가득 실음, 내용이 풍부함

훈독 **のせる**　載せる のせる (타) (무언가를) 싣다, 게재하다
のる　載る のる (자) (무언가가) 실리다, 올라가다

0955

일 대

戴

상급한자 | 고등 이상 | 부수 戈

신목의 가지를 잘라(𢦏) 왕관을 만듦. 새롭게 추대된 왕이 관을 받아 머리에 씀(異).

음독 たい

戴冠 たいかん 대관, 관을 받음 참고어휘

頂戴 ちょうだい 1. (남이나 윗사람에게 귀중한 무언가를) 받음 2. 해 주길 요청함

정대(頂戴)는 원래, 윗사람이 하사하는 관을 정수리가 보일 때까지 인사하며 받는다는 뜻으로, 현대 일본에서는 남에게 무언가를 받을 때, 또는 부탁할 때 이 단어를 사용하곤 합니다.

1. 頂戴しました。 잘 받았습니다.
2. これ、頂戴。 이거 줘.

0956

가늘 섬

纖

JLPT N1 | 중, 고등 | 부수 糸

실(糸)처럼 가는 부추(韭)를 자르고 있는(𢦏) 모습.

음독 せん

纖維 せんい 섬유　化纖 かせん 화학섬유　纖細 せんさい 섬세

부추 구

0957

방패 순

盾

JLPT N1 | 중, 고등 | 부수 目 罒

눈높이(目)까지 오는 아주 큰 방패를 그린 모습.

음독 じゅん

矛盾 むじゅん 모순

훈독 たて

盾 たて 방패

0958

돌 순

循

JLPT N1 | 중, 고등 | 부수 彳

적군의 화살공격을 빙빙 돌며(彳) 순서대로 막고 있는 방패병(盾)들의 모습.

💡 단독으로는 거의 사용하지 않고, 주로 복합어로 등장해요

음독 **じゅん**

循環 じゅんかん 순환　　悪循環 あくじゅんかん 악순환

0959

낄 개

介

JLPT N2 | 중, 고등 | 부수 人 亻

갑옷(儿) 사이에 꽉 낀 사람(人)의 모습. 뭔가의 사이로 개입함.

음독 **かい**

紹介 しょうかい 소개　　介護 かいご 간호　　厄介 やっかい 귀찮음, 성가심

介抱 かいほう 병구완　　介入 かいにゅう 개입　　媒介 ばいかい 매개

0960

간 간

肝

JLPT N1 | 중, 고등 | 부수 肉 月

몸 안의 들어온 독을 방어(干)하고 해독하는 장기(肉)인 간(肝)을 말함. 고대 동양인은 사람의 영혼이 간에 있는 줄 알았음. (간이 크다. 담력이 세다.)

음독 **かん**

肝臓 かんぞう (생물학적) 간　　肝心 かんじん 가장 중요함

훈독 **きも**

肝 きも 간, 담력

지경 계

갑옷을 단단히 껴 입은 병사(介)가 마을(田)의 경계에서 보초를 서고 있는 모습,

방패 간

방패 위에 빨래를 널어 말림. 원래는 적병의 진입을 막기 위한 성 앞의 목책을 나타내었음.

0961

토란 우

芋

JLPT N1 | 중, 고등 | 부수 艸 艹

엄청 큰 나무기둥(于)처럼 매우 굵은 뿌리를 가진 식물(艹)들을 말함.

훈독 いも

芋 いも 감자, 고구마, 토란 등의 총칭

里芋 さといも 토란

焼き芋 やきいも 군고구마

じゃが芋 じゃがいも 감자

0962

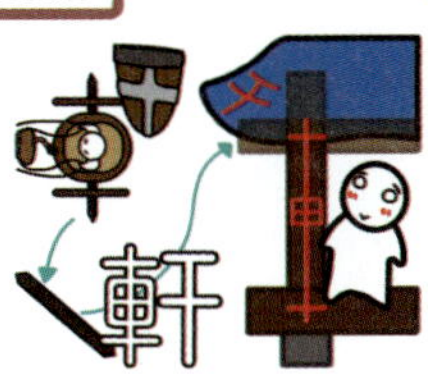

집 헌

軒

JLPT N2 | 중, 고등 | 부수 車

수레(車)의 굴대처럼 단단한 나무로 받쳐지고 있는, 방패(干)처럼 넓게 생긴 어떤 집의 처마를 나타냄. 집을 세는 단위로도 사용됨.

음독 けん

一軒 いっけん 집 한 채

훈독 のき

軒 のき 처마, 집

軒並 のきなみ 집집마다, 일제히

0963

아우를 병

併

JLPT N1 | 중, 고등 | 부수 人 亻

방패(干)를 들고 있는 병사(幷)들을 한데 모아 방어선을 구축하고 있는 장군(人)의 모습.

음독 へい

併合 へいごう 병행

併用 へいよう 병행 사용

合併 がっぺい 합병

훈독 あわせる

併せる あわせる (타) 합치다, 아우르다

아우를 병 부수

방패를 들고 나란히 서 있는 병사들의 모습.

0964

떡 병

餅

상급한자 | 고등 이상 | 부수 食 𩙿

餅 餅

보초를 서고 있는 병사들(幷)에게 먹을 것(食)으로 떡(餅)을 나눠주고 있는 모습.

음독 **へい**

煎餅 せんべい 센베이 (일본의 전통 과자) 참고어휘

과거 한국과 중국에서 '전병'은 주로 부침개 요리를 나타내는 단어로 사용되었고, 일본에서는 일본식의 딱딱한 전통과자 '센베이'를 지칭하는 데 사용되었습니다.

훈독 **もち**

餅 もち 떡

복습

병 병

瓶

JLPT N2 | 중, 고등 | 부수 瓦

瓶 瓶

오랫동안 음식을 보관할 수 있는 기와(瓦) 재질의 병(瓶)을 말함. 전쟁터에서도 병사(幷)들이 안심하고 음식을 먹을 수 있었음.

음독 **びん**

瓶 びん 병　　花瓶 かびん 꽃병

0965

담 병

塀

JLPT N1 | 중, 고등 | 부수 土

塀 塀

흙담(土)을 쌓고 국경을 지키고 있는 병사(并)들과 장수(尸)의 모습.

음독 **へい**

塀 へい 담, 울타리, 벽　　塀越し へいごし 담 너머

0966

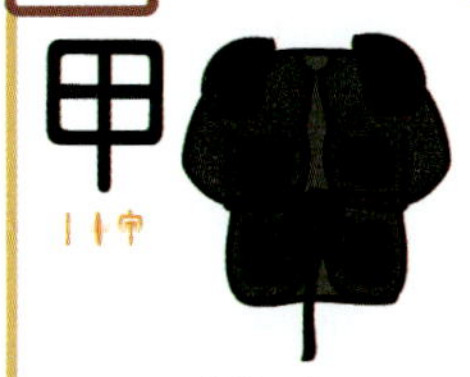

갑옷 갑

甲

JLPT N1 | 중, 고등 | 부수 田

갑옷을 그린 모습. 갑옷에 달려 있는 쇠가 서로 부딪히며 날카로운 소리를 냄.

음독 **かん** 甲板 かんぱん 배의 갑판 甲高い かんだかい (소리 등이) 높고 날카롭다

こう 装甲車 そうこうしゃ 장갑차 甲乙 こうおつ 갑을

0967

곶 갑

岬

JLPT N1 | 중, 고등 | 부수 山

배를 타고 오는 적들을 무찌르기 위해, 바다를 향해 산(山)처럼 튀어나와 있는 지형인 곶에서 화살을 퍼붓고 있는 병사(甲)들의 모습.

훈독 **みさき** 岬 みさき 갑, 곶

0968

누를 압

押

JLPT N4 | 중, 고등 | 부수 手扌

전쟁에 나가기 전에 손(扌)으로 갑옷(甲) 끈을 꽉 조임.

음독 **おう** 押収 おうしゅう 압수 押印 おういん 도장을 찍음, 날인함

훈독 **おす** 押す おす (타) 밀다

押し寄せる おしよせる (자) (파도, 사람, 감정 등이) 밀려오다

おさえる 押える おさえる (타) 억누르다, 참다

0969

탄알 탄

弾

JLPT N1 | 중, 고등 | 부수 弓

활(弓)과 투석기(単)를 나타낸 모습.

음독 だん

爆弾 ばくだん 폭탄　　弾力 だんりょく 탄력　　弾丸 だんがん 탄환, 빠른 속도

弾圧 だんあつ 탄압

훈독 たま / はずむ / ひく

弾 たま 총알, 탄알

弾む はずむ (자) (물건이나 마음이) 튀다

弾く ひく (타) 연주하다

홑 단

단 하나로도 매우 치명적인 위력을 가진 투석기를 그린 모습.

0970

고요할 선

禅

JLPT N1 | 중, 고등 | 부수 示礻

망루(示)에서 경계를 서는 병사들과 강력한 투석기(単)가 있으니 적이 오지 않음.

음독 ぜん

禅宗 ぜんしゅう (불교) 선종 참고어휘

座禅 ざぜん 좌선, 스님이 앉아서 조용히 수양을 함 참고어휘

0971

목맬 교

絞

JLPT N1 | 중, 고등 | 부수 糸

암살자가 의자에 앉아있는 사람(交) 몰래 뒤로 돌아가 노끈(糸)으로 교살을 시도함.

음독 こう

絞殺 こうさつ 교살　　絞首刑 こうしゅけい 교수형

훈독 しぼる / しめる / しまる

絞る しぼる (타) 쥐어 짜다, 추려 내다

絞める しめる (타) 목을 조르다, 조이다

絞まる しまる (자) (끈 따위로) 조여지다

UPGRADE!

10

확인문제

한자표기 **다음 단어의 한자 표기로 적당한 것을 고르세요.**

01	ぶんせき	① 分斤	② 分析	③ 分匠
02	はまべ	① 浜辺	② 祈辺	③ 兵辺
03	こくそ	① 告訴	② 告哲	③ 告誓
04	てつがく	① 訴学	② 誓学	③ 哲学
05	ちかう	① 哲う	② 誓う	③ 逝う

한자읽기 **다음 한자의 읽는 법을 고르고 빈칸에 뜻을 적으세요.**

06	斬新	① ざんしん	② さんしん	③ さんじん	
07	警戒	① げいかい	② けいがい	③ けいかい	
08	迷惑	① めいあく	② めいわく	③ めわく	
09	実践	① しっせん	② しつぜん	③ じっせん	
10	金銭	① きんせん	② きんぜん	③ ぎんせん	

정답 01 ② 분석 02 ① 바닷가 03 ① 고소 04 ③ 철학 05 ② 맹세하다 06 ① 참신 07 ③ 경계 08 ② 귀찮음, 폐 09 ③ 실천 10 ① 금전

11 농경사회, 공동체, 역사 관련 한자(50자)

0972

苗

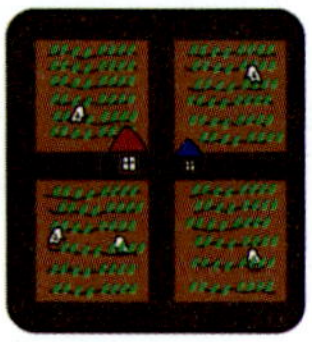

모 묘

苗

JLPT N1 | 중, 고등 | 부수 艸 艹

밭(田)에 심어져 있는 모종(艹)들을 그린 모습.

음독 びょう　　種苗 しゅびょう 종묘, 씨앗과 모종

훈독 なえ　　苗 なえ 모종

なわしろ　　苗代 なわしろ 못자리

0973

描

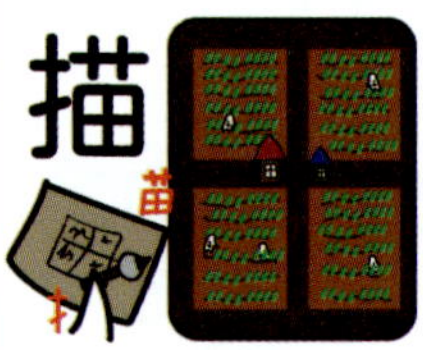

그릴 묘

描

JLPT N1 | 중, 고등 | 부수 手 扌

붓을 들어(扌) 묘목(苗)이 자라 있는 밭의 풍경을 묘사함.

음독 びょう　　描写 びょうしゃ 묘사

훈독 えがく　　描く えがく (타) (마음 속의 이미지나 장면 등을) 그리다, 묘사하다

かく　　描く かく (타) (물리적으로) 그리다

0974

累

여러 루

累

JLPT N1 | 중, 고등 | 부수 糸

마을(田)에 줄(糸)처럼 기다란 번개가 계속 여러 번 떨어짐. 소리가 여러 번 울림.

음독 **るい**

累積 るいせき 누적　　　累計 るいけい 누계

0975

塁

진 루

塁

JLPT N1 | 중, 고등 | 부수 土

적의 침입을 대비하기 위해 마을(田) 입구 쪽에 모래 주머니(土)를 여러 개 쌓아 놓은 모습.

음독 **るい**

土塁 どるい 흙을 쌓아올린 성벽　　　塁審 るいしん (야구의) 베이스심

0976

畏

두려워할 외

畏

상급한자 | 고등 이상 | 부수 田

마을(田)의 상태를 점검하기 위해 아주 고급스러운 옷을 입은 관리(衣)가 방문함.

음독 **い**

畏敬 いけい 경외　　　畏怖 いふ 몹시 두려워함

훈독 **おそれる**

畏れる おそれる (존경심을 포함) 두려워하다

실생활에서는 거의 사용하지 않으며, 주로 철학이나 문학 작품에 등장해요.

0977

마을 리

里

JLPT N1 | 초등 2학년 | 부수 里

밭(田)을 가느라 옆에 토양(土)이 쌓여있는 모습. 이장이 관리할 수 있을 정도의 작은 크기의 촌락을 나타냄.

음독 り

郷里 きょうり 향리, 고향　　千里 せんり 천리

훈독 さと

里 さと 마을, 시골, 고향　　古里 ふるさと 고향

0978

다스릴 리

厘

JLPT N1 | 중, 고등 | 부수 厂

언덕(厂) 위에서 마을(里)을 보니 사람들이 엄청나게 작아보임. 할푼리의 리(厘).

음독 りん

一分一厘 いちぶいちりん 조금도, 털끝만큼도

0979

먹 묵

墨

JLPT N1 | 중, 고등 | 부수 土

식물의 재(黒)와 아교(土)를 섞어 만든 먹을 말함. 물에 먹을 갈면 먹물인 묵(墨)이 완성됨.

음독 ぼく

遺墨 いぼく 고인이 남긴 서화

훈독 すみ

墨 すみ 먹　　墨色 すみいろ 먹빛, 먹색

검을 흑

논밭(里)이 불타(灬)
검은 재만 남아있는 모습.

0980

동경할 동

憧

JLPT N1 | 고등 이상 | 부수 心 忄

憧 憧

평소에 동경(忄)했던 유명인이 마을에 방문하자 졸래졸래 따라가는 아이들(童)의 모습.

음독 しょう — 憧憬 しょうけい 동경

훈독 あこがれる — 憧れる あこがれる (자) 동경하다

아이 동

마을(里) 변두리에서 뛰어 노는 아이들(立)의 모습

0981

눈동자 동

瞳

JLPT N1 | 고등 이상 | 부수 目 罒

瞳 瞳

마을 곳곳에서 뛰어노는 아이들(童)의 똘망똘망한 눈동자(目)를 나타냄.

음독 どう — 瞳孔 どうこう 동공

훈독 ひとみ — 瞳 ひとみ 눈동자

0982

쇠북 종

鐘

JLPT N1 | 중, 고등 | 부수 金

鐘 鐘

아이들(童)의 목소리처럼 맑고 아름다운 소리를 내는 쇠(金)로 된 종(鐘)을 말함.

음독 しょう — 警鐘 けいしょう 경종

훈독 かね — 鐘 かね 종, 종소리

0983

향풀 훈

薫

JLPT N1 | 중, 고등 | 부수 艸 艹

薫 薫

쓸만한 작물(艹)은 모두 등에 이고, 나머지 잡풀들은 불에 태워(黒) 향을 피우는 모습.

음독 **くん**

薫風 くんぷう 훈풍, 초여름의 산들바람

薫陶 くんとう 감화시켜 훌륭한 사람으로 만듦

훈독 **かおる**

薫る かおる (자) (고급스럽고 문학적인 분위기의) 은은한 향기가 나다

0984

공 훈

勲

JLPT N1 | 중, 고등 | 부수 力

勲 勲

적을 내몰아(動) 집을 불태우고(灬) 자국민의 살 곳을 만들어준 장수에게 훈장을 줌.

음독 **くん**

勲章 くんしょう 훈장　　勲功 くんこう 공훈

0985

찌를 충

衝

JLPT N1 | 중, 고등 | 부수 行

衝 衝

무거운 짐(重) 때문에 몸을 제대로 가누지 못해 결국 행인(行)들과 충돌하고 만 짐꾼의 모습.

음독 **しょう**

衝突 しょうとつ 충돌　　衝撃 しょうげき 충격

무거울 중

등 뒤에 무거운 짐을 지고 가는 사람의 모습.

다닐 행

간판, 깃발을(亍) 들고 사람이 많은 사거리를 왔다갔다(彳) 하는 사람의 모습.

0986

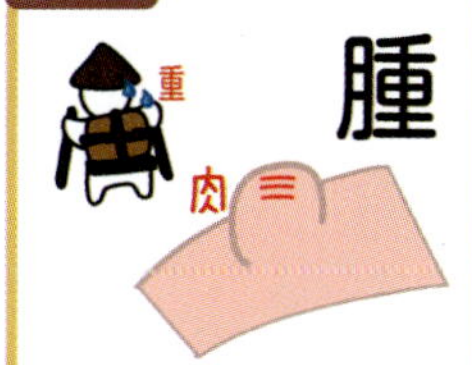

종기 종

腫

상급한자 | 고등 이상 | 부수 肉 月

腫 腫

팔(肉)에 종양이 생김. 살이 올라 더 무거워(重) 짐.

음독 しゅ　　腫瘍　しゅよう　종양

훈독 はらす　　腫らす　はらす　(타) 붓게 하다

はれる　　腫れる　はれる　(자) 붓다

0987

양식 량

糧

JLPT N1 | 중, 고등 | 부수 米

糧 糧

쌀의 양(量)을 정확히 측정해 사람들에게 공평히 곡물(米)을 분배하고 있는 모습.

음독 りょう　　食糧　しょくりょう　식량

ひょう　　兵糧　ひょうろう　군대용 식량

훈독 かて　　糧　かて　식량, 삶의 자양분

헤아릴 양

깔때기에 곡물을 부어
양을 헤아리고 있는 모습.

0988

벗을 라

裸

JLPT N1 | 중, 고등 | 부수 衣衤

과일(果)의 옷(衣)인 과일 껍질을 벗김.

음독 ら　　裸体 らたい 나체　　裸身 らしん 알몸, 맨몸　　赤裸々 せきらら 적나라

훈독 はだか　　裸 はだか 알몸, 나체　　裸足 はだし 맨발

0989

무리 휘

彙

상급한자 | 고등 이상 | 부수 彐彑

책상 위에 있는 과일(果) 그릇에 머리를 처박고 있는 돼지(彑)들의 모습. 같은 종류의 모임을 나타냄.

음독 い　　語彙 ごい 어휘

실과 과

사계절을 이겨내고
열매를 맺는 데 성공한
과일나무를 말함.

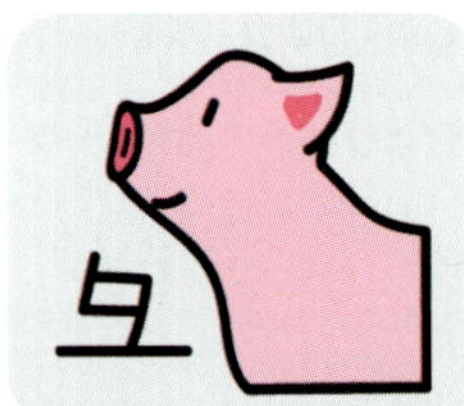

돼지머리 계

돼지 머리를
나타낸 모습.

0990

날개 익

翼

JLPT N1 | 중, 고등 | 부수 羽

날개(羽)를 등에 달고 무대 위에서 연기를 펼치고 있는 가면을 쓴 배우(異)의 모습.

음독 **よく**　　右翼 うよく 우익　　左翼 さよく 좌익

훈독 **つばさ**　　翼 つばさ 날개

0991

이랑 무

畝

JLPT N1 | 중, 고등 | 부수 田

집(亠) 앞에 있는 밭(田)에 밭이랑을 만들어 식물이 오래(久) 살아남을 수 있도록 함.

훈독 **うね**　　畝 うね 밭두둑 (밭에서 높은 부분) 참고어휘

畝間 うねま 고랑 (밭에서 낮은 부분) 참고어휘

💡 이랑은 밭두둑과 고랑을 합쳐서 부르는 말입니다.

다를 이

무대 위에서 굉장히
이질적인 가면을 쓰고 있는
무용수의 모습.

오랠 구

정말 오랜 친구의
어깨에 팔을 걸치고
있는 사람의 모습.

0992

날 번

翻

JLPT N1 | 중, 고등 | 부수 羽

翻 翻

밭(田)에 남겨진 발자국(釆)과 깃털(羽)을 보며 어떤 동물이 작물을 훔쳐갔는지 역으로 생각해봄. 사람이 오자 새가 날개를 나부끼며 도망침.

음독 ほん

翻訳　ほんやく　번역

훈독 ひるがえす

翻す　ひるがえす　(타) 뒤집다, 번복하다, 펄럭이게 하다

ひるがえる

翻る　ひるがえる　(자) 뒤집히다, 깃발 등이 나부끼다

0993

살필 심

審

JLPT N1 | 중, 고등 | 부수 宀

審 審

밤마다 밭(田)의 농작물을 다 헤집고 간, 땅에 발자국을 남긴(釆) 짐승을 잡기 위해 집(宀) 에서도 밭을 살핌.

음독 しん

審判　しんぱん　심판　　審査　しんさ　심사　　審議　しんぎ　심의

不審　ふしん　불심, 확실하지 않음

0994

울타리 번

藩

JLPT N1 | 중, 고등 | 부수 艸 艹

藩 藩

밭(田)의 작물(艹)을 자꾸 훔쳐가는 도적이나 짐승(釆)을 막기 위해 강가나 국경(氵)에 울타리를 쳐 놓음. 일본 에도시대의 제후격인 다이묘의 영지, '번'을 말하기도 함.

음독 はん

藩　はん　번, 다이묘의 영지　참고어휘　　藩主　はんしゅ　번의 주인, 또는 영주　참고어휘

분별할 변

어떤 짐승의 발자국인지 분별하고 있는 모습.

차례 번

밭(田)의 작물을 훔쳐먹은, 땅에 발자국(釆)을 남긴 짐승을 잡기 위해 차례차례 교대를 섬.

0995

우물 정

井

JLPT N2 | 초등 4학년 | 부수 二

우물에서 물을 퍼 밭에 물을 줌. 우물(井). 부수로 쓰일 땐 마을 공동체를 나타내기도 함.

음독	しょう	天井	てんじょう	천장
	せい	市井	しせい	서민 사회, 민중 세계
훈독	い	井戸	いど	우물

0996

요새 새

塞

상급한자 | 고등 이상 | 부수 土

적이 침공한다는 소식을 듣고 성벽 밖에 있는 모든 우물(寒)을 흙(土)으로 메우는 모습.

음독	さい	要塞	ようさい	요새
	そく	閉塞	へいそく	닫아서 막음
훈독	ふさがる	塞がる	ふさがる	(자) 막히다, 닫히다
	ふさぐ	塞ぐ	ふさぐ	(타) 막다, 가리다 (자) 우울해지다

찰 한

날씨가 너무 추운 나머지 집(宀)에
있는 우물(井)이 얼음(氷).
우물이 얼어 있어 물을 못 마심(井).

0997

흙덩이 양

壌

JLPT N1 | 중, 고등 | 부수 土

농사를 위해 옷깃(衣)을 걷어 올리고, 밭(井)을 부드럽게 만들기 위해 거친 흙(土)들을 골라냄(六).

음독 **じょう**

土壌 どじょう 토양

0998

아가씨 양

嬢

JLPT N1 | 중, 고등 | 부수 女

아직 결혼을 하지 않은 아가씨(女)가 밭일(壌)을 도와주고 있는 모습.

음독 **じょう**

お嬢さん おじょうさん 아가씨, 따님　　令嬢 れいじょう 영애

0999

사양할 양

譲

JLPT N1 | 중, 고등 | 부수 言

열심히 밭일(壌)을 하고 있는 소작농들과 땅을 자식에게 양도(言)하고 있는 지주(言)의 모습. 사양하며 받음.

음독 **じょう**

譲歩 じょうほ 양보　　謙譲 けんじょう 겸양　　譲渡 じょうと 양도

훈독 **ゆずる**

譲る ゆずる (타) 양도하다, 내주다

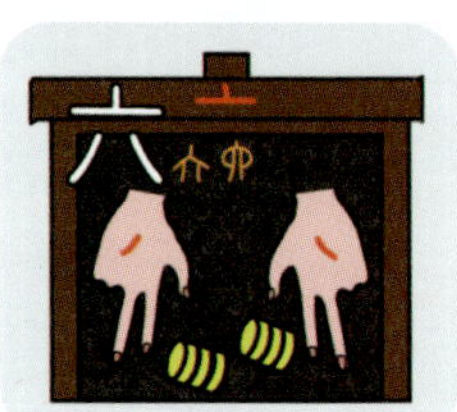

여섯 육

물건 값으로 동전 6냥을
요구하고 있는 상인의 모습.
'양팔을 뻗다'라는 의미도 있음.

1000

술 빚을 양

醸

JLPT N1 | 중, 고등 | 부수 酉

술독(酉)을 정리하고 있는 인부(壌)들과 술을 빚고 있는 장인의 모습.

음독	じょう	醸造 じょうぞう 양조	醸成 じょうせい (분위기, 의식 등을) 서서히 형성함
훈독	かもす	醸す かもす (타) (술, 간장들을) 발효시키다, (분위기 등을) 자아내다	

1001

우물 정

丼

상급한자 | 고등 이상 | 부수 丶

원래는 우물을 나타내는 한자였으나, 현대 일본에선 일본식 덮밥을 의미하는 한자로 사용됨.

훈독	どん	牛丼 ぎゅうどん 소고기 덮밥	天丼 てんどん 텐동, 튀김 덮밥
	どんぶり	丼 どんぶり 덮밥	

1002

새길 조

彫

JLPT N1 | 중, 고등 | 부수 彡

새들이 농작물(周)과 열매를 파먹고(彡) 있는 모습. 조각조각(彫) 작물에 상처가 남.

음독	ちょう	彫刻 ちょうこく 조각
훈독	ほる	彫る ほる (타) 새기다, 조각하다

두루 주

농사(田)를 지으며 주변(周)
동료들에게 뭐라고 말하고(口)
있는 농부의 모습.

1003

위협할 협

脅

JLPT N1 | 중, 고등 | 부수 肉 月

힘센(力) 사람들이 어떤 약자의 몸(肉)을 때리며 협박함.

음독 **きょう** 脅威 きょうい 위협 脅迫 きょうはく 협박

훈독 **おびやかす** 脅かす おびやかす (타) 위협하다, (지위나 신분 등을) 위태롭게 하다

おどかす 脅かす おどかす (타) 협박하다, 놀래키다

おどす 脅す おどす =おどかす

1004

겨드랑이 협

脇

상급한자 | 고등 이상 | 부수 肉 月

힘센 세 남성(力)이 팔짱을 끼고 누군가를 위협하고 있는 모습, 팔짱을 낄 때 벌어지는 신체 부위(肉), 겨드랑이를 말함.

훈독 **わき** 脇 わき 겨드랑이

1005

시렁 가

架

JLPT N1 | 중, 고등 | 부수 木

감독의 지시(口)로 절벽 사이에 나무(木) 다리를 설치하는 노동자(力)의 모습.

음독 **か** 架空 かくう 가공, 허위 担架 たんか 들것 架け橋 かけはし 가교, 연결고리

훈독 **かかる** 架かる かかる (자) (다리·철도 등이) 가설되다, 놓이다

かける 架ける かける (타) 걸쳐 놓다, 가설하다

1006

끓어오를 용

湧

JLPT N1 | 고등 이상 | 부수 氵

수맥이 막히자 쇠종처럼 무거운 바위를 들어올려 물길(氵)을 뚫는 아주 용맹(勇)한 사람의 모습.

음독 ゆう

湧出 ゆうしゅつ 용출, 솟아 나옴

湧水 ゆうすい 용수, 지표면 밖으로 솟은 지하수

훈독 わく

湧く わく (자) (물, 감정, 사람 등이) 샘솟다, 분출하다, 떠오르다

1007

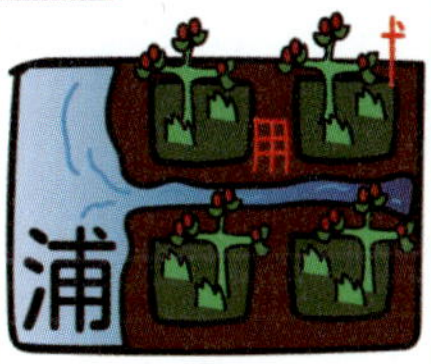

개 포

浦

JLPT N1 | 중, 고등 | 부수 氵

채소밭(甫)에 물을 들임. 땅 쪽으로 물(氵)이 들어와 있는 모습. 현재는 항구의 포구를 가리키는 말로 사용됨.

훈독 うら

浦 うら 후미, 바다나 호수가 육지로 파고든 곳

津々浦々 つつうらうら 전국 도처, 방방곡곡

1008

먹일 포

哺

상급한자 | 고등 이상 | 부수 口

채소밭(甫)에서 딴 열매를 아이에게 먹임(口). 음식을 입에 머금음.

음독 ほ

哺乳類 ほにゅうるい 포유류

날랠 용

무거운 쇠종(甬)도 거뜬히 드는 아주 용맹한 남자(男)를 말함.

채마밭 포

채소밭을 그린 모습.

1009

펼 포

舗

JLPT N1 | 중, 고등 | 부수 舌

舗 舗

길거리에 노점(舎)을 열어 밭에서 키운 채소(甫)를 바닥에 늘어놓고 팜.

음독 **ほ**

舗装 ほそう 포장　　店舗 てんぽ 점포　　예외 老舗 しにせ 노포, 전통 있는 가게

집 사

땅(土) 위에 간단하게 지은 집(亼)에서 대화(口)를 나누고 있는 병사들의 모습. 급할 때 쉽게 버리고 갈 수 있는 집인 막사(舎)를 뜻했으나 현대엔 다양한 의미로 쓰임.

1010

펼 부

敷

JLPT N1 | 중, 고등 | 부수 攵 攴

敷 敷

채소밭(甫)을 가꾸기 위해 밭을 갈고(方) 잡초를 제거(攵)한 후, 비료를 넓게 깜.

음독 **ふ**

敷設 ふせつ 부설, 깔아 놓음

훈독 **しく**

敷く しく (타) 깔다 (자) 널리 깔리다

1011

깊은 바다 충

沖

JLPT N2 | 초등 4학년 | 부수 氵

沖 沖

바다의 한 가운데(中)에서 육지까지 오는 파도(氵)를 지칭함. 오키나와(沖縄)의 지명으로도 활용됨.

음독 **ちゅう**

沖積 ちゅうせき 충적

훈독 **おき**

沖 おき 먼 바다　　沖縄 おきなわ 오키나와

1012

衷

JLPT N1 | 중, 고등 | 부수 衣衤

옷(衣) 속에 숨겨진, 마음속 아주 깊은 곳(中)의 생각을 뜻함.

음독 **ちゅう** 折衷 せっちゅう 절충 苦衷 くちゅう 고충

1013

串

상급한자 | 고등 이상 | 부수 丨

꼬챙이에 무언가가 끼워져 있는 모습.

훈독 **くし** 串 くし 꼬챙이 串焼き くしやき 꼬치구이

1014

患

JLPT N2 | 중, 고등 | 부수 心忄

마치 꼬챙이(串)에 찔린 것처럼 온 몸이 아파 마음(心)이 편치 않음을 나타냄.

음독 **かん** 患者 かんじゃ 환자 疾患 しっかん 질환

훈독 **わずらう** 患う わずらう (타) 병을 앓다, 병에 걸리다

1015

벼슬아치 리

吏

JLPT N1 | 중, 고등 | 부수 口

세금을 납부하러 온 사람들(一)을 종이에 기록(史)하고 있는 벼슬아치의 모습.

음독 り

官吏 かんり 관리　　能吏 のうり 유능한 관리 참고어휘

1016

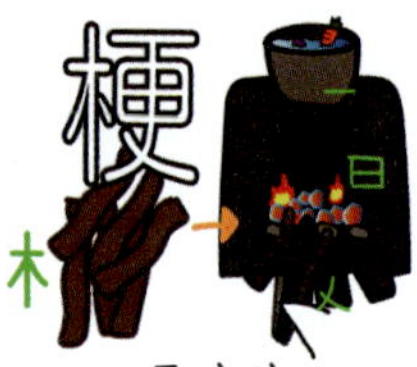

줄기 경

梗

상급한자 | 고등 이상 | 부수 木

가마에 나무(木)를 너무 많이 넣었더니 산소가 안 통해 불이 약해짐. 부지깽이로 나무를 치움(更).

음독 こう

脳梗塞 のうこうそく 뇌경색

心筋梗塞 しんきんこうそく 심근경색

고칠 경, 다시 갱

화력을 높여 국을 끓이기 위해 부지깽이로 불씨에 덮인 재들을 털어냄.
밤을 새며 불씨를 고쳐 살림. 불을 피우기 어려웠던 옛날엔 불씨를 지키는 게 매우 중요했기 때문에, 하인들이 교대로 밤을 새가며 부지깽이로 불씨를 고쳐 화력을 더했음.

1017

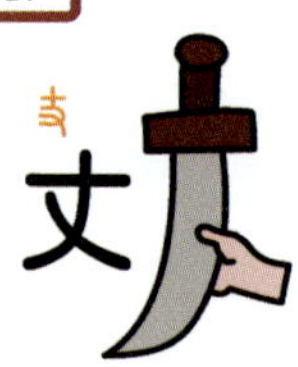

어른 장

丈

상급한자 | 중, 고등 | 부수 一

어른이 된 기념으로 칼을 하사함. 키가 큰 건장한 어른, 대장부(丈). 나는 튼튼한 어른이니까 괜찮아(大丈夫)!

음독 じょう

丈夫 じょうぶ 건강함, 강건함　　大丈夫 だいじょうぶ 괜찮음, 끄떡없음

훈독 たけ

丈 たけ 키, 기장, 길이

1018

곧 즉

即

JLPT N1 | 중, 고등 | 부수 卩

即 即

취사가 완료되자(皀) 마자 자리에서 벌떡 일어나 솥뚜껑을 염(卩).

음독 **そく**

即 そく 즉, 곧바로　　即席 そくせき 즉석　　即時 そくじ 즉시

即興 そっきょう 즉흥

병부 절

무릎을 꿇고 앉아(卩) 있는 듯한 모습. 팔에 힘을 주고 뭔가를 누름.

1019

슬퍼할 개

慨

JLPT N1 | 중, 고등 | 부수 心忄

慨 慨

자신이 오기도 전에 이미(既) 밥을 다 먹어 치운 것을 보고 분노(忄) 하는 사람의 모습. 화나면서도 슬픔.

음독 **がい**

憤慨 ふんがい 분개　　感慨 かんがい 감개, 마음이 북받쳐 오름

慨嘆 がいたん 개탄, 탄식함

향기로울 급

향기로운 흰 쌀밥 냄새(白)를 맡고 밥솥에 손(匕)을 뻗음.

이미 기

이미 누군가가 밥(皀)을 다 먹어 먹을 게 없어 화내는 사람과 깜짝 놀라 뒤도는 사람(旡)의 모습.

목멜 기

밥을 먹다가 누가 불러 고개를 뒤로 돌림. 그러다가 목이 메임.

1020

대개 개

概

JLPT N1 | 중, 고등 | 부수 木

나무(木) 아래서 같이 맛있는 밥을(皀) 먹으며 어떤 사람의 설명을 듣고 있는 모습(旡).
밥 먹으면서도 이해할 수 있는 개략적인 내용을 말함.

음독 がい

概論 がいろん 개론 | 大概 たいがい 대개 | 概念 がいねん 개념
概要 がいよう 개요 | 概説 がいせつ 요약해서 대강 설명함
概略 がいりゃく 개요, 요약 | 概して がいして 대체로, 일반적으로

1021

울릴 향

響

JLPT N1 | 중, 고등 | 부수 音

고향(郷)에 돌아온 마을의 영웅이 연회에 초대되어 이장의 축사(音)를 받음. 제비가 울고
맛있는 밥냄새가 나는 그리운 고향의 모습.

음독 きょう

影響 えいきょう 영향 | 反響 はんきょう 반향 | 音響 おんきょう 음향

훈독 ひびく

響く ひびく (자) (소리, 감정, 영향 등이) 울리다, 울려 퍼지다

시골 향

제비(乡)와 맛있는 밥(皀)이 있는 고향의 언덕(阝) 위에서 회식을 하고 있는 사람들의 모습.

시골 향 부수

고향의 오래된 집에 살고 있는 제비가 날아다니고 있는 모습.

UPGRADE!

11

확인문제

한자표기 **다음 단어의 한자 표기로 적당한 것을 고르세요.**

01	あこがれる	① 憧れる	② 瞳れる	③ 鐘れる
02	ひとみ	① 憧	② 鐘	③ 瞳
03	しょうとつ	① 薫突	② 衝突	③ 勲突
04	ほんやく	① 翻訳	② 審訳	③ 藩訳
05	しんぱん	① 真判	② 翻判	③ 審判

한자읽기 **다음 한자의 읽는 법을 고르고 빈칸에 뜻을 적으세요.**

06	塞ぐ	① ふさぐ	② ふざぐ	③ ぶざぐ	
07	譲歩	① ようほ	② ちょうほ	③ じょうほ	
08	彫刻	① ちょこく	② じょうこく	③ ちょうこく	
09	脅迫	① きょうはく	② きょはく	③ ごうはく	
10	舗装	① ぽそう	② おそう	③ ほそう	

정답 01 ① 동경하다 02 ③ 눈동자 03 ② 충돌 04 ① 번역 05 ③ 심판 06 ① 막다 07 ③ 양보 08 ③ 조각 09 ① 협박 10 ③ 포장

12

재물, 재화 관련 한자(8자)

1022

보낼 견

遣

JLPT N1 | 중, 고등 | 부수 辵⻌

왕의 사신이 귀한 선물을 들고(貴) 타국에 파견을 가는(⻌) 모습.

음독	けん	派遣	はけん	파견
훈독	つかう	遣う	つかう	(타) (마음, 신경을) 쓰다, (사람을) 보내다
	つかわす	遣わす	つかわす	(타) (사람, 편지 등을) 보내다, 베풀다

1023

무너질 궤

潰

상급한자 | 고등 이상 | 부수 氵

탐욕스럽게 백성들의 재산을 수탈한(貴) 탐관오리를 홍수(氵)로 벌하는 신의 모습.

음독	かい	潰瘍	かいよう	궤양
훈독	つぶす	潰す	つぶす	(타) 부수다, 으깨다
	つぶれる	潰れる	つぶれる	(자) 찌부러지다, 무너지다

재미있는 한자 이야기

귀할 귀

귀중한 물건(貝)을 조심스럽게 들어 올리고 있는 사람의 모습.

1024

염불 소리 패

唄

JLPT N1 | 고등 이상 | 부수 口

조개 껍데기(貝)를 두드리며 콧노래를 흥얼(口)거리는 사람의 모습.

훈독 うた

歌·唄 うた 노래, 가요

1025

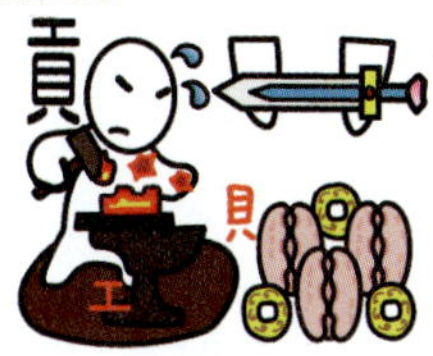

바칠 공

貢

JLPT N1 | 중, 고등 | 부수 貝

값비싼(貝) 물건을 만들어(工) 바침.

음독 こう

貢献 こうけん 공헌

ぐ

年貢 ねんぐ 연공, 연마다 바치는 공물 참고어휘

훈독 みつぐ

貢ぐ みつぐ (타) 공물을 바치다, 금품을 보내다

1026

꿸 관

貫

JLPT N1 | 중, 고등 | 부수 貝

동전(貝)을 들고 다니기 편하게 줄에 꿰어 놓은 모습.

음독 かん

貫禄 かんろく 관록, 통찰력　　一貫性 いっかんせい 일관성

禄 (녹 록, 비상용한자)

비싼 염료로 염색한(录) 옷(衤)을 입은 상급 관리에게 녹봉(禄)을 줌.

훈독 つらぬく

貫く つらぬく (타) 관통하다, 꿰뚫다, 끝까지 밀고 나가다

조개 패

조개를 그린 모습. 고대 사회엔 조개를 화폐로 썼기에 재물이라는 의미를 가짐. 특히 마노 조개는 보석처럼 광택이 있고 구하기 힘들었음.

초록빛 록

풀잎을 짜(彐) 추출한 염료(氺)를 실(糸)에 묻히는 모습.

1027

운 운

韻

JLPT N1 | 중, 고등 | 부수 音

솥(員)에서 음식을 퍼가며 콧노래(音)를 흥얼거리고 있는 사람들의 모습.

음독 いん

韻律 いんりつ 음율, 리듬　　音韻 おんいん 음운

1028

두려워할 구

惧

상급한자 | 고등 이상 | 부수 心 忄

솥(具)을 들고가면서 내용물이 쏟아질 까봐 매우 두려워(心) 함.

음독 ぐ

危惧 きぐ (위험에 대한) 두려움, 우려

1029

쇠사슬 쇄

鎖

JLPT N1 | 중, 고등 | 부수 金

동전 다발을 금고에 넣은 다음 쇠사슬(金)로 봉인함.

음독 さ

閉鎖 へいさ 폐쇄　　封鎖 ふうさ 봉쇄

훈독 くさり

鎖 くさり 쇠사슬

인원 원

해가 중천에 뜨자 밥을 먹기 위해 솥 앞으로 모여든 사람들의 모습.

갖출 구

솥처럼 생긴 그릇을 양손으로 떠받쳐 어디론가 나름.

UPGRADE!

12

확인문제

한자표기 **다음 단어의 한자 표기로 적당한 것을 고르세요.**

01	きちょう	① 遣重	② 遺重	③ 貴重
02	いさん	① 遣産	② 遺産	③ 潰産
03	はけん	① 派遣	② 派潰	③ 派貴
04	つぶす	① 潰す	② 遣す	③ 遺す
05	こうけん	① 貢献	② 貢検	③ 貢健

한자읽기 **다음 한자의 읽는 법을 고르고 빈칸에 뜻을 적으세요.**

06	貫く	① つらぬく	② すらぬく	③ つれぬく	
07	習慣	① しゅうがん	② しゅかん	③ しゅうかん	
08	危惧	① きぐ	② きく	③ いぐ	
09	閉鎖	① へさ	② へいざ	③ へいさ	
10	鎖	① くざり	② くさり	③ くさる	

정답 01 ③ 귀중 02 ② 유산 03 ① 파견 04 ① 부수다 05 ① 공헌 06 ① 관통하다 07 ③ 습관 08 ① 위기 09 ③ 폐쇄 10 ② 쇠사슬

13

동물, 수렵 관련 한자(60자)

1030

곰 웅

JLPT N2 | 중, 고등 | 부수 火 灬

熊 熊

마을에 온 곰(能)을 쫓기 위해 주변에 불(灬)을 붙이는 사람의 모습. 그래야 할 정도로 강함.

훈독 くま

熊 くま 곰

熊本県 くまもとけん 구마모토현 (일본 규슈 중서부에 위치한 현)

1031

마칠 파

JLPT N1 | 중, 고등 | 부수 网 罒 ⺲

罷 罷

마을에 들이닥친 곰(能) 때문에 난리가 남. 하던 일을 모두 멈추고 곰을 잡아서 그물(罒)에 가둠.

음독 ひ

罷業 ひぎょう 파업

罷免 ひめん 파면

일상에서는 罷業보다는 ストライキ(strike)를 많이 써요.

재미있는 한자 이야기

능할 능

힘도 세고 달리기도 빠르고 수영도 잘하는 곰을 그린 모습. 총이 없던 시절, 재능이 많은 곰은 먼 옛날 공포의 대상 그 자체였음.

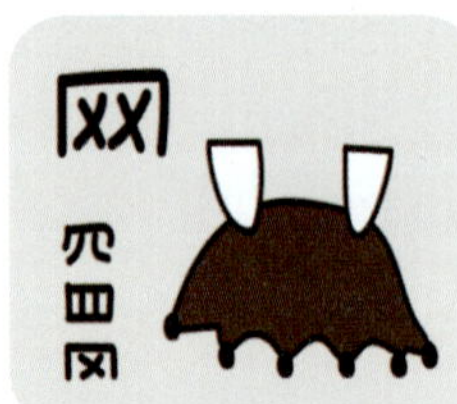

그물 망

그물(网)을 그린 모습.

1032

엎드릴 복

伏

JLPT N1 | 중, 고등 | 부수 人 亻

개(犬)처럼 포복하고 있는 사람(亻)의 모습.

음독 **ふく**

起伏 きふく 기복　　降伏 こうふく 항복

훈독 **ふす**

伏す ふす (자) 스스로 엎드리다

ふせる

伏せる ふせる (타) 엎다, 숨기다　　うつ伏せ うつぶせ 엎드림, 엎드린 자세

1033

옥 옥

獄

JLPT N1 | 중, 고등 | 부수 犬 犭

욕(言)을 퍼부으며 개(犭, 犬) 처럼 싸우고 있는 사람들의 모습, 그런 사람들이 모인 곳, 지옥.

음독 **ごく**

獄舎 ごくしゃ 옥사, 감옥　　地獄 じごく 지옥

1034

잠잠할 묵

默

JLPT N1 | 중, 고등 | 부수 黒 黑

마을(里)의 모든 것이 불타(灬) 개(犬) 짖는 소리도 들리지 않음.

음독 **もく**

沈默 ちんもく 침묵　　暗默 あんもく 암묵

훈독 **だまる**

默る だまる (자) 말을 하지 않다, 조용히 하다

1035

짐승 수

獣

JLPT N1 | 중, 고등 | 부수 犬 犭

맹수가 바로 옆에서 튀어나와 크게 놀란 사냥꾼과 사냥개의 모습.

음독	じゅう	怪獣 かいじゅう 괴수	猛獣 もうじゅう 맹수	
훈독	けもの	獣 けもの 짐승, 동물		

1036

용 룡

竜

JLPT N1 | 중, 고등 | 부수 龍 竜

신이 부리는 전설의 동물인 용을 나타냄. 옛 동양인들은 번개가 치는 것을 보며 용이 비행하는 것이라 생각했음.

음독	りゅう	竜 りゅう 용	
훈독	たつ	竜巻 たつまき 강렬한 회오리 바람	용이 지나갈 때 부는 바람

1037

비 올 롱

滝

JLPT N1 | 중, 고등 | 부수 氵

용(竜)이 지나가 움푹 패인 자리에 폭포(氵)가 떨어지고 있는 모습.

훈독	たき	滝 たき 폭포	滝つぼ たきつぼ 용소 참고어휘

폭포수가 떨어지는 바로 밑에 있는 깊은 웅덩이.
つぼ는 움푹 파인 지형이나 깊은 곳을 상징합니다.

용 용 본자

용(龍)의 몸(月)에
올라타 하늘을 비행하고
있는 신(立)의 모습.

1038

대바구니 롱

籠

상급한자 | 고등 이상 | 부수 竹

용(龍)의 몸통처럼 생긴 기다란 대나무(竹) 바구니를 나타냄.

음독 ろう　籠城 ろうじょう 농성, 성 안에서 머물러 적을 막음　籠球 ろうきゅう 농구

훈독 かご　籠 かご 바구니 💡 실생활에서는 거의 히라가나로만 씁니다.

こもる　籠もる こもる (자) 틀어박히다, 안에 들어간 채 나오지 않다

1039

엄습할 습

襲

JLPT N1 | 중, 고등 | 부수 衣衤

용(龍)이 지나가자 폭풍우가 일어 옷(衣)이 나부낌.

음독 しゅう　襲撃 しゅうげき 습격

훈독 おそう　襲う おそう (타) 습격하다, 덮치다

1040

잡을 파

把

JLPT N1 | 중, 고등 | 부수 手扌

꼬리(巴)가 길면 결국 붙잡힘. 흔적을 파악해 붙잡음(手).

음독 は　把握 はあく 파악　把持 はじ 파지, 장악함

꼬리 파

소용돌이처럼 말려있는
뱀의 꼬리를 그린 모습.

1041

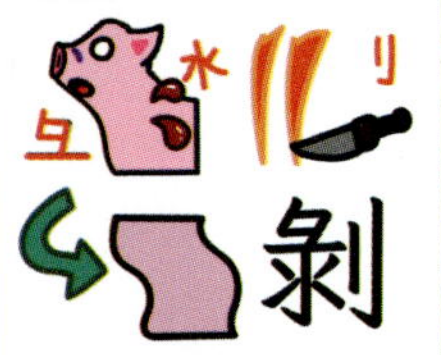

벗길 박

剝

상급한자 I 고등 이상 I 부수 刀 刂

돼지(彑)의 피부를 박피(剝)하기 위해 칼(刂)로 도축함. 피가 물(水)처럼 흘러나옴.

음독 **はく** 剝奪 はくだつ 박탈 剝製 はくせい 박제

훈독 **はがす** 剝がす はがす (타) (붙은 것을) 떼다

はぐ 剝ぐ はぐ (타) (강제로) 떼어내다

はがれる 剝がれる はがれる (자) (저절로) 떨어지다

はげる 剝げる はげる (자) (표면이) 벗겨지다, 퇴색하다

1042

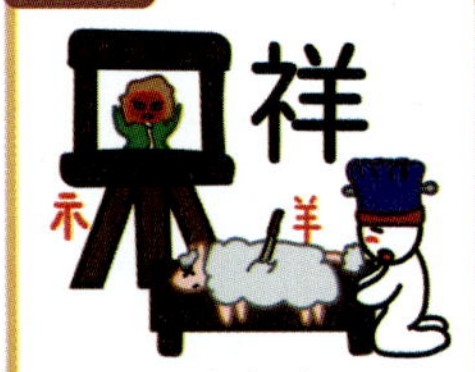

상서 상

祥

JLPT N1 I 중, 고등 I 부수 示 礻

제삿날 제단(礻) 앞에서 양(羊)을 제물로 바침. 마을에 재앙이 찾아와 제사를 지내 신을 달램.

음독 **しょう** 発祥 はっしょう (어떤 것의) 시작, 유래 不祥事 ふしょうじ 불상사

1043

자세할 상

詳

JLPT N1 I 중, 고등 I 부수 言

한치의 거짓도 없이 선한 양(羊)처럼 있는 사실을 상세히 보고(言)함.

음독 **しょう** 詳細 しょうさい 상세

훈독 **くわしい** 詳しい くわしい 상세하다, 자세하다

1044

부러워할 선

羨

상급한자 | 고등 이상 | 부수 羊

엄청난 미인(美)을 보며 넋이 나갈 정도로 쳐다봄. 침을 흘리며 감탄(次)할 정도임.

음독 **せん** 羨望 せんぼう 선망

훈독 **うらやましい** 羨ましい うらやましい 부럽다

うらやむ 羨む うらやむ (자) 부러워하다

1045

기울 선

繕

JLPT N1 | 중, 고등 | 부수 糸

헤진 옷을 실(糸)로 좋게(善) 고침.

음독 **ぜん** 修繕 しゅうぜん 수선

훈독 **つくろう** 繕う つくろう (타) 고치다, 수선하다

1046

선물 선

膳

상급한자 | 고등 이상 | 부수 肉 月

중요한 손님이 와 선한(善) 마음으로 매우 좋은 고기(肉)를 대접함.

음독 **ぜん** 膳 ぜん 밥상, 상차림 配膳 はいぜん 상차림, 배식, 상을 차려 손님들 앞으로 돌림

착할 선

양치기의 말(言)을 잘 따르는 양(羊)처럼, 말을 잘 듣는 착한(善) 사람을 말함.

버금 차

자기 차례(次)가 오자 침(冫)을 튀겨가며 아주 큰 목소리(欠)로 대답하고 있는 신입의 모습.

1047

짝 우

偶

JLPT N1 | 중, 고등 | 부수 人亻

우연히 마주친 미인(人)에게 한눈에 반함. 원숭이(禺) 마냥 달려듦.

음독 **ぐう**

偶然 ぐうぜん 우연　　偶数 ぐうすう 짝수　　配偶者 はいぐうしゃ 배우자

1048

모퉁이 우

隅

JLPT N2 | 중, 고등 | 부수 阜阝

언덕(阝)에 있는 온천에서 한가롭게 목욕을 즐기고 있는 사람의 모습. 원숭이(禺)가 모퉁이에서 눈치를 보며 기다림. 실제로 원숭이들도 야생 온천을 자주 즐겼음.

음독 **ぐう**

一隅 いちぐう 한 모퉁이. (사회, 역사의) 한 구석

훈독 **すみ**

隅 すみ 모퉁이, 구석　　片隅 かたすみ 한쪽 구석

1049

만날 우

遇

JLPT N1 | 중, 고등 | 부수 辵⻌

길거리(⻌)를 지나다가 우연히 원숭이(禺)와 조우함. 우연성을 가진 만남. 자의 보단 타의에 의해 이루어진 만남을 말함.

음독 **ぐう**

待遇 たいぐう 대우　　境遇 きょうぐう 처한 환경　　遭遇 そうぐう 조우

원숭이 우

원숭이를 그린 모습.

1050

어리석을 우

愚 JLPT N1 | 중, 고등 | 부수 心 忄

愚 愚

술을 너무 많이 마셔 생각과 마음(心)이 원숭이(禺)가 됨.

음독 **ぐ**

愚問 ぐもん 우문, 어리석은 질문　愚鈍 ぐどん 우둔　愚痴 ぐち 푸념

훈독 **おろか**

愚か おろか 어리석음

1051

남기 람

嵐 JLPT N1 | 고등 이상 | 부수 山

嵐 嵐

산(山)을 타고 다니는 매우 매서운 바람(風)을 말함.

훈독 **あらし**

嵐 あらし 광풍, 폭풍

바람 풍
전설의 새 주작이 날갯짓으로 바람을 일으킴.

1052

도타울 독

篤 JLPT N1 | 중, 고등 | 부수 竹

篤 篤

함께 죽마를 타고 놀던 사이. 매우 독실한 사이임.

음독 **とく**

危篤 きとく 위독, 건강 상태가 아주 좋지 않음

1053

꾸짖을 매

罵

상급한자 | 고등 이상 | 부수 网 罒 ⺲

미쳐서 날뛰는 말을 그물로 붙잡으려 하는 모습.

음독 ばば

罵倒 ばとう 매도　　罵声 ばせい 욕지거리, 욕설 섞인 외침 참고어휘

훈독 ののしる

罵る ののしる (타) 욕하다, 매도하다

1054

떠들 소

騷

JLPT N1 | 중, 고등 | 부수 馬

벌레(虫)가 달라 붙어 소란을 피우는 말(馬)의 모습. 벌레를 손(又)으로 떼어주려 함.

음독 そう

騒音 そうおん 소음　　騒動 そうどう 소동

物騒 ぶっそう 심상치 않음, 위험한 느낌이 드는 모양

훈독 さわぐ

騒ぐ さわぐ (자) 떠들다, 소란을 피우다　　騒がしい さわがしい 시끄럽다, 소란스럽다

1055

돼지 돈

豚

JLPT N1 | 중, 고등 | 부수 馬

맛있는 고기(肉)를 주는 돼지(豕)를 말함.

음독 ようとん

養豚 ようとん 양돈

훈독 ぶた

豚 ぶた 돼지　　豚肉 ぶたにく 돼지고기

1056

쫓을 축

逐

JLPT N1 | 중, 고등 | 부수 辵⻍

도망치는 돼지(豕)를 쫓아가(⻍) 죽임.

음독 ちく

驅逐 くちく 구축, 어떤 세력 등을 몰아서 쫓아냄

逐次 ちくじ 하나하나, 순차적으로

1057

떨어질 추

墜

JLPT N1 | 중, 고등 | 부수 土

기습을 강행하던 부대(隊)가 언덕을 내려오다가 발을 헛딛음. 땅(土)으로 추락함.

음독 つい

墜落 ついらく 추락

撃墜 げきつい 격추

무리 대

엄청나게 많은 병사들이 언덕(阝) 위에서
잠복해 있다가, 풀숲(艹) 사이에서 튀어나와
성난 멧돼지(豕)처럼 기습을 시행함. 부대(隊).

1058

무덤 총

塚

JLPT N1 | 중, 고등 | 부수 土

위대한 사람이 묻혀 있는 무덤(土)의 모습. 제단(冖)위에 돼지(豕)가 올려져 있는 모습.

현대 일본어에서는 매우 제한적으로 사용되는 한자로 주로 지명 등에 사용됩니다.

훈독 つか

塚 づか 무덤, 고분, 작은 언덕

貝塚 かいづか 조개더미 참고어휘

1059

嫁

시집갈 가

嫁

JLPT N1 | 중, 고등 | 부수 女

嫁 嫁

남편의 집(家)으로 시집(嫁)을 가는 여성(女)의 모습. 소중한 딸을 남편의 집에 보냄. 중요한 책임을 전가(嫁)함.

음독 か　　転嫁 てんか 전가, 어떤 책임이나 죄를 넘겨씌움

훈독 とつぐ　　嫁ぐ とつぐ (자) 시집가다

よめ　　嫁 よめ 며느리, 신혼 여성, 아내　　花嫁 はなよめ 신부, 새색시

1060

稼

심을 가

稼

JLPT N1 | 중, 고등 | 부수 禾

稼 稼

곡물(禾)의 종자로 농사를 지어, 집안 살림(家)을 이어나감.

음독 か　　稼働 かどう 가동, 작동　　稼業 かぎょう 생업, 밥벌이

훈독 かせぐ　　稼ぐ かせぐ (타) 돈을 벌다, (시간, 점수 등을) 확보하다

1061

꾸짖을 핵

劾

JLPT N1 | 중, 고등 | 부수 力

劾 劾

밭의 농작물을 훔쳐먹으러 온 멧돼지(亥)를 힘(力)으로 쫓아냄.

음독 がい　　弾劾 だんがい 탄핵

家

집 가

집(宀)과 유용한 가축인 돼지(豕)를 그린 모습. 고대 중국에서는 집에 돼지가 있는 것이 한 가정(家)의 상징이었음.

돼지 해

어금니가 날카로운 멧돼지의 모습. 십이지의 열두번째 동물인 '해'를 뜻하기도 함.

1062

씨 핵

核

JLPT N1 | 중, 고등 | 부수 木

멧돼지(亥)가 산속을 돌아다니며 몸에 묻어 있는 씨들을 흩뿌리고 다님. 그 씨에서 나무(木)가 생김. 어떤 사물의 핵이 되는 것.

음독 かく

核 かく 핵, 핵심　　核心 かくしん 핵심　　結核 けっかく 결핵

1063

뼈 해

骸

상급한자 | 고등 이상 | 부수 骨

돼지(亥)를 도축하니 뼈(骨)의 잔해만 남음.

음독 がい

死骸 しがい (사람과 동물의) 시체　　骸骨 がいこつ 해골

1064

갖출 해

該

JLPT N1 | 중, 고등 | 부수 言

사냥에 해박한 사람이 멧돼지(亥) 잡는 법을 알려(言) 주고 있는 모습.

음독 がい

該当 がいとう 해당, 딱 들어맞음　　該博 がいはく 해박, 모든 것을 널리 알음

돼지 해

어금니가 날카로운 멧돼지의 모습. 십이지의 열두번째 동물인 '해'를 뜻하기도 함.

뼈 골

고기의 뼈를 다 발라낸 모습. 탁자 위에 뼈만 남음.

1065

사냥할 렵

猟

JLPT N1 | 중, 고등 | 부수 犬 犭

猟 猟

그물이나 통(用)을 던져(⺍) 개(犭)가 물어온 새를 가둠.

음독 **りょう**　猟師 りょうし 사냥꾼　狩猟 しゅりょう 수렵, 사냥　渉猟 しょうりょう 섭렵

1066

사슴 록

鹿

JLPT N2 | 초등 4학년 | 부수 鹿

鹿 鹿

사슴을 그린 모습. 사슴을 보고 말이라고 우기는 사람을 마록(馬鹿), 바보(バカ)라고 함.

음독 **か**　馬鹿 ばか 바보　馬鹿馬鹿しい ばかばかしい 바보 같다, 어처구니 없다

훈독 **しか**　鹿 しか 사슴

1067

산기슭 록

麓

상급한자 | 고등 이상 | 부수 鹿

麓 麓

산 속 나무(林) 사이로 사슴(鹿)이 뛰어다니고 있는 모습. 산인데 사슴이 자주 보이는 장소인 산기슭을 말함.

음독 **ろく**　山麓 さんろく 산록, 산기슭

훈독 **ふもと**　麓 ふもと 기슭, 산기슭

1068

고울 려

麗

JLPT N1 | 중, 고등 | 부수 鹿

사슴(鹿)의 크고 고운 두 눈(丽)을 나타냄.

음독 れい

- 奇麗 きれい 예쁨, 깨끗함, 맑음
- 美麗 びれい 미려함, 아름답고 고움

훈독 うるわしい

- 麗しい うるわしい 아름답다, 고결하다, 품위 있다

1069

경사 경

慶

JLPT N1 | 중, 고등 | 부수 心 忄

경사스러운 일이 있어 사슴(鹿) 가죽을 선물(心)로 가져옴(夊). 옛 중국엔 생일 선물로 사슴 가죽을 주는 문화가 있었음.

음독 けい

- 慶祝 けいしゅく 경축
- 慶賀 けいが 경하, 축하
- 慶弔 けいちょう 경조사, 경축하는 일과 장례식장에 조문하는 일 참고어휘

1070

어금니 아

牙

상급한자 | 고등 이상 | 부수 牙

짐승의 어금니를 그린 모습. 인간의 어금니를 뜻하기도 함.

음독 が / げ

- 歯牙 しが 치아 💡 실생활에서는 거의 안 쓰이며, 관용 표현 등에서 등장해요
- 象牙 ぞうげ 상아

훈독 きば

- 牙 きば 송곳니 (날카롭게 발달한 포유동물의 이빨)

1071

간사할 사

邪

JLPT N1 | 중, 고등 | 부수 邑 阝

동료를 언덕(阝)으로 데려온 다음 땅으로 떨어뜨려 죽임. 숨겨왔던 어금니(牙)를 드러냄.

음독 じゃ

邪悪 じゃあく 사악　　邪魔 じゃま 방해, 훼방　　예외 風邪 かぜ 감기

無邪気 むじゃき 순진함, 악의가 없음

1072

맑을 아

雅

JLPT N1 | 중, 고등 | 부수 隹

어금니(牙)가 보일 정도로 입을 크게 벌려, 새(隹)처럼 맑은 목소리로 노래함.

음독 ゆう

優雅 ゆうが 우아, 품위가 있음

雅趣 がしゅ 아취, 고상하면서도 담백한 미가 있음 참고어휘

1073

고울 선

鮮

JLPT N1 | 중, 고등 | 부수 魚

잡은 다음 빨리 먹지 않으면 금방 썩고 심한 냄새가 나는 생선(魚)과 양고기(羊)를 말함.
신선하고 때깔이 고울 때 먹어야 함.

음독 せん

新鮮 しんせん 신선함　　鮮明 せんめい 선명함　　鮮魚 せんぎょ 신선한 생선

훈독 あざやか

鮮やか あざやか 선명함, 또렷함, 인상 깊음

1074

도랑 구

溝

JLPT N1 | 중, 고등 | 부수 氵

진열대(井)에 매달아 놓은 물고기(再)에서 물(氵)이 뚝뚝 떨어지고 있는 모습. 물 웅덩이가 만들어짐.

음독 こう　　下水溝 げすいこう 하수구　　排水溝 はいすいこう 배수구

훈독 みぞ　　溝 みぞ 개천, 도랑, 홈, (사람 사이의) 틈

1075

살 구

購

JLPT N1 | 중, 고등 | 부수 貝

진열대(井)에 묶여 있는 물고기(再)를 돈(貝) 주고 삼.

음독 こう　　購入 こうにゅう 구입　　購買 こうばい 구매　　購読 こうどく 구독

두 재

강을 거슬러 올라가기 위해 계속해서 물 위로 뛰어오르는 물고기의 모습.

얽을 구

물고기(再)를 팔기 위해 나무(木) 진열대(井)에 묶어 놓음.

1076

개간할 간

墾

JLPT N1 | 중, 고등 | 부수 土

밭(土)을 만들기 위해 몸을 숙여(艮) 잡초를 뽑고 짐승(豸)을 이용해 쟁기질을 함.

음독 こん

開墾 かいこん 개간

1077

간절할 간

懇

JLPT N1 | 중, 고등 | 부수 心 忄

선한 마음을 가진 사람에게 한없이 친절(心) 하고 착하게 구는 해태(豸)의 모습. 몸을 숙여(艮) 해태를 쓰다듬음. 악인을 벌해달라는 간절한 부탁을 해태가 들어줌.

음독 こん

懇切 こんせつ 간절

懇親会 こんしんかい 친목회

懇談 こんだん 간담, 허심탄회하게 대화함

해태 태

악을 증오해 악인을 보면 뿔로 들이 박는다는 전설의 동물 해태를 나타냄. 부수로 쓰일 땐 평범하게 네발짐승을 말하기도 함.

그칠 간

고개 들기를 그침

1078

모양 모

貌

상급한자 | 고등 이상 | 부수 豸

貌 貌

전설의 동물 해치(豸)의 생김새를 상상하며 모사(皃)를 해봄.

음독 **ぼう**

美貌 びぼう 미모　　　変貌 へんぼう 변모

1079

천거할 천

薦

JLPT N1 | 중, 고등 | 부수 艸 艹

薦 薦

악인을 발견하자 화가 난 해태(廌)가 풀숲(艹)에서 튀어나옴. 재야에서 숨어있는 우수한 인재를 추천함.

음독 **せん**

推薦 すいせん 추천

훈독 **すすめる**

薦める すすめる (타) (공식적으로) 추천하다, 천거하다

1080

할 위

為

JLPT N1 | 중, 고등 | 부수 火 灬

為 為

코끼리를 쓰다듬는 사람의 모습. 마치 사람이 없으면 살 수 없을 것처럼 코끼리를 속여 길들임.

음독 **い**

行為 こうい 행위　　　作為 さくい (겉을 잘 보이기 위해) 조작함, 꾸밈

無為 むい 무위, 인위적인 것이 없음

예외 為替 かわせ (공식적, 금융적) 환전, 외환, 송금

1081

거짓 위

偽

JLPT N1 | 중, 고등 | 부수 人亻

말을 안 듣는 코끼리(為)에게 벌을 줌. 나중엔 머리를 쓰다듬으며 위로함. 사람(亻)이 없으면 마치 살 수 없을 것처럼 속임.

음독 **ぎ**

偽造 ぎぞう 위조　　虚偽 きょぎ 허위

훈독 **いつわる**

偽る いつわる (타) 거짓말하다, 속이다

にせ

偽 にせ 가짜, 거짓

偽物 にせもの 위조품, 모조품

1082

범 호

虎

JLPT N1 | 고등 이상 | 부수 虍

호랑이를 그린 모습.

음독 **こ**

猛虎 もうこ 맹호

훈독 **とら**

虎 とら 호랑이

1083

모질 학

虐

JLPT N1 | 중, 고등 | 부수 虍

사나운 호랑이(虎)가 날카로운 발톱(ヨ)으로 동물을 모질게 학대함.

음독 **ぎゃく**

虐待 ぎゃくたい 학대　　残虐 ざんぎゃく 잔학　　虐殺 ぎゃくさつ 학살

훈독 **しいたげる**

虐げる しいたげる (타) 억압하다, 학대하다

1084

염려할 우

虞

JLPT N1 | 중, 고등 | 부수 虍

호랑이(虎)가 어디로 숨었는지 몰라 나오라고 소리치고 있는 장수(呉)의 모습.

훈독 **おそれ**　虞 おそれ 두려움, 우려　💡 실생활에서는 恐れ가 압도적으로 많이 쓰여요.

큰소리 칠 화

목소리가 큰 대장부의 모습, 중국 오나라의 어원이 된 항구도시 오군(呉郡) 일대 사람들은 목청이 크기로 유명했음

1085

사로잡을 로

虜

JLPT N1 | 중, 고등 | 부수 虍

날뛰는 호랑이(虎)를 사로잡은 힘센 남성(男)들의 모습.

음독 **りょ**　捕虜 ほりょ 포로

1086

생각할 려

慮

JLPT N1 | 중, 고등 | 부수 心忄

마을에 자주 호랑이(虎)가 침범해 걱정(思) 하고 있는 사람의 모습. 대책을 생각해 봄.

음독 **りょ**　考慮 こうりょ 고려　配慮 はいりょ 배려

遠慮 えんりょ 겸손히 사양함, 조심하거나 자제함

1087

빌 허

虚

JLPT N1 | 중, 고등 | 부수 虍

무시무시한 호랑이(虎)가 언덕(业) 위에 나타나니 주변이 매우 조용함. 다 숨어 아무도 없음.

음독 **きょ**　謙虚 けんきょ 겸허　空虚 くうきょ 공허　虚偽 きょぎ 허위
虚無 きょむ 허무

こ　虚空 こくう 허공

1088

놀 희

戯

JLPT N1 | 중, 고등 | 부수 戈

창(戈)을 든 병사가 언덕(业) 위에 나타난 호랑이(虎)를 희롱함.

음독 **ぎ**　戯曲 ぎきょく 희곡　遊戯 ゆうぎ 유희

훈독 **たわむれる**　戯れる たわむれる (자) 장난치다, 익살부리다, 가볍게 놀다

1089

살갗 부

膚

JLPT N2 | 중, 고등 | 부수 肉 月

호랑이(虎) 가죽으로 만든 옷으로 몸을 따뜻하게 하니 소화(胃)가 잘됨.

음독 **ふ**　皮膚 ひふ 피부

언덕 구

언덕 구(丘)가
부수일 때의 모습.

밥통 위

밭(田)에서 난 작물을 먹었을 때
그걸 소화하는 신체기관(肉)인
위장(胃)을 말함.

UPGRADE!

13

확인문제

한자표기 **다음 단어의 한자 표기로 적당한 것을 고르세요.**

01	じごく	① 地燃	② 地伏	③ 地獄
02	ねんしょう	① 燃焼	② 獄焼	③ 然焼
03	はあく	① 肥握	② 把握	③ 葉握
04	ひりょう	① 比料	② 肪料	③ 肥料
05	ようもう	① 羊毛	② 祥毛	③ 羨毛

한자읽기 **다음 한자의 읽는 법을 고르고 빈칸에 뜻을 적으세요.**

06	詳細	① しょざい	② じょうさい	③ しょうさい	
07	詳しい	① くわしい	② けわしい	③ くあしい	
08	繕う	① ためらう	② つくろう	③ さからう	
09	休養	① きゅうよう	② きゅうよ	③ きゅうりょ	
10	修繕	① しょうせん	② しゅうせん	③ しゅうぜん	

정 답 01 ③ 지옥 02 ① 연소 03 ② 파악 04 ③ 비료 05 ① 양모 06 ③ 상세 07 ①상세하다 08 ② 고치다, 수선하다 09 ① 휴양 10 ③ 수선

14 새, 날개, 깃털 유래 한자(30자)

1090

밀칠 배

排

JLPT N1 | 중, 고등 | 부수 手扌

농작물을 훔쳐먹는 새(非)를 빗자루(扌)로 내쫓음.

음독 **はい**

排水 はいすい 배수　　排除 はいじょ 배제　　排斥 はいせき 배척

排気 はいき 배기

1091

사립문 비

扉

JLPT N1 | 중, 고등 | 부수 戸戶

문짝(戸)을 열자 새(非)들이 놀라서 날아오름.

음독 **ひ**

開扉 かいひ (불교, 신사 등의) 문짝을 엶 참고어휘

훈독 **とびら**

扉 とびら 문짝

재미있는 한자 이야기

아닐 비

새의 두 날개(非)를 그린 모습. 새가 푸드득 날아 오르듯이 동료를 등지고 배신함. 비난(非) 받을 일.

집 호

어떤 집의 여닫이 문을 그린 모습.

1092

무리 배

輩

JLPT N1 | 중, 고등 | 부수 車

전차(車)가 지나가자 새(非) 무리가 푸드득 날아가고 있는 모습.

음독 **はい**

後輩 こうはい 후배　　先輩 せんぱい 선배　　輩出 はいしゅつ 배출

同輩 どうはい 동년배

1093

늙은이 옹

翁

JLPT N1 | 중, 고등 | 부수 羽

깃털(羽) 같이 긴 수염을 가진 어르신이 전리품을 공평(公)하게 분배하는 모습. 존경을 받는 노인을 말함.

음독 **おう**

老翁 ろうおう 노인, 늙은 남자　참고어휘

문학적, 고전적 뉘앙스가 강한 한자로 시험에 단독으로 출제될 가능성은 적어요.

1094

씻을 탁

濯

JLPT N4 | 중, 고등 | 부수 氵

새(隹)가 물(氵) 웅덩이에서 날개(羽)를 퍼덕이며 몸을 씻고 있는 모습.

음독 **たく**

洗濯 せんたく 세탁

재미있는 한자 이야기

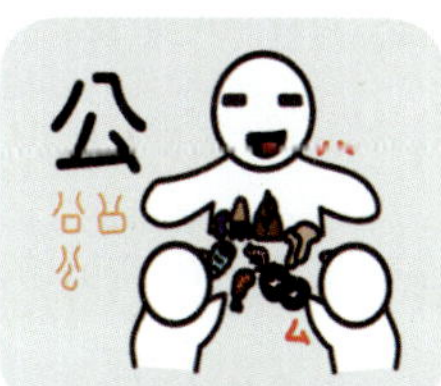

공평할 공

공평하게 재산을 분배(八)하는 관리와 그걸 취하는 (厶) 사람들의 모습.

깃 우

깃털을 그린 모습.

새 추

새의 몸통과 날개를 그린 모습.

1095

뛸 약

躍

JLPT N1 | 중, 고등 | 부수 足

날개(羽) 달린 새(隹)처럼 빠르게 어딘가로 나아감(足).

음독 **やく**　活躍 かつやく 활약　飛躍 ひやく 비약　一躍 いちやく 일약, 단번에

훈독 **おどる**　躍る おどる (자) 춤추다, 떠들썩하게 움직이다, 요동치다

1096

수컷 웅

雄

JLPT N1 | 중, 고등 | 부수 隹

매우 힘이 센(厷) 수컷 새(隹)를 그린 모습(雄).

음독 **ゆう**　英雄 えいゆう 영웅　雄大 ゆうだい 웅장하고 큼

훈독 **お**　雄牛 おうし 수컷 소

おす　雄 おす 수컷

팔뚝 굉

1097

암컷 자

雌

JLPT N1 | 중, 고등 | 부수 隹

아이도 돌보랴(匕) 시장도 보러가랴(止) 육아 때문에 바쁜 어머니의 모습. 마치 어미새(隹) 같음.

음독 **し**　雌雄 しゆう 자웅, 암컷과 수컷

훈독 **め**　雌牛 めうし 암소

めす　雌 めす 암컷

이 차

아이(匕)를 돌보며 시장을 보러 나가는(止) 여인의 모습. 지금 이 순간의 안전을 지킴.

1098

떠날 리

離

JLPT N1 I 중, 고등 I 부수 隹

그물(离)을 던지자 새(隹)가 날아오르는 모습. 손에서 그물이 떠남.

음독 **り**

距離 きょり 거리　　離婚 りこん 이혼　　分離 ぶんり 분리

離着陸 りちゃくりく 이착륙　　隔離 かくり 격리

훈독 **はなす**

離す はなす (타) 떼다, 떨어뜨리다

はなれる

離れる はなれる (자) 떨어지다, 멀어지다

떠날 리 부수

1099

쌓을 퇴

堆

상급한자 I 고등 이상 I 부수 土

새(隹)도 올라가기 힘들 정도로 엄청나게 높은 퇴적지형(土)을 나타냄.

음독 **たい**

堆積 たいせき 퇴적　　단독 사용은 드물고, 주로 복합어로 등장해요.

1100

오직 유

唯

JLPT N1 I 중, 고등 I 부수 口

맑고 티 없는 새(隹)의 울음소리처럼, 한 치의 거짓 없는 말(口)이나 감탄사를 말함. 결국 인간 세상을 움직이는 것은 진심에서 우러나오는 감정임. 천상천하 유아독존의 유(唯).

음독 **ゆい**

唯一 ゆいいつ 유일

훈독 **い**

唯々諾々 いいだくだく (부정적인 뉘앙스로) 무조건 복종함, 순종함

1101

쇠몽치 추

椎

JLPT N1 | 고등 이상 | 부수 木

새(隹)의 등을 만져보면 느껴지는 척추(椎)를 말함. 새의 몸통 중 나무(木)처럼 단단하고 울퉁불퉁한 부위.

음독 つい

脊椎 せきつい 척추

1102

어릴 치

稚

JLPT N1 | 중, 고등 | 부수 禾

쌀알(禾)을 주워 먹고 있는 참새(隹)들의 모습.

음독 ち

幼稚園 ようちえん 유치원　　幼稚 ようち 유치함　　稚拙 ちせつ 치졸

1103

누구 수

誰

상급한자 | 고등 이상 | 부수 言

어두운 밤 풀숲에서 갑자기 새(隹)가 튀어 나와 깜짝 놀람. 누구냐고 물어봄(言).

훈독 だれ

誰 だれ 누구　　誰誰 だれだれ 누구누구

1104

재촉할 최

催

JLPT N1 | 중, 고등 | 부수 人亻

귀한 손님(亻)이 온다고 하기에 정성껏 상을 차려 놓음. 음식을 훔쳐먹으려 하는 새(隹)를 산(山)으로 내쫓음.

음독 さい

催促 さいそく 재촉, 독촉　　開催 かいさい 개최　　主催 しゅさい 주최

훈독 もよおす

催す もよおす (타) 1. (행사 등을) 개최하다 2. (어떤 기분이나 상태를) 일으키게 하다

1105

벼리 유

維

JLPT N1 | 중, 고등 | 부수 糸

새(隹)가 도망치지 못하게 얇은 실(糸)로 발을 묶어 놓음.

음독 い

維持 いじ 유지　　繊維 せんい 섬유

1106

벌일 라

羅

JLPT N1 | 중, 고등 | 부수 网罒⺲

새(隹)를 잡기 위해 튼튼한 줄(糸)로 만들어진 그물(罒)을 넓게 던짐.

음독 ら

網羅 もうら 망라　　羅列 られつ 나열　　羅針盤 らしんばん 나침반

1107

낄 옹

擁

JLPT N1 | 중, 고등 | 부수 手 扌

먼 길을 떠났던 아들이 고향으로 돌아오자 어머니가 울면서 끌어(扌) 안음. 제비(乡)가 있고 새(隹) 소리가 나는 그리운 고향집에 도착함.

음독 **よう**　　抱擁　ほうよう　포옹　　擁護　ようご　옹호

새 을

제비가 하늘 위로 날아오르고 있는 모습.
천간의 둘째인 을(乙)을 말하기도 함.

1108

준위 준

准

JLPT N1 | 중, 고등 | 부수 冫

얼음(冫)으로 뒤덮여 있는 강이 병사들이 건너가도 되는 강인지 매(隹)의 눈으로 살피고 있는 준장의 모습. 대장에 준하는 인물이 어떤 것을 보고 적절한 조치를 취함.

음독 **じゅん**　　批准　ひじゅん　비준, (조약, 협정 등을) 국가가 승인함

准将　じゅんしょう　(군사계급) 준장　참고어휘

1109

탈 초

焦

JLPT N1 | 중, 고등 | 부수 火 灬

둥지 주변이 불(灬)타고 있어 매우 당황하고 있는 어미새(隹)의 모습.

음독 **しょう**　　焦点　しょうてん　초점

훈독 **こげる**　　焦げる　こげる　(자) 타다, 타서 색이 바뀌다

こがす　　焦がす　こがす　(타) (먹을 것이나 향을) 약간 태우다, 애태우다

こがれる　　焦がれる　こがれる　(자) 연모하다, 애타게 그리다

あせる　　焦る　あせる　(자) 조급해하다

1110

암초 초

礁

JLPT N1 | 중, 고등 | 부수 石

암초(石)에 부딪혀 배가 부숴진 것도 모자라 불(灬)까지 붙음. 키우던 새(隹)까지 도망감.

음독 **しょう**

暗礁　あんしょう　(비유적으로) 암초, 난관　　岩礁　がんしょう　바위 암초

さんご礁　さんごしょう　산호초

1111

빼앗을 탈

奪

JLPT N1 | 중, 고등 | 부수 大

어떤 어른(大)이 둥지에서 새끼 새(隹)를 훔쳐(寸)가고 있는 모습.

음독 **だつ**

略奪　りゃくだつ　약탈　　奪取　だっしゅ　탈취

훈독 **うばう**

奪う　うばう　(타) 빼앗다

1112

이끌 휴

携

JLPT N1 | 중, 고등 | 부수 手 扌

새(隹)를 잡아(乃) 식량으로 만든 후, 주머니에 넣어(扌) 먼 길을 떠남. 또는 오랫동안 함께할 각오로 어떤 분야에 뛰어듦.

음독 **けい**

携帯　けいたい　휴대, 휴대전화　　連携　れんけい　연계　　提携　ていけい　제휴

훈독 **たずさえる**

携える　たずさえる　(타) 휴대하다, 함께하다

たずさわる

携わる　たずさわる　(자) (어떤 일에) 관여하다, 종사하다

이에 내

낫으로 작물을 수확하고 있는 모습.

1113

얻을 획

獲

JLPT N1 | 중, 고등 | 부수 犬 犭

물어온 새(隹)를 풀밭(艹) 위에 내려놓는 사냥개(犭)의 모습.

음독 かく　　捕獲 ほかく 포획　　獲得 かくとく 획득

훈독 える　　獲る える (타) (짐승, 물고기 등을) 잡다, 사냥하다　　獲物 えもの 사냥감, 포획물

1114

거둘 확

穫

JLPT N1 | 중, 고등 | 부수 禾

밭의 작물(禾)을 훔쳐먹는 새를 쏴 죽임(獲). 벼를 수확함.

음독 かく　　収穫 しゅうかく 수확　　단독 사용은 드물고, 주로 복합어로 등장해요.

1115

권할 권

勧

JLPT N1 | 중, 고등 | 부수 力

밭을 만들고 농사(力)를 하기 위해선 반드시 어떤 나무를 잘라야 하는 데, 하필 영물인 황새(雚)가 둥지를 틀고 있음. 황새에게 다른 곳으로 가길 권유함.

음독 かん　　勧誘 かんゆう 권유　　勧告 かんこく 권고　　勧奨 かんしょう 권장

훈독 すすめる　　勧める すすめる (타) (비교적 부드러운) 권하다, 권장하다

황새 관

주로 나무 꼭대기에 둥지를 짓는 황새를 그린 모습. 땅에 거의 내려오지 않는 습성을 가지고 있음. 길조로 여겨졌으며 눈 주변이 붉음.

권세 권

나무(木) 위에 둥지를 틀어 거의 내려오지 않는 고고한 황새(雚)처럼, 힘의 정점에 서서 내려오지 않는 권력자의 모습.

1116

기뻐할 환

歡

JLPT N1 | 중, 고등 | 부수 欠

歡 歡

길조인 황새(雚)가 둥지에서 땅에 내려오자 크게 기뻐(欠)하는 사람의 모습.

음독 かん

歓迎 かんげい 환영　　歓声 かんせい 환성

1117

학 학

鶴

JLPT N1 | 고등 이상 | 부수 鳥

鶴 鶴

새(鳥)들 중에서도 급을 달리하는 두루미(隺)를 말함. 동양에서 두루미는 평생을 일부일처로 살며 지조를 지키는 새라고 영물 취급을 받았음.

훈독 つる

鶴 つる 학, 두루미

두루미 학

동양에서 두루미는 평생을 일부일처로 살며 지조를 지키는 새라고 영물 취급을 받았음. 주로 습지(雨)에 서식함. 寉(두루미 학)

굳을 확

돌(石)처럼 변하지 않은 두루미(隺)의 사랑을 말함.
두루미는 평생 일부일처로 살기로 유명했음.

1118

새 을

乙

JLPT N1 | 중, 고등 | 부수 乙 乚

제비가 하늘 위로 날아오르고 있는 모습. 천간의 둘째인 을(乙)을 말하기도 함

음독 **おつ**

甲乙　こうおつ　갑과 을, 첫째와 둘째

예외 乙女心　おとめごころ　소녀의 마음, 소녀 감성

1119

빌 걸

乞

상급한자 | 고등 이상 | 부수 乙 乚

굶주린 사람(人)이 신성한 기운이 흐르는 하늘(乙)을 향해 소원을 빌고 있는 모습. 제비는 봄을 알리는 새였기에 행운과 번영을 상징하였음. 신이 보낸 봄의 전령, 제비.

훈독 **こう**

乞う　こう　(타) 간청하다, 빌다

命乞い　いのちごい　살려 달라고 빎

예외 乞食　こじき　거지, 걸인

UPGRADE!

14

확인문제

한자표기 **다음 단어의 한자 표기로 적당한 것을 고르세요.**

01	はいゆう	① 排優	② 俳優	③ 輩優
02	はいすい	① 俳水	② 排水	③ 輩水
03	こうはい	① 後俳	② 後排	③ 後輩
04	かつやく	① 活躍	② 活雄	③ 活護
05	ゆいいつ	① 唯一	② 推一	③ 堆一

한자읽기 **다음 한자의 읽는 법을 고르고 빈칸에 뜻을 적으세요.**

06	幼稚	① ようち	② よち	③ ようし	
07	催促	① さいぞく	② ざいそく	③ さいそく	
08	維持	① いし	② いじ	③ りじ	
09	焦る	① あせる	② あさる	③ はせる	
10	略奪	① りゃくだつ	② りゃくたつ	③ やくだつ	

정답 01 ② 배우 02 ② 배수 03 ③ 후배 04 ① 활약 05 ① 유일 06 ① 유치 07 ③ 재촉 08 ② 유지 09 ① 초조해하다 10 ① 약탈

15 곤충 관련 한자(6자)

1120

개똥벌레 형

蛍

JLPT N1 | 중, 고등 | 부수 虫

캄캄한 방을 밝게 밝히고 있는 개똥벌레의 모습.

음독 けい 蛍光灯 けいこうとう 형광등

훈독 ほたる 蛍 ほたる 반딧불이

1121

무지개 홍

虹

JLPT N1 | 고등 이상 | 부수 虫

풍뎅이(虫)의 껍데기나 대장간(工)의 기름 웅덩이에서 자주 볼 수 있는 무지개빛 색깔을 말함.

훈독 にじ 虹 にじ 무지개　虹色 にじいろ 무지개색

1122

모기 문

蚊

JLPT N1 | 중, 고등 | 부수 虫

방에서 조용히 책을 읽거나 글을 쓸 때(文) 나타나는 성가신 벌레(虫)인 모기를 뜻함.

음독 か 蚊 か 모기　蚊帳 かや 모기장

1123

뱀 사

蛇

JLPT N1 | 중, 고등 | 부수 虫

蛇 蛇

벌레(虫)를 잡아먹으려는 뱀(它)의 모습.

음독 じゃ　蛇口　じゃぐち　수도꼭지

だ　蛇足　だそく　사족

훈독 へび　蛇　へび　뱀

뱀 사 부수

뱀을 그린 모습.

1124

흐릴 탁

濁

JLPT N1 | 중, 고등 | 부수 氵

濁 濁

웅덩이(氵)를 자세히 내려다보니(罒, 勹) 해충(虫)들이 득실득실함.

음독 だく　清濁　せいだく　맑음과 흐림　濁流　だくりゅう　흐린 물　濁音　だくおん　탁음

훈독 にごす　濁す　にごす　(타) 흐리게 하다, 탁하게 하다

にごる　濁る　にごる　(자) 흐려지다, 탁해지다

1125

고치 견

繭

JLPT N1 | 중, 고등 | 부수 糸

繭 繭

누에의 주 먹이인 뽕잎 무더기에 누에고치들이 있는 모습. 비단을 만드는 귀한 벌레들.

음독 けん　繭糸　けんし　누에고치에서 뽑은 실　참고어휘

훈독 まゆ　繭　まゆ　누에고치　참고어휘

UPGRADE!

15

확인문제

한자표기 다음 단어의 한자 표기로 적당한 것을 고르세요.

01	けいこう	① 蛍光	② 虹光	③ 蚊光
02	にじ	① 蚊	② 虹	③ 蛇
03	か	① 蚊	② 虹	③ 蛍
04	じゃぐち	① 濁口	② 蛇口	③ 蚊口
05	せいだく	① 清蛇	② 清蚕	③ 清濁

한자읽기 다음 한자의 읽는 법을 고르고 빈칸에 뜻을 적으세요.

06	蛇	① へび	② へり	③ べひ	
07	濁る	① よごる	② ねごる	③ にごる	
08	濁流	① だくりゅう	② たくりゅう	③ たっりゅう	
09	蛍	① またる	② なたる	③ ほたる	
10	蛍光灯	① けいことう	② けいこうとう	③ けこうとう	

정답 01 ① 형광 02 ② 무지개 03 ① 모기 04 ② 수도꼭지 05 ③ 청탁 06 ① 뱀 07 ③ 흐려지다 08 ① 탁류 09 ③ 반딧불 10 ② 형광등

메모 メモ

배운 내용을 자유롭게 적어가며 복습해보세요!

“국내 최초!
일본에서 특허 받은 한자 학습법”

아니마칸지의

일본어 한자혁명 2

- 찾아보기 -

ㄱ

ㄹ

ㅁ

ㅊ

착 捉 0518
착 搾 0793
찬 賛 0011
찰 擦 0325
찰 拶 0409
찰 刹 0838
참 惨 0862
참 斬 0909
창 彰 0093
채 采 0423
채 彩 0424
채 債 0622
책 策 0592
책 柵 0816
처 凄 0433
척 拓 0218
척 脊 0359
척 捗 0494
척 尺 0755
척 斥 0904
척 戚 0927
천 遷 0885
천 践 0919
천 薦 1079
철 徹 0160
철 撤 0161
철 凸 0320
철 哲 0907

첨 添 0019
첩 畳 0672
첩 貼 0695
청 請 0621
청 聴 0811
체 替 0009
체 逮 0434
체 諦 0655
체 締 0656
체 滞 0823
체 逓 0824
초 礎 0220
초 肖 0366
초 硝 0367
초 酢 0794
초 抄 0965
초 焦 1109
초 礁 1110
촉 嘱 0148
촉 促 0517
총 銃 0156
총 塚 1058
촬 撮 0558
최 催 1104
추 醜 0074
추 枢 0234
추 抽 0725
추 墜 1057

추 椎 1101
축 蹴 0052
축 軸 0727
축 蓄 0859
축 逐 1056
충 充 0154
충 衝 0985
충 沖 1011
충 衷 1012
취 就 0051
취 炊 0058
취 吹 0060
취 酔 0182
취 臭 0552
치 恥 0556
치 痴 0872
치 致 0876
치 緻 0877
치 稚 1102
칙 勅 0588
칠 漆 0570
침 枕 0054
침 沈 0055
침 侵 0431
침 浸 0432
침 寝 0443
칭 称 0653

ㅌ

타 駄 0007
타 惰 0360
타 堕 0362
타 妥 0422
타 唾 0582
탁 託 0665
탁 卓 0742
탁 濯 1094
탁 濁 1124
탄 嘆 0635
탄 弾 0949
탈 脱 0037
탈 奪 1111
탐 貪 0241
탑 搭 0751
탑 塔 0752
태 汰 0006
태 怠 0403
태 胎 0404
태 泰 0457
태 態 1030
택 択 0756
택 沢 0758
토 吐 0217
통 統 0155
통 筒 0778
퇴 堆 1099
투 妬 0219

메모 メモ

배운 내용을 자유롭게 적어가며 복습해보세요!

메모 メモ

배운 내용을 자유롭게 적어가며 복습해보세요!

아니마칸지의 일본어 한자혁명 2

초 판 발 행	2025년 9월 15일(인쇄 2025년 7월 4일)
발 행 인	박영일
책 임 편 집	이해욱
저 자	아니마칸지 손양의
기 획 편 집	이동준 · 신명숙
표지디자인	하연주
편집디자인	양혜련 · 임창규 · 조성아
발 행 처	시대에듀
공 급 처	(주)시대고시기획
출 판 등 록	제 10-1521호
주 소	서울시 마포구 큰우물로 75 [도화동 538 성지 B/D] 9F
전 화	1600-3600
팩 스	02-701-8823
홈 페 이 지	www.sdedu.co.kr

I S B N	979-11-383-9225-9 (13730)
정 가	26,000원

후루룩외국어